はじめて学ぶ認知言語学

ことばの世界をイメージする14章

児玉一宏 谷口一美 深田 智 編著

ミネルヴァ書房

はじめに

　本書は，『はじめて学ぶ言語学』の姉妹編として，『はじめて学ぶ日本語学』
『はじめて学ぶ社会言語学』『はじめて学ぶ方言学』に続いて刊行される認知言
語学の入門書です。『はじめて学ぶ言語学』の第11章でも比喩に関する認知言
語学の研究が紹介されていますが，本書では，認知言語学全般の基本的な考え
方を平易に解説するとともに，研究スコープの広さと深さを実感していただけ
るように企画しました。

　認知言語学は，比較的新しい言語学の研究分野です。1980年に出版された認
知言語学のバイブルとも言われる研究書（Lakoff, G. and M. Johnson, *Metaphors
We Live By,* University of Chicago Press）をその始まりとすると，まだ40年ほど
の歴史しかありません。

　認知言語学のアプローチは，ことばを人間の心の働きに基づいて探究してい
く研究分野として独創的であり，国内外で活発に研究が行われています。2019
年に日本認知言語学会は20周年を迎え，認知言語学は，「心の働き（より詳細
には，世界を認識し意味づけしていく心の働き）との関連で，ことばの世界の
記述・説明を試みる学問分野」としてますます認識されるようになってきてい
ます。

　そこで，本書では，入門者向けのテキストとして，あらためて認知言語学の
基本的な考え方やキーワードを様々な言語事例に基づいて解説しています。読
者の皆さんに認知言語学の裾野の広さと学問としての奥行きを学んでいただけ
るよう，他の言語研究との関連性や，言語学の隣接領域との学問的統合の可能
性などに関しても，最新の知見や実例，執筆者の研究成果や見解などを取り入
れて，できるだけわかりやすく記述しています。特に次の点に配慮して執筆さ
れています。

- 入門書としての記述の適切さとわかりやすさを重視し，大学生や高校生に
  も理解してもらえるように平易に解説すること。
- 認知言語学の各分野について豊富な具体事例をあげ，その分野の研究がど
  れほど興味深いかを，実感してもらえるように解説すること。

認知言語学と一口に言っても，分析の視点や手法は様々で，ことばの世界と密接に関わる心の働きについて，解明されていないこともあります。その点も含めて，これまでの研究成果や可能性のすべてを網羅的に扱うことは，紙幅の都合上できませんが，個々の執筆者の学問的な視点が反映されるように，また，読者の皆さんに，各章の相互関係について積極的に吟味・検討を加えながら読んでいただけるように編集されています。章ごとに「読書案内」も用意されていますので，疑問に思うことやさらに知りたいと思うことが出てきた場合には，ぜひ，そちらも参照してください。

　本書は，主に大学の言語学の授業等で使用されることを念頭において執筆されています。そのため，授業での演習や自学自習に役立つよう，各章に練習問題を付してあります。しかし大学生に限らず，小・中・高等学校の先生方（特に，国語教育や英語教育など，言語教育に携わっておられる先生方），ことばと心の関係に興味をお持ちの読者の皆さんにも，ことばと心の世界を探究することの楽しさと素晴らしさを味わっていただけることを願っています。本書を通して，皆さんがことばとは何か，心とは何か，人とは何か，などのテーマについて深く考える手がかりを見つけてくだされば幸いです。

　最後に，出版に際しては，ミネルヴァ書房編集部の岡崎麻優子氏に，編集，校正の各段階で大変お世話になりました。この場をお借りして，編者一同心よりお礼申し上げます。

　　2020年9月

　　　　　　　　　　　　　　　　　　　　　　　　編　者　一　同

目　　次

はじめに

序　章　認知言語学への招待……………………………………… 深田　智…1

　　1　認知言語学の言語観——心の表れとしてのことば ……………… 1
　　2　認知言語学の研究スコープ ……………………………………… 3
　　3　情報テクノロジーの進化と研究手法の多様化 ………………… 6
　　4　認知言語学のさらなる発展に向けて ………………………… 7

第1章　ことばの世界……………………………………………… 谷口一美…9

　　1　「言語学」とは？ ………………………………………………… 9
　　2　「認知」とは？ ………………………………………………… 10
　　3　「認知言語学」——「認知」からみることばのメカニズム ………… 11
　　4　言語と「心」をめぐる2つの立場——認知言語学と生成文法 …… 13
　　5　ことばの意味と「捉え方」……………………………………… 15
　　6　意味のひろがりと比喩 ………………………………………… 16
　　7　これから認知言語学を学ぶ皆さんへ ………………………… 17
　　コラム　言語とマルチモダリティ ……………………………… 18

第2章　文法の世界……………………………………………… 尾谷昌則…21

　　1　文法知識，言語知識とは？ …………………………………… 21
　　2　事態認知とプロファイル ……………………………………… 23
　　3　主語と目的語 …………………………………………………… 27
　　4　品　詞 …………………………………………………………… 30
　　5　文法としての「構文」………………………………………… 35
　　コラム　ダメよ，ダメダメ ……………………………………… 41

第3章　音韻の世界……………………………………奥垣内健…43

    1　音韻論とは何か……………………………………43

    2　音声・音素・異音……………………………………44

    3　音素と音声の体系……………………………………45

    4　音の交替（連濁）……………………………………48

    5　観察と分析から考える……………………………56

    コラム　普通のこと……………………………………58

第4章　語彙の世界……………………………………仲本康一郎…61

    1　カテゴリー化……………………………………61

    2　プロトタイプと階層構造…………………………64

    3　ことばと文脈……………………………………66

    4　ことばと身体性…………………………………69

    5　比喩と理解……………………………………71

    コラム　ことばの力……………………………………75

第5章　意味の世界……………………………………安原和也…77

    1　メンタル・スペース理論……………………………77

    2　概念ブレンディング理論……………………………83

    コラム　代名詞照応と概念ブレンディング………………93

第6章　談話と文脈の世界……………………………澤田　淳…95

    1　ダイクシス……………………………………95

    2　人称ダイクシス…………………………………98

    3　空間ダイクシス…………………………………104

    4　時間ダイクシス…………………………………114

    コラム　生き生きとした「語り」の文……………………123

第7章　コミュニケーションの世界……………………小山哲春…127

    1　推論ゲームとしての発話解釈………………………128

    2　認知語用論的推論モデル……………………………133

    3　社会認知語用論…………………………………139

コラム　含意と欺瞞………………………………………………149

第8章　認知類型の世界…………………………………中野研一郎…153
　　1　認知言語類型論とは………………………………………154
　　2　日本語の「形容詞」と英語の 'adjective（形容詞）'………154
　　3　英語の「認知モード」と日本語の「認知モード」………161
　　コラム　パラダイムの問題——言語学と哲学の関係…………168

第9章　言語習得の世界……………………………………深田　智…171
　　1　ことばが生まれるまでの発達的基盤………………………171
　　2　ことばという表現手段の獲得と進展………………………180
　　3　言語習得のプロセスを解明するための様々な試み………186
　　コラム　メタファーの能力とオノマトペ……………………189

第10章　コーパスの世界……………………………………李　在鎬…193
　　1　コーパスとコーパス言語学…………………………………193
　　2　コーパスを捉える視点（1）——コーパスの構成…………194
　　3　コーパスを捉える視点（2）——コーパスの種別…………197
　　4　コーパスを使う……………………………………………198
　　5　認知言語学とコーパス……………………………………200
　　6　コーパス利用における留意点……………………………203
　　コラム　コーパスの語源……………………………………206

第11章　日本語教育への活用……………………………甲田直美…207
　　1　日本語教育という分野……………………………………207
　　2　言語の説明に認知言語学を取り入れる…………………208
　　3　実際の会話を教える………………………………………212
　　4　認知の仕組みと学習………………………………………217
　　5　さらなる広がりを求めて…………………………………220
　　コラム　「これはペンです」を教えることの意味……………222

第12章　英語教育への活用 ……………………………児玉一宏…225

　　1　構文の交替 ………………………………………………225

　　2　動詞の意味と与格交替 …………………………………228

　　3　構文文法と与格交替 ……………………………………232

　　4　英語教育への展望 ………………………………………236

　　コラム　なぜ pull は二重目的語構文では使用されないのか…………238

第13章　認知言語学の可能性 ……………………………山梨正明…241

　　1　ことばと認知プロセス …………………………………241

　　2　言語現象と認知プロセスの諸相 ………………………242

　　3　認知言語学の関連分野への適用可能性 ………………250

　　4　認知言語学のさらなる展開 ……………………………256

　索　　引　259

序　章　認知言語学への招待

深田　智

この章で学ぶこと

　「はじめに」でも述べたように，本書では，認知言語学の基本的な考え方や用語を解説するとともに，認知言語学と言語学の諸分野との関連性や，言語学以外の研究分野との融合の可能性などに関しても，最新の知見や具体例などを組み込んで論じます。この章では，読者の皆さんがご自身の興味・関心に沿ってこの本を読み進めていくことができるよう，認知言語学の言語観や研究のスコープを明示しながら，各章の内容を手短かに紹介していきます。本書を読み始める前に，本章を読んでいただくことを前提としていますが，1～13章までを読み終えた後に，各章の内容を整理するための章として読んでいただいても構いません。

キーワード

　意味，認知能力，インタラクション，他分野との融合，研究手法とツール

---

① 認知言語学の言語観——心の表れとしてのことば

　「ことばって何ですか」と尋ねられたら皆さんはどう答えますか？　大学の言語学の授業で時々この質問をすると，ほとんどの学生が「ことばはコミュニケーション手段です」と答えます。コミュニケーション手段であるということは，そこには，伝えたい相手に知覚可能な「形式」（音声や文字，手話であれば手の動き，など）があるということになりますし，その形式には伝えたい内容，すなわち「意味」が込められているということになります。この事実は，ことばが形式と意味から成り立っていることを示唆しています（読者の皆さんの中には，意味のないことばもあるのではないかと反論する人もいるかもしれません。これに関しては，「意味のないことばはことばといえるか」という点も含めて興味深い議論なのですが，ここでは割愛します）。ことばは，人が，長い歴史の中で，他者をはじめとする環境とのインタラクションを重ねていく

I

ことによって進化・発展してきました。しかし，その形式と結びつく「意味」はいったいどこにあるのでしょう。

　筆者は言語学の授業の中で，いつも大学生に「"dog"の意味は？」と聞きます。すると聞かれた大学生は必ず，「犬」と答えてくれます。そこで，「では「犬」の意味は？」と聞くと，たいていの大学生が，少し困ったような顔をして，それから少し間をおいて，「四足の動物で，「ワン」と鳴き，愛玩動物で……」などと説明します。目の前に犬と猫がいて，「どちらが犬ですか」と聞かれれば簡単にわかるのですが，「「犬」の意味は何ですか」とあらためて聞かれると，一瞬戸惑い，自分の頭の中で「犬」と呼ばれる動物をあれこれと想起し，自分のそれまでの経験に基づいて犬という動物の詳細を説明するというわけです。つまり，「犬」ということばの意味は，それぞれの人がそれまでに出会ってきた「犬」と呼ばれる動物との様々な経験に基づいて私たちの心の中に創造されるものだと考えられます。

　上述の「犬」の例は，すでにあることば（「犬」）が存在している状況下での，その言葉の意味の形成についての話なのですが，認知言語学の第一人者であるジョージ・レイコフ（George Lakoff）は，さらに一歩踏み込んで，「意味」がどのように生まれるかを説明しています（Lakoff 1987：292）。それによれば，私たちが何気ない日々の生活の中で，ある対象に対して「意味がある」（meaningful）と感じたその瞬間に，そこに「意味」が生まれる，ということです。「意味がある」と感じるということは，そこに注目に値する，何かがあるということ，そして，それに対して私たちが何らかのかたちで対処していく必要があると感じているということを意味します。

　「意味がある」対象が生まれると，同じように対応すべき対象を判断・認識することができるようになり，それらを１つのカテゴリーとしてまとめ上げていくことになります。このまとめ上げの過程でそのカテゴリーを示す何らかの記号があると，まとめやすく，また，記憶しやすくなると考えられます。ことばはその際に用いられる記号の１つです。

　一度ことばが使用されるようになると，人は，それをさらに発展的・創造的に使用していくようになります（第13章参照）。また，〈いま・ここ〉から離れて，頭の中だけでことばを介していろいろなことを考えたり，予想したり，想像したりすることもできるようになります。

　このように，ことばを「意味」の側面に注目してその役割や機能，多様性や柔軟性について考えていくと，ことばの世界は，「意味」の創造からそれに基

づく世界の認識，ことばの成立とその発展的使用に至るまで，私たちが持つ様々な認知の能力（例えば，日常経験の中から意味を見いだしていく能力や，意味があると感じた対象を類似性に基づいてまとめ上げていく能力，など）が関与していることがわかります。

　認知言語学は，ことばの意味を研究の主軸に据えることで，あらゆる言語現象を，多様な認知能力との関連で記述・説明します（第1章）。したがって，文法の説明時に用いられる名詞や動詞などといった品詞や，主語・述語などといった用語に関しても，また語順をはじめとする諸言語の文法的特徴を説明する際にも，認知能力や認知プロセスと関連づけて考えます（第2章）。また，個々の言語表現の意味を記述・説明する方法として，その言語表現を使用し理解する際に心の中に想起されるイメージを図で表し（主に，第2章，第4〜5章，第13章を参照），文脈の中で語どうしを関連づけて意味を創造するメカニズムに関しても，意味を基盤としてモデル化を試み，それに基づいて言語現象を分析しています（第5章）。

　さらに近年では，これまでの認知言語学研究に，人と環境とのインタラクションという視点も組み込まれるようになってきました（第9章，第13章を参照）。ことばは，人という種に固有の伝達や思考のツールです。そのため，認知科学や発達科学，心理学，脳科学，コンピュータ・サイエンス，文化人類学等の言語学の関連分野においても研究が進められてきました。例えば，認知科学者ローレンス・バーサロー（Lawrence W. Barsalou）などは，「身体化された認知」（embodied cognition）やそれに類する概念を用いて，言語処理や言語理解にも適用可能な認知モデルを提示しています（詳細は，望月〔2015〕を参照）。認知言語学は，このような関連分野の知見も取り込みつつ，人の認知のメカニズムやその背後に存在する人と環境とのインタラクションがどのように言語現象に関与しているかを，言語事例に関する地道な分析を積み重ねながら実証してきています。この試みを通して，私たちの心のメカニズムの諸相を解明しようとしているのです。

②　認知言語学の研究スコープ

言語学の諸分野との関連

　上述のように，認知言語学は，あらゆる言語現象を人の認知のメカニズムと関連づけて説明していきます。言語研究の中には，従来から，ことばの音の側

面に注目した研究，語に注目した研究，文や句に注目した研究，文章の流れや談話の構造に注目した研究，実際のコミュニケーションにおける言語使用に注目した研究など様々な研究が行われています。認知言語学でもこのそれぞれの側面に焦点を置いた研究が行われていますが，意味や認知能力が研究の中核にあるため，それぞれの研究は相互に関連し合うことになります。以下では，本書の各章の内容を簡単に紹介しながら，認知言語学の研究スコープについて説明します。

　ことばの音の側面に注目した研究は，一見すると，「意味」を重視する認知言語学では説明不可能だと思われるかもしれません。たしかに，どのような音（声）が言語音として用いられるのか，また，なぜある音がある言語で用いられ，別の言語では用いられないのか，などについて，意味の観点から動機づけを与えることは至難の業です（ただし，知覚や感覚経験を「生のまま」反映しているとされるオノマトペ〔擬音語，擬態語〕〔Kita 1997；喜多 2002〕に関しては，その音を，当該オノマトペが意味する事態や状況との関連で説明することが可能な場合もあります）。しかし，例えば，多様な言語音をどう分類するか，連濁する場合としない場合には何が違うのか，などといった音声処理の過程に関しては，認知言語学の観点からも分析可能です（第3章）。この種の研究は「認知音韻論」と呼ばれています。

　一方，語に注目した研究（特に，語の意味に関する研究）は，認知言語学が得意とする分野です（第4章）。語が多義であるのはなぜか，ある語が比喩的に拡張して用いられる場合にはどのような認知のメカニズムが関わっているのか，など，語の意味とその拡張事例に関しては，「認知意味論」と呼ばれる研究分野の中でこれまでにもきわめて多くの研究がなされてきました。また，文や句に注目した研究も，認知言語学の枠組みで盛んに進められてきました。本書の第2章でも，文や句の構造が意味との関連で詳細に論じられ，また第12章では，類似する意味を表すとされる2つの構文（例えば，John gave Mary a book. などの二重目的語構文と John gave a book to Mary. などの使役移動構文）の交替の可否が，各構文が表すとされる意味との関連で議論されています。

　また，文と文の連鎖，すなわち，文章の流れや談話の構造に関しても，認知言語学では，人間の認知能力との関連で記述・説明が試みられています。本書でも，その一部は，代用表現やダイクシス表現（例えば，we や you といった人称代名詞や，this/here や that/there といった指示詞など）を軸に，第6章にまとめられています。また，第5章では，文あるいは文章の中で一貫した意

味が組み立てられていく過程が，メンタル・スペース理論と概念ブレンディング理論という2つの認知言語学の枠組みに基づいて示されています。

さらに，実際のコミュニケーションの場面を中心に据えた研究も，「認知語用論」として確立されつつあります（第7章）。そこでは，文字通りの意味ではない意味がなぜ，どのように伝達されるのかが，具体的な対話事例に基づいて考察されています。また，様々な言語間の違いを認知的な視点から比較・検討するという「認知類型論」も近年盛んになりつつあります。本書の第8章では，読者の皆さんも身近に感じてきたであろう，英語と日本語の違いが，この認知類型論の観点から論じられます（以上の認知言語学の基本的な考え方と記述・説明の具体的な解説に関しては，この本の第1章および山梨〔2000〕を，また認知言語学の基本用語の解説に関しては，辻〔2013〕を参照してください）。

ただ残念ながら，紙幅の都合上，本書では扱えなかったことばの側面もあります。その1つが文字です。文字に関しては，黒田（2015）が「認知文字論」を打ち出して詳細に検討し始めていますので，興味のある方はそちらをご参照ください。また，言語の歴史や進化に関する研究なども行われていますが，残念ながら，この本に収めることはできませんでした。これらに関する認知言語学的な研究や考察に関しては，辻（2019）を参考にしてください。

他分野との関連・融合

第1節でも述べたように，認知言語学は，言語現象の記述や説明に，認知科学をはじめとする関連分野の知見を援用し，ことばを人の心ないしは認知のメカニズムの表れとして分析を進めてきました。したがって，認知言語学の研究の中にも，また，関連分野の研究の中にも，互いの研究成果を融合し，人の認知や言語進化・言語獲得などに関する統一的な理論やモデルを提示しようとする動きも出ています。本書の第6章や第9章でも，このような分野横断的な研究の成果が紹介されています。第6章では，空間関係をことばでどう表現するかが文化人類学の研究成果とともに，また，第9章では，子どもの言語獲得の過程が発達心理学の研究成果とともに提示されています。これらの事実からも，認知言語学がことばの世界だけを扱う閉じた研究プログラムではないことがお分かりいただけると思います。

また認知言語学の研究成果は，外国語教育にも応用されています。学習すべき外国語の特徴や母語との違い，複数の外国語の言語表現の違いなどを認知プロセスと関連づけて説明することで，学習者は，外国語を丸暗記することなく，

背後にある認知的な理由や根拠を理解した上で，納得して学んでいくことができます（第8章，第11～12章）。

③ 情報テクノロジーの進化と研究手法の多様化

　読者の皆さんも感じていると思いますが，近年の情報テクノロジーの進歩には目を見張るものがあります。その影響は，言語研究にも見られます。最も大きな影響はおそらく研究ツールの多様化です。ここ数十年でビデオカメラが普及し，言語データをその使用環境とともに動画で撮影・保存することが可能となりました。またマイクをはじめ，その他のデータ収集機材も小型化・軽量化が進み，言語データを比較的容易に収集することができるようにもなりました。しかし，この種のデータには種々雑多な情報が組み込まれています。その中から必要な情報のみを取り出す技術は，残念ながら，まだ十分には開発されていません。そのため，収集方法には工夫が必要で，分析には労力がかかります。それでも，言語をその使用環境とともに収集し，それをデータとして保存できるようになったことで，言語研究，とりわけ語用論や言語習得の研究は大幅に進展しました（第7章や第9章も参照）。

　また，インターネットの普及と検索速度の改善は，大量な言語事例を一度に収集することを可能にさせました。加えて，収集した言語データを解析するツールやプログラムの開発も進み，大規模な言語データに基づく言語コーパスの作成とそれに基づく言語分析が可能となっています（第10章）。これにより，それまでは，作例や，言語学者をはじめとする限られた数の母語話者の直感によって記述・説明されてきたことばの定性的な側面が，定量的な観点からも検証可能になりました。

　このように，言語研究も情報技術の進歩による影響を受けています。今後さらにこの種の技術が進歩して，新たな言語研究の手法が生まれる可能性もあります。認知言語学をはじめ，人の認知のメカニズムやその反映としてのことばの世界を解明する試みは，既存の手法と新たな手法とを臨機応変に使い分け，時に組み合わせながら研究を進めていく中で，さらに進展することが期待されます。

6

④ 認知言語学のさらなる発展に向けて

　これまで述べてきたように，認知言語学は，認知科学，発達科学，心理学，脳科学，コンピュータ・サイエンス，文化人類学といった関連分野の知見も組み込みながら，ことばの世界を総合的に研究する学問分野です。しかし現時点ではまだ，この種の関連分野と本格的に交流しながら，ことばとは何か，コミュニケーションとは何か，などといった問題を学際的な視点から解明する段階に至っているとは言えません（ただし，この傾向は，認知言語学だけではなく，言語学全般に見られる傾向であるように思われます）。

　たしかに，新しい言語学の研究領域として登場した認知言語学は，その言語学という研究領域内での位置づけを明確にする必要がありました。そのために，積極的に関連分野の知見を適用し，人間の知のメカニズムの諸相を言語事例の分析を通して明らかにしてきたのは事実です。

　しかし，認知言語学は，すでに，ほぼ半世紀に渡って着実に研究を積み重ねてきています。また，「はじめに」でも述べたように，認知言語学がどのような学問分野であるかも，社会的・国際的に認知されるようになってきました。ことばの世界を，人の心や日常生活，歴史や社会・文化と積極的に関連づけて考察を加える研究分野であるからこそ，ことばを分析の中心に置きつつも，関連分野の研究者とも活発に意見交換や共同研究を行い，ことばとは，コミュニケーションとは，ひいては，人とは，という問いに取り組む必要があると思われます。

　人がコミュニケーションをする手段としては，ことばの他に，ジェスチャーや行動，視線などの手段もあります。また思考の手段も，ことばである必要は必ずしもありません。例えば，喜多（2002）は，ジェスチャーを含む身体の動きが，思考のための手段となっていると主張しています。しかし，ことばと他の伝達手段あるいは他の思考手段との関係は，まだ十分には明らかになっていません。ことばの世界を広い視座から眺めてみると，まだまだわからないことがたくさんあるのです。この種の課題は，おそらく，言語だけを観察していては解くことができません。どのような調査や観察，実験をするべきか，またそこでわかった事実をどんな方法で検証し，解釈するか，といった問題に関しては，関連分野と積極的に交流を図りながら考えていく必要があります。

　異なる分野が連携・融合する共同研究では，十分な専門知識だけでなく，そ

れを他分野の研究者にもわかりやすく伝える対話力はもちろんのこと，知見や考え方の齟齬があった場合にそれを解消していく手段をともに検討する忍耐力や柔軟性も必要になってきます（共同研究を進めていくにも，ことばが重要な役割を担っているということです）。なかなかに骨の折れる作業であることは間違いありませんが，これからの認知言語学は，このような方向に進んでこそ，さらに発展していくのではないかと思います。

参考文献

喜多壮太郎『ジェスチャー――考えるからだ』金子書房，2002年。

黒田一平「拡張記号モデルに基づく漢字の合成構造の記号論的分析」『認知言語学論考』12号，2015年，1-44頁。

辻幸夫編『新編 認知言語学キーワード事典』研究社，2013年。

辻幸夫ほか編『認知言語学大事典』朝倉書店，2019年。

望月正哉「身体化された認知は言語理解にどの程度重要なのか」『心理学評論』58巻4号，2015年，485-595頁。

山梨正明『認知言語学原理』くろしお出版，2000年。

Barsalou, Lawrence W., "Simulation, Situated Conceptualization, and Prediction," *Philosophical Transactions of the Royal Society* 364, 2009, pp. 1281-1289.

Kita, Sotaro, "How Representational Gestures Help Speaking," David McNeill (ed.), *Language and Gesture,* Cambridge University Press, 1997, pp. 162-185.

Lakoff, George, *Women, Fire, and Dangerous Things : What Categories Reveal about the Mind,* University of Chicago Press, 1987（池上嘉彦ほか訳『認知意味論』紀伊國屋書店，1993年）.

Lakoff, George and Mark Johnson, *Metaphors We Live By,* University of Chicago Press, 1980.

Langacker, Ronald W., *Cognitive Grammar : A Basic Introduction*, Oxford University Press, 2008（山梨正明監訳『認知文法論序説』研究社，2011年）.

第1章 ことばの世界

谷口一美

この章で学ぶこと

　この章では，「認知言語学」が「言語」と「認知」「心」についてどのような見方をし，どのような研究を行っているかを概観します。私たちが外界の物事を心でどのように捉えるかは，言語表現の文法や意味にとって欠かすことのできないものです。言語表現には実際にどのような認知のはたらきが反映されているか，具体的な例を織り交ぜ，認知言語学の主要な考えを示していきます。

キーワード

　認知，心，記号，使用依拠モデル，構文文法，主観的意味論，比喩

---

1 「言語学」とは？

　本書を手にした読者の皆さんの中には，「言語学」に初めて接する人も少なくないでしょう。「言語学」はその名の通り，私たちが日々使っている「言語」を対象とする学問ですが，そもそも「言語」とは何か，英語の "language" を使った次の2つの例文を手がかりに考えてみましょう。

（ 1 ）　I can speak two *languages*.
（ 2 ）　Humans can speak *language* but other animals cannot.

　（1）の languages は，複数形であることからわかるように，book などと同じ「可算名詞」として使われています。しかし（2）の language は冠詞や単数・複数の区別のない形であり，water などと同じ「不可算名詞」として使われていることがわかります。これら2つの language の違いは何でしょうか。

　（1）の可算名詞の languages は，例えば「英語」と「スペイン語」の2つの言語を話せる，というように，個別の言語を指します。高等学校までの，教科として学習する国語や英語は，このような可算名詞の languages として

「言語」を学んでいるといえます。

　一方で，（2）の不可算名詞の language は，「人間には使えるが，他の動物には（人間のようには）使えない」言語であり，「英語」「スペイン語」「日本語」といった個別の言語の次元では捉えていないようです。この language は，具体的にどの言語であるかにかかわらず，私たち人間がことばを獲得し使用する「能力」そのものを指しています。このように「能力」を指す language は，「英語」「日本語」のように区分があるわけではないため，不可算名詞扱いとなるのです。

　「言語学」でも，研究の対象とする「言語」が，おもに可算名詞の language の場合もあれば，不可算名詞の language の場合もあります。可算名詞の language を対象とする言語学としては，例えば「英語の時制」や「日本語の格助詞」のように，個々の言語での現象を観察し，そこにどのような体系性や類型があるかをつぶさに記述する研究や，日英語対照のように，異なる言語同士を比較することで個々の言語の特性を明らかにする研究が挙げられます。

　一方で，不可算名詞の language を対象とする言語学は，私たちが言語を用いることを可能としている能力そのものを探究するものです。言語を使うとき，私たちの「心」(mind) の中では何が起きているのか，どのような脳のはたらきによって私たちは「言語」という，複雑に発達した意思伝達のツールを手にし，操ることができるのか——こうした根源的な問いに取り組むのが，不可算名詞の language を対象とした「言語学」です。

　このように，言語学には大きくわけて2つのアプローチがありますが，これら2つは決して分離独立したものではありません。個々の言語での現象をしっかりと観察しなければ，「言語」の心のモデルを構築することはできません。双方のアプローチによって言語学は成り立っているのです（「ことば」と「言語学」については，大津由紀雄編著『はじめて学ぶ言語学』の序章も参照して下さい）。

② 「認知」とは？

　不可算名詞の language が言語学の対象となることから，言語と「心」には密接な関係があることがわかります。では，「心」の中ではどのようなことが起きているでしょうか。もちろん「心」は，言語に限らず，様々なはたらきを行っています。私たちは，視覚や聴覚などの「知覚」を通じて外界から様々な

刺激や情報を得て，それらを脳で処理して理解し，必要があれば保存しています。

　例えば，次のような身近な場面を思い浮かべてみましょう。大学のキャンパスでばったり出会った人の顔を見て，それが数学の授業の先生だと認識し，その先生の名前を記憶の中から瞬時に引き出し，さらに「あの先生が今この場所にいるということは，数学の授業は休講かもしれない」と推測することもあります。このとき「心」の中で起こっている，認識や記憶，推論といったはたらきのことを「認知機能」といいます（なお，このような記憶や認識などの認知機能が低下する症状がいわゆる「認知症」です）。

③ 「認知言語学」──「認知」からみることばのメカニズム

　「認知」と「言語学」がそれぞれわかると，この本のテーマである「認知言語学」がどのような学問領域か，読者の皆さんにもイメージが浮かんできているかもしれません。「認知言語学」は，「心」のはたらきと「言語」が切り離すことのできない関係であると見なし，言語の諸問題を認知の観点から明らかにしようとする，言語理論の1つです。

　認知機能については，知覚心理学や認知心理学など，心理学の領域で長年にわたり研究されてきています。認知言語学は，そうした心理学の知見を応用してことばを分析し，また逆に，ことばの面から認知の新たな側面を明らかにするものです。

　次の例を見てみましょう。

（3）　The bike is near the house.
（4）　??The house is near the bike.　　　　　　　　　　　　（Talmy 1978）

　（3）と（4）は，bike（自転車）と house（家）が近くにあるという位置関係をどちらも表しているはずですが，直感的に，（4）のように house を主語とした表現は不自然と感じられます。もちろん，（4）の文は（3）の文と同様に，文法的には何も問題がありません。また，論理的には，X is near Y であれば Y is near X も成り立つはずですが，なぜ実際には（4）は容認されないのでしょうか。

　この違いを説明するためには，私たちの知覚の特性を考える必要があります。私たちは外界を知覚する際，すべての刺激を一様に受け取るのではなく，際

図1-1　ルビンの盃

立って重要な部分とそうでない背景的な部分に分別を行っています。このとき、注意の焦点となる際立つ部分を「図」(figure)、背景となる際立たない部分を「地」(ground) といいます。今この本を読んでいる皆さんにとって、文字は「図」であり、ページの白い部分は「地」のはずです。一定のまとまりや形をなす部分は「図」になりやすい一方、広がりがあり境界のない部分は「地」になりやすいという傾向があります。図1-1の「ルビンの盃」は、有名な図地反転図形ですが、黒の部分を「図」として見れば2人の向かい合う横顔、白の部分を「図」として見れば盃が浮かび上がります。これは、黒の部分と白の部分がどちらも「図」になりやすい性質を備えているためです。そうであっても、私たちは2人の顔と盃を同時に見ることはできません。2人の顔が見えているとき、盃は背景であり、盃が見えると同時に2人の顔は背景へと後退します。

　では、(3)と(4)が描写する状況を考えてみましょう。bike と house を比べると、bike は私たちが乗ったり手で押したりすることで動かせる物体ですが、house は広がりがあり、簡単には動かせそうにありません。私たちの注意は、動かすことのできる bike の位置に向けられやすく、その位置づけの目印や基準として、動くことのない house を利用しがちです。そのため、bike を「図」、house を「地」として知覚するのが一般的です。(3)のように、「図」として知覚された bike を主語とし、その位置を描写する基準として house を選択するのは自然ですが、一方で(4)のように、「地」として知覚される house を主語とし、house の位置づけのために bike を基準として選択するのは、不自然な選択であるように感じられるのです。

　これらの例は、文の「主語」のような文法的な観念も、実際には認知に深く根ざすものであることも示唆しています。文の冒頭という主語の位置は、文を解釈する際にまず注意が向けられる際立つ位置であり、ここに「図」として知覚した要素を当てはめるのは自然な対応関係であると言えます。このように、認知言語学の見方は、言語の文法体系にも意味にも幅広く適用することができます。

④ 言語と「心」をめぐる2つの立場──認知言語学と生成文法

　認知言語学は「心」のはたらきから「言語」を分析し説明しますが，言語を「心」の問題として捉えるのは，認知言語学だけではありません。言語学が認知科学の1つの領域となったのは1950年代末，ノーム・チョムスキーが提唱した「生成文法」という言語理論に負うものです。ただし，チョムスキーにとっての「認知」と「言語」の関係は，認知言語学とはまったく異なっており，言語の能力は他の認知機能からは独立に存在していると想定したのです。

　なかでもチョムスキーは，単語を適切に組み合わせて文を作る文法の能力が人間に普遍的に存在し，遺伝的に備わったものであると仮定しました。これが「普遍文法（Universal Grammar：UG)」です。普遍文法が生まれつき備わっているため，生まれ育つ場所がどこであれ，そこで話される言語を獲得できるのだと生成文法は想定し，普遍文法の内実を解明することを目的としています。

　こうした背景から従来の言語学は，文法を扱う「統語論」を中心として，図1-2の左側のように各部門を分けて研究が行われてきました。

　一方で認知言語学は1980年代，生成文法とは異なり，普遍文法の存在を前提としない新たなパラダイムとして誕生しました（なお認知言語学は，生成文法のチョムスキーのように1人の提唱者によるものではなく，時期を同じくして数名の言語学者を中心として発展しました。認知言語学の誕生に大きく貢献した研究者としては，ロナルド・ラネカー，ジョージ・レイコフ，レナード・タルミーらを挙げることができます）。普遍文法を生まれながらに備えていなくても，一般的な認知能力と学習システムによって，言語使用の中から文法を獲得することができると認知言語学は想定します。このような見方を「使用依拠モデル」（usage-based model）といいます（詳しくは第2章を参照して下さい）。

　これまでに述べてきたように，認知言語学は，心の様々な認知機能と言語と

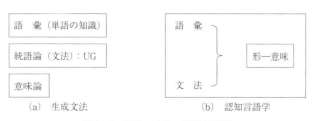

（a）生成文法　　　　　　（b）認知言語学

図1-2　語彙，文法，意味の関係

が不可分の関係であると見なします。図1‐2の右側に示すように，認知言語学は文法をはじめ，言語の各部門を連続したものと捉えます。これは，認知言語学が「ことばは記号である」という見方を重視しているためです。例えば天気予報では太陽のマークが「晴れ」，傘のマークが「雨」という気象を表すように，言語も音声などによる「形」が何らかの「意味」を表すことで，はじめて言語として機能します（なお，言語の「形」には，文字や手話での手の形なども含みます）。

　語彙のレベルであれば，例えば「り」「ん」「ご」という音の並びには，果物の一種であるりんごという意味が結びついていることは明らかです。同じことが実際には文のレベルにも当てはまります。次の例を見てみましょう。

（5）　John gave Mary a cake.
（6）　John baked Mary a cake.

　（5）と（6）はどちらも直接目的語（a cake）と間接目的語（Mary）を伴っていることから，「二重目的語構文」と呼ばれています。（5）の文で，John が Mary にケーキを渡し，Mary がケーキを受け取るのは明白です。一方で（6）の文は「John は Mary に渡すつもりでケーキを焼いた」という意味で，（5）と同様，「Mary に渡す」という意味合いが含まれているのが特徴です。この「Mary に渡す（つもり）」という意味はどこから来ているのでしょうか。もし文全体の意味が，個々の単語の意味の足し算であるならば，動詞 bake に「誰かに渡すつもりで焼く」という意味をもたせなくてはならなくなります。

　では，もし二重目的語構文の「主語・動詞・間接目的語・直接目的語」という配列そのものが，「（間接目的語）に（直接目的語）を渡す」という意味を表すのだと考えるとどうでしょうか。この場合，動詞 bake の意味は単に「焼く」であり，（6）にある「渡す」という意味の側面は構文のパターンからもたらされた，と見なすことができ，より自然に説明することができるでしょう。このように，文を構成する単語だけではなく，単語を組み立てて文を作るためのテンプレート自体も何らかの「意味」をもつと想定する文法理論として，認知言語学と親和性の高い「構文文法」（construction grammar）があります。構文文法については，第12章で詳しく見ていきます。

　以上のように認知言語学は，様々な言語現象を連続的に，横断的に研究することのできる，開かれた言語学であるといえます。さらに「言語」は様々なスケールで捉えることができます。いかなる言語であっても，表現の形や意味・

機能が時間経過とともに変化していくことは妨げられません。しかし，言語はランダムに変化するわけではなく，一定の変化の方向性が観察されます。また，いくつかの言語を比較することで，言語間の相違だけでなく普遍性を見いだすこともあります。このような言語の一般性・普遍性や多様性についても，認知の側面から説明することができます（第8章を参照して下さい）。

5 ことばの意味と「捉え方」

ここで，「意味」についての認知言語学の考え方について，もう少し詳しく見てみましょう。

認知言語学では，言語表現の意味が話し手の心に依存するものであると考えます。これは，先に見た（3）と（4）の例から明らかです。というのも，（3）と（4）が表している自転車と家の関係は，客観的には全く同じものであり，その違いは「話し手が何を際立ったものとして知覚するか」の問題でしかないためです。話し手が外界の状況を心の中でどのように捉えたか，その「捉え方」こそが，意味にとって重要となります。そして外界を捉えるとき，私たちは先に述べたような様々な認知機能を駆使しているのです。意味に対するこのような見方を，主観的意味論といいます。このことを端的に表す例として，次の表現を考えてみましょう。

（7）　この地方では，山脈が南から北へ走っている。
（8）　この地方では，山脈が北から南へ走っている。

（7）と（8）の表現には，よく考えると不思議な点があります。どちらも移動を表す「走る」という動詞を使っているものの，その主語の「山脈」自体が走って移動するわけではない，ということです。もちろん，（7）と（8）が描写する状況には客観的にみて動いているものは何もありません。動いているのは，話し手が山脈の形状を心の中でなぞる，一種の「視線」と考えられます。（7）と（8）はともに同じ山脈について描写していますが，違いは話し手の視線の方向性（南から北へ見るか，北から南へ見るか）にあると言えます。このように，言語表現の表す移動が実際には話し手の心の作用として生じている現象を，「主観的移動」といいます。主観的移動は，話し手が状況をどのように捉えるかが言語表現の意味にとって不可欠なものであることを示しているのです。

6 意味のひろがりと比喩

　言語表現は「形」と「意味」の組み合わせであると上で述べましたが，1つの「形」に結びつく意味は1つだけではありません。次の例を見てみましょう。

(9)　台風の目
(10)　彼は人を見る目がない。

　これらの「目」は，私たちの顔についている「目」を表しているわけではありません。しかし，顔の「目」とは何らかの関係性がある意味を表していることが感じられると思います。(9)は，台風の中心にある，雲のない部分が「目」と形状が似ているように見えます。また，(10)の「目」は，実際には「正しく評価する力」を意味しますが，これは私たちが対象物を目で見ることでその価値を評価することが多いためと考えられます。
　認知言語学では，このような文字通りの意味からの広がりを「比喩」と見なします。(9)のように類似したものに喩える比喩を「メタファー」(metaphor)，(10)のように，近い関係にある別のものを指す比喩を「メトニミー」(metonymy) といいます。比喩というと，文学作品などで使われる特殊なことば使いというイメージがあるかもしれませんが，実際には(9)や(10)のように，私たちが日常的に使う表現にも比喩は浸透しているのです。
　さらにメタファーは，次のような例にも見られます。

(11)　I keep my money in the safety box.
(12)　I am in love with him.
(13)　I am in the baseball club.

英語の前置詞は一般に様々な意味をもちますが，歴史的にみてその原義は「空間における物体の位置」を表す(11)のような用法であったと言われています。前置詞 in が表すのは「ある物体が入れ物の中に存在する」という位置関係で，おおむね図1-3のように表すことができます。この図のようなパターンを「イメージ・スキーマ」と言います (詳しくは第4章を参照して下さい)。
　一方で，(12)や(13)の前置詞 in は，ものの位置を表しているわけではありません。これらは，恋愛のような心理状態，野球のクラブのような組織をあたかも「入れ物」のように捉えており，その中にいるということは，恋愛状態で

あること・クラブに所属していることを意味します。「状態」や「組織」といった形のないものを，私たちは「入れ物」に類似したものと喩えることで理解していると考えられます。このように，私たちの物事の捉え方に深く根ざしたメタファーを「概念メタファー」といいます。概念メタファーは認知言語学での主要な研究テーマの１つであり，様々な抽象概念が実際には

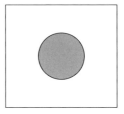

図 1 - 3　in のイメージ・スキーマ

メタファーによって形作られていることが明らかにされています。

　メタファーは，抽象的で捉えにくいものの理解を助けるため，それと類似したわかりやすくて具体的なものを利用するものです。私たちにとって「わかりやすい」ものの代表は，私たちの「身体」です。身体そのもの，あるいは身体を通した経験（どこかへ移動する，物体をつかむ，など）は，メタファーとして他のものを喩えるのに利用されやすいのです。このことは，上で見た概念メタファーにも当てはまります。このようにして考えると，抽象的な概念をつくるという心のはたらきは，実際には「身体」によって支えられていると言えます。

⑦　これから認知言語学を学ぶ皆さんへ

　この章では，認知言語学の主要な考え方をいくつか取り上げ，ダイジェストとして概観しました。続く章ではそれぞれ，認知言語学の基本的な考え方を導入し，それがどのような現象や領域に適用することができるのか，最新の知見をまじえ紹介していきます。「心」の側面から「言語」を捉える認知言語学の方法によって，これまで教科として学習してきた英語や日本語にも新たな発見があることでしょう。

　私たちにとって，「言語」は空気のように当たり前の存在かもしれません。しかし，言語を使い他者とコミュニケーションをとれるということは，決して単純なことではありません。私たちの言語が様々な認知のはたらきに支えられ実現していることを，この本を通じて知ることで，ことばの不思議さやおもしろさを見つけていただければと願っています。

練習問題

1. 同じ出来事や状態でも，「捉え方」が異なると言語表現も異なります。例えば，飲みかけのジュースの瓶を見て「まだ半分ある」と言うこともあれば「もう半分しかない」と言うこともあります。同じように，捉え方が異なると表現が異なる例にはほかにどのようなものがあるか，観察しなさい。

2. 「目」や「足」のように，身体の一部を表すことば（身体部位詞）は，様々な慣用句に用いられます。それらの慣用句では，身体部位詞がどのようなことを表すために用いられているか，日本語や英語の例を観察しなさい。

読書案内

*認知言語学についての日本語での入門書や概説書としては，以下の書籍が挙げられます。

① 『講座　認知言語学のフロンティア』（全6巻）研究社。

② 『シリーズ認知言語学入門』シリーズ（全6巻）大修館書店。

③ 谷口一美『学びのエクササイズ——認知言語学』ひつじ書房，2006年。

*認知言語学の発展に貢献した海外の主要な研究者の著作の翻訳には，以下の書籍があります。

④ ロナルド・ラネカー（山梨正明監訳）『認知文法論序説』研究社，2011年。

⑤ ジョージ・レイコフ，マーク・ジョンソン（渡部昇一ほか訳）『レトリックと人生』大修館書店，1986年。

⑥ ジョージ・レイコフ（池上嘉彦・河上誓作監訳）『認知意味論』紀伊國屋書店，1993年。

⑦ ジョン・テイラー，瀬戸賢一『認知文法のエッセンス』大修館書店，2008年。

参考文献

Talmy, Leonard, "figure and ground in complex sentences," Joseph Greenberg, Charles Ferguson and Edith Moravcsik (eds.), *Universals of Human Language* 4, Stanford : Stanford University Press, 1978.

―― 🔲 *Column* 🔲 ――――――――――――――――――――

言語とマルチモダリティ

　これまでの言語学では，音声言語を主な対象としてきました。音声を理解するのはもちろん聴覚によります。一方で私たちの日常生活では，文字をはじめ，視覚から言語の意味を理解していることも多いはずです。

認知言語学では近年,「マルチモダリティ（multimodality）」への関心が高まっています。マルチモダリティとは，私たちが視覚や聴覚など，複数の伝達モードを使い様々な情報をやりとりしていることを指しています。私たちが心の中で物事をどのようにして捉えたかは，音声を使った言語表現だけではなく，ジェスチャーや文字記号，さらに絵文字や絵画などにも広く反映されると考えるのは自然なことでしょう。

　ひとつの例として，ジェスチャーと「時間」の表し方を見てみましょう。「時間」について，私たちはあたかも自分自身の前方に未来があり，過去から未来へと時間軸上を移動しているかのように捉えています。一方で,「もうすぐクリスマスがやって来る」のように，未来の出来事が前方から自分の方へ移動してくるように捉えることもあります。

　このため,（1）のような表現は2通りに解釈することができます。お盆を8月15日として，もし自分が時間軸上を移動する捉え方であれば,「お盆より先」は8月20日頃になります。一方で，もし時間が自分の方へ移動してくる捉え方であれば,「お盆より先」は，自分の方へ移動してくる「お盆」の前方となり，8月10日頃となります。

　（1）お盆より先に休みをとった。

　このように2通りに解釈される表現の意味のうち，一方を明確に伝えたい場合，私たちは指さしのジェスチャーを使うことがあります。8月20日頃を指したい場合は，あたかも自分が移動することを表すように，自分の身体から人差し指を離す方向で動かします。また，8月10日頃を指したい場合は，時間の方がこちらへ移動してくる捉え方であるため，その動きを表すため，人差し指を自分の方へ向けて動かします。このように，言語表現だけでは表しきることのできない側面を，ジェスチャーによって伝えることができます。

　また，手話（sign language）も，視覚の様々なモードを用いて伝達を行う言語です。日本語では「手話」と呼ばれるため，手や指の形によって意味を伝達するというイメージが強いですが，実際には手や指の動きや位置，さらに顔の表情や口の形など，様々な視覚のチャンネルを並行的に使い，精緻な意味の伝達を行っています。

　このように，音声によらないやりとりを対象とすることで，私たちは意味をどのようにして伝達・理解しているのか，ひいては「言語」とは何か，という問題に迫ることができるのです。

第2章 文法の世界

尾谷昌則

─ この章で学ぶこと ─

　「文法」ということばを聞くと，「つまらない」「難しい」というネガティブな
イメージを想起する人が多いかもしれません。国語や英語の授業で習った名詞，
動詞，形容詞といった品詞名をはじめ，主語，述語のような文法の基礎概念には
抽象的なものも多く，理解しにくいのも事実です。また，文法＝規則といったイ
メージがあることから，「難しいルールを覚えなければならない」といったネガ
ティブなイメージが常につきまとうのでしょう。「とにかく，こういうものだか
ら，そのまま覚えとけ」と言われても，なぜそうなっているのかという「根っ
こ」が理解できなければ，覚えるものも覚えられません。品詞とは何なのでしょ
うか。私たちはどうやって文の主語を決めているのでしょうか。私たちの言語知
識とは，法律の条文のような規則のリストなのでしょうか。この章では，そんな
文法の「根っこ」について，認知言語学がどう考えているのかを学びます。中で
も，文法研究に力を注いだロナルド・ラネカー（Ronald Langacker 1987, 1990,
1991, 2000, 2005, 2008）の理論は「認知文法」（Cognitive Grammar）と呼ば
れ，認知言語学には不可欠な基礎概念も多いので，本章ではその理論を中心に見
ていきます。

キーワード

　記号的文法観，捉え方，プロファイル，事態認知，トラジェクター，ランド
マーク，ビリヤードボール・モデル，スキャニング，構文スキーマ，動的用法基
盤モデル

1　文法知識，言語知識とは？

語と文の境界線

　一般に，「文法」とは「文をつくるための規則」だと思われてきました。
我々の脳のどこかにレキシコン（lexicon）と呼ばれる語彙の貯蔵庫があり，文

21

図2-1　伝統的な文法観

法とは，その語彙から文を組み立てるための統語規則（syntactic rules）だというわけです。初期の生成文法理論でも，語彙部門と統語部門を完全に切り分け，レキシコンから選ばれた語彙が様々な規則の適用を受けることで最終的に文が生成されると考えられていました。

　しかし，語彙と文の境界線はそれほど明確ではありません。例えば「神のみぞ知る」という表現は，一見すると単純な文のようですが，過去形にして「神のみぞ知っていた」と言うことはありませんし，倒置（「知る！　神のみぞ」）や副詞の挿入（「神のみぞ多分知る」）なども普通はしません。このような固定表現はイディオムと呼ばれ，語彙と同じようにレキシコンの中にこのままの形で貯蔵されているものとされてきました。ところが，インターネットで検索してみると，主語を入れ替えた「我のみぞ知る」「花のみぞ知る」「時のみぞ知る」や，述語を変化させた「神のみぞ知り隊」「神のみぞ知らず」のような表現もヒットしますので，「主語名詞＋述語動詞」という文としての内部構造も保持されていることがわかります。これを本当に語彙と同列に扱ってもよいのでしょうか。

言語知識と記号的文法観

　認知言語学では，語彙と文は単純に二分割できないものであり，連続体をなしていると考えます。確かに我々は語彙（形態素）に関する知識を有していますが，そこには形態的に単純な語彙だけが貯蔵されているのではなく，「面倒を見る」のような句や，「神のみぞ知る」という文のような複合形も含まれていると考えるわけです（図2-2の右側に相当）。また，それらの具体事例に共通する特徴を抽出して分類（＝カテゴリー化）し，その抽出された特徴を抽象化して汎用性を高めた知識（＝スキーマ）も貯蔵されていると考えます（図

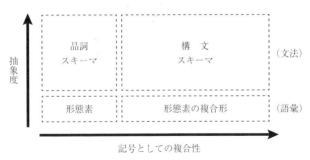

図2-2　認知言語学の言語観

2-2の上段に相当）。語彙の共通点を抽出・抽象化したものがいわゆる品詞（part of speech）で，句や文の共通点を抽出・抽象化したものが構文スキーマ（constructional schema）になります。このように，複合性と抽象性の2点において異なる様々な知識が，互いに連続体をなしている図2-2のような姿が認知文法の考える言語知識です（Langacker 2005：108）。

　今まで「文法」や「レキシコン」と呼ばれてきた知識は，おおむね図2-2の右上段（抽象性と複合性が高い部分）と左の上下段（複合性が低い部分）にそれぞれ相当しますが，これらの違いは程度問題でしかなく，両者が独立した部門（モジュール）を形成しているとは考えません。認知文法では，語・句・文といった単位に関係なく，すべての言語表現は音韻極（phonological pole）と意味極（semantic pole）から成る記号ユニット（symbolic unit）であると考える記号的文法観（symbolic view of grammar）を採用しています。つまり，どんな言語表現も何らかの意味を持っており，その意味こそがその言語表現が存在する動機づけ（motivation）になっていると考えるのです。さらに，その「意味」には辞書的な定義だけでなく，我々がどう認知しているのかという捉え方（construal）の違いによる概念化（conceptualization）のプロセスも含まれると考えます。これこそが認知言語学の認知言語学たるゆえんです。以下の節も，全て捉え方に深く関連するものばかりです。

② 事態認知とプロファイル

ベースとプロファイル

　語彙・句・文といったレベルを明確に区別しない認知文法では，どのレベルにも共通の説明原理を用います。その事例の1つとして，まず語彙レベルの

(a)「円」　　　　　　(b)「弧」

SPACE　　　　　　　CIRCLE

図2-3　ベースとプロファイル

「円」と「弧」について考えてみましょう。基本的に、「円」は空間概念を基盤として解釈される存在であり、図2-3(a)のように表せます（ある対象の意味を解釈する上で我々が参照している領域を認知のドメイン〔domain〕と言います）。一方、「弧」は「円」の概念を基盤とし、その一部分のみを表しているので、図2-3(b)のように表されます（Langacker 1987：184）。この時、基盤になるものをベース（base）、その中で特に際立って認知されている部分をプロファイル（profile）と呼び、後者は太線で表示されます。

　次に、語彙よりもやや複合性の高い句のレベルで考えてみましょう。日本語の「掘る」という動詞は、次のように3種類の目的語を取ることができますが、これは、共通のベースから異なる部分をプロファイルした事例だと考えられます（山梨 1999：41）。

（1）　a．地面を掘る　　　b．土を掘る　　　c．穴を掘る

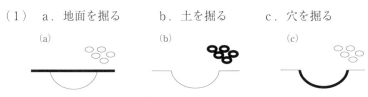

図2-4　動詞句におけるプロファイルの違い

受身構文とプロファイル

　今度は、文のレベルでベースとプロファイルについて考えてみましょう。以下の3つの文はどれも同じような出来事を表していますが、どこがどう違うでしょうか。

（2）　a．太郎が花瓶を割った。
　　　　b．花瓶が割られた。
　　　　c．花瓶が割れた。

　他動詞「割る」を使用した（2）aは、図2-5で表したように、行為者としての「太郎」が「花瓶」に対して何かしらの働きかけ（実線矢印で表示）を行

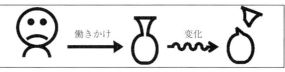

図2-5 「割る」の事態認知

図2-6 「割られる」の事態認知

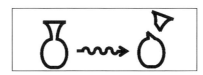

図2-7 「割れる」の事態認知

い，その結果として花瓶が割れた状態へと変化した（波線矢印で表示）という
一連の出来事が全てプロファイルされています。一方，受身文の（2）bは，
割った人物が特定できない，もしくは意図的に伏せておきたい場合などに，動
作主を背景化させて花瓶の状態変化のみをプロファイルしています（図2-6参
照）。つまり，ベースは図2-5と同じ事態ですが，プロファイルが異なってい
るというわけです。これを演劇に喩えるなら，ステージ上には動作主と花瓶の
両者が確かに存在しているのに，スポットライトを浴びているのは花瓶の変化
のみであり，動作主がどんな人物なのかは伏せられている状態です。

　さて，自動詞「割る」を使用した（2）cですが，こちらは少々事情が異なり
ます。花瓶の状態変化のみをプロファイルしている点は，受身文の（2）bと同
じですが，その変化を引き起こした原因の部分が，そもそも認知のスコープ
（各図の外周を囲っている実線）に入っていない点が異なります。先ほどの演
劇の喩えを用いるならば，動作主にスポットライトが当たっていないだけでな
く，そもそもステージ上に動作主がいない状態なのです（図2-7参照）。「プロ
ファイルされていないが，ステージ上にはいる」という受身文であれば，「太
郎に（よって）」という句を挿入し，事態に直接参与した動作主をプロファイ
ルすることも可能ですが，自動詞文ではそれができません。事態への間接的な
参与者を表す「太郎のせいで」であれば自動詞文にも挿入できますが，割ると

(a) 相互作用ネットワーク

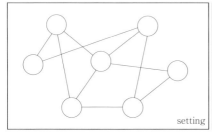

(b) 行為連鎖

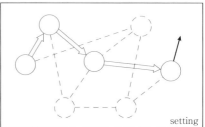

(c) 叙述のスコープ

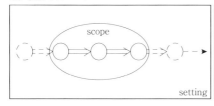

(d) プロファイル

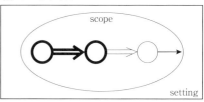

図 2-8　事態認知の過程

いう行為を直接行ったという解釈にはなりません（同様に，「太郎のせいで」は受身文にも挿入できますが，こちらも直接的な参与者としてではなく，「誰かによって花瓶が割られる」という事態が起きるのを許してしまった間接的な参与者としての解釈しかできません）。

（3）　a．花瓶が（太郎によって／#太郎のせいで）割られた。
　　　b．花瓶が（*太郎によって／太郎のせいで）割れた。

事態認知とプロファイル

　前節で見たように，発話者が事態をどのように認知しているかによってプロファイルが決まり，ひいては文構造も決まります。その認知過程について，ラネカー（Langacker 1990：215）は次のように説明しています。まず，我々が認識する外界には様々なものが存在し，それらは互いに様々な関係で結ばれています（図2-8(a)）。しかし，人間はその全てにまんべんなく注意を払って認知しているわけではなく，何らかの捉え方によってある一部分だけ際立って認知します。例えば(2)aで見た因果関係などがその一例になるでしょう（図2-8(b)）。さらに，その因果連鎖から特に注目する部分だけが叙述のスコープに収

26

められ，それ以外はスコープから外れます（図2-8 (c)）。最後に，スコープ内のどの部分がプロファイルされるかが決まり（図2-8 (d)），それらが言語化されるというわけです。このような因果連鎖（causal chain）による事態認知は玉突きに似ていることからビリヤードボール・モデル（billiard-ball model）と呼ばれており，事態認知における原型の1つになっていると考えられています。

　先ほど見た（2）aと（2）bは，叙述のスコープが同じだけれどもプロファイルされている部分が異なる事例のペアですが，（2）bと（2）cは叙述のスコープは異なっているけれどもプロファイルされているものが同じという事例のペアです。

③ 主語と目的語

トラジェクターとランドマーク

　複数の対象を認知する際に，それら全てに対して平等に注意を向けることは非常に困難です。どれかが際立って認知されると，それ以外のものは相対的に際立ちが低くなってしまい，時には認知することすら困難になることもあります。それを端的に表しているのが反転図として有名な「ルビンの盃」です。向かい合う2つの顔を認知している時は，盃が認知できなくなり，盃を認知している時は，向かい合う2つの顔が認知できなくなります。しかし，認知できないからといって，存在意義がないかというと，決してそうではありません。際立って認知される部分があるということは，それを相対的に支える部分があってこそなのです。ゲシュタルト心理学では，前者を図（figure），後者を地（ground）と呼んでいますが，前節で見たプロファイルは，前者に相当します。ただし，図として認知される対象が複数存在する場合は，それらの中でも際立ちに差が生じます。そこで認知文法では，図の中でも最も際立って認知されているものをトラジェクター（trajector，略して tr），トラジェクターを相対的に位置づけるために寄与している他の図をランドマーク（landmark，略して lm）と呼んで区別しています。以下の2文で考えてみましょう。

図2-9　ルビンの盃

（4）　a．X is above Y.　（X $_{(tr)}$ が Y $_{(lm)}$

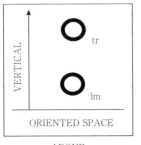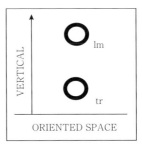

図2-10　トラジェクターとランドマーク

の上にある。）

　　　b．Y is below X.　　（Y $_{(tr)}$ がX $_{(lm)}$ の下にある。）

　英語の前置詞 *above* を使った（4）a では，相対的に低い位置にあると認知されているYを利用して，Xの位置を認知しているため，Xが tr で，Yが lm ということになります。一方，*below* を使った（4）b では，今度は相対的に高い位置にあるXを利用して，Yの位置を認知しているため，Xが lm で，Yが tr ということになります。これを図示すると図2-10のようになります（Langacker 1987：219）。

tr／lm の調整

　この tr と lm の関係については，タルミー（Talmy 1978：627）が非常に興味深い指摘をしています（タルミー自身の用語では，図と地の方を用いているのですが，定義上，地はプロファイルされないものなので，ここでは tr／lm の方を用います）。

（5）　　a．The bike is near the house.（自転車 $_{(tr)}$ が，家 $_{(lm)}$ の側にある。）
　　　　　b．?The house is near the bike.（家が $_{(tr)}$，自転車 $_{(lm)}$ の側にある。）

　これらは，どちらも「自転車」と「家」の位置関係を示したもので，客観的には同じ状況を描写しているはずなのですが，（5）b の方が若干不自然になります。「家」は相対的に大きくて目立っており，安定した存在ですが，「自転車」は相対的に小さくて目立たず，移動する可能性もあり，不安定な存在です。そのため，前者を手がかりに後者の存在を認知するのは自然なのですが，後者を手がかりにして前者の存在を認知するという捉え方は不自然なので，（5）b

の文も不自然に感じられるのです。文の構成要素である主語や前置詞句は，無作為に決まるものではありません。我々は，認知した対象の特徴や様々な文脈情報を勘案しながら，無意識のうちにどれを lm とし，どれを tr にするかという調整（trajector/landmark alignment）を行っているのです。

主語／目的語と tr／lm

前節の（5）を見ればわかるとおり，文の主語には，事態の中で最も際立って認知された参与者である tr が選ばれます。先ほどの図2-8（d）を利用してこれを表すと，図2-11のようになります。

図（figure）というのは，喩えるならばステージ上でスポットライトを浴びている役者たちのようなものであり，その中で最も際立っている主人公が tr で，それ以外の役者は lm に相当します。ですから，その配役で文を作る場合は，tr が主語になるのは自然なことなのです。残された lm の中では，主役たる主語に対峙し，主語との直接的な関わりが最も親密な lm が目的語（いわば準主役）として言語化され，それ以外の lm は斜格やその他の形で表されます。

ビリヤードボール・モデルのように何らかの作用が連鎖する事態では，スコープ内の最も上流に位置するものが主語，そのすぐ下流にあるものが目的語に選ばれるのが一般的な捉え方です。前節で示した図2-5と図2-6の場合で

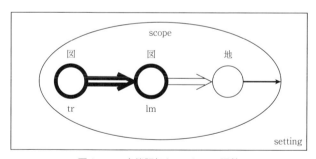

図2-11　事態認知と tr／lm の調整

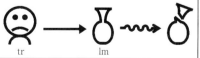 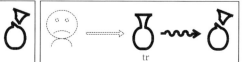

（a）太郎 (tr) が花瓶 (lm) を割った。　　（b）花瓶 (tr) が割られた。

図2-12　能動文と受身文における tr／lm の配置

あれば，図2-12のようになります。

　太郎の行為によって花瓶が割れるという事態では，動作主と被動作主の2つが図として認知されますが，そのうち相対的に動作主の方が際立ちの高い tr として認知された場合は，「太郎」を主語とした能動文が選択され，lm となる「花瓶」は目的語として言語化されます。一方，何らかの理由で動作主よりも被動作主の方が際立って認知された場合には，「花瓶」を主語とした受身文が選択されます。

④ 品　詞

我々が認知している 〈モノ〉 と 〈関係〉

　学校で，国語の先生から「名詞はものの名前を表すことばで，主語になります。一方，動詞は動き，つまり動作を表すことばで，述語になります」などと説明されても，「「告白」は動作なのに，どうして動詞じゃないのだろうか」とか，「「いる」や「ある」も動作を表しているのだろうか」とかいった疑問を持ったことはないでしょうか。こういった品詞を意味の面から規定することは難しかったため，これまでは「主語になることができるものが名詞」，「述語になる自立語のうち，活用があり，言いきりの形がウ段で終わるものが（日本語の）動詞」という形式的な定義しかされず（まさにそれが統語論なのですが），どの語がどの品詞なのかは，最初からレキシコンの中で決まっているのが当たり前とされてきました。

　しかし，認知言語学では，その「当たり前」を根本的に見つめ直し，認知の観点から規定し直しました。それを理解するために図2-8 (a)を思い出して下さい。我々をとりまく外界には，具体的な物体から抽象的な概念やら感情といった様々なものが存在しています。いえ，むしろ「存在している」と認知していると言う方が適切かもしれません。仮に，我々がその存在を認知できるものをまとめて事物（entity）と呼ぶとすると，事物は大きく2つに分かれます。1つは，目に見える物体だけでなく，目に見えない抽象概念や感情，感覚といったものも含めた様々なモノ（thing）です。しかし，モノだけが単独で認知されることは滅多になく，実際には「AがBの上にある」とか，「Cさんが，Dという感情を抱いている」とか，「Eという基準に照らせば，Fはそれを上回っている」といったように，モノ同士を結びつける様々な関係の中で，我々はモノを認知しています。つまり，2つ目は関係（relation）であり，図2-8

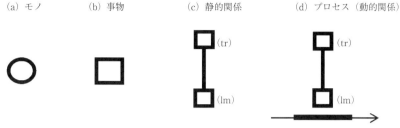

(a) モノ　　　　　(b) 事物　　　　　(c) 静的関係　　　　(d) プロセス（動的関係）

(tr)　　　　　　　　　　(tr)

(lm)　　　　　　　　　　(lm)

図2-13　品詞に反映される認知

(a)はそれを表していたのです。図2-13は，モノ，事物，関係をそれぞれスキーマ化したものです（Langacker 1987 : 220）。

　我々が認知できるあらゆるものを指す事物は四角で表されます。その中でも，我々の認知ドメインの中である一定の領域を占めるモノは円で表されます。例えば，「石」であれば3次元空間のドメイン，抽象的な「愛」であれば感情のドメインということになり，このようなモノとして認知された存在が言語化される場合は名詞になります。一方，モノ（もしくは事物）同士の間に，何らかの関係があると認知される場合もあります。この時，その関係は静的関係と動的関係の2種類に大別され，どちらも実線で表示されますが，後者は時間軸に沿って認知される関係であるため，図中では時間軸もプロファイルされています。以下の節では，この静的関係と動的関係についてそれぞれ見ていきます。

静的関係と形容詞

　我々が認知する関係のうち，時間的な認知が反映されていないものが静的関係（図2-13(c)）です。このように認知された事物が言語化される場合は，形容詞や前置詞が用いられます。前置詞の例はすでに(4)で見ているので，ここでは形容詞の例について考えてみましょう。同じ「赤い」という形容詞を使っていても，(6)aは自然な表現ですが(6)bはやや不自然になるため，「赤の」を使って(7)bのように言わなければなりません。しかし，逆に「赤の」を使った(7)aは，(6)aに比べるとやや不自然になってしまいます。こういった違いはなぜ起こるのでしょうか。

（6）　a．赤いリンゴ
　　　　b．?赤いフェラーリ
（7）　a．#赤のリンゴ

ｂ．赤のフェラーリ

(a) 赤さのスケール

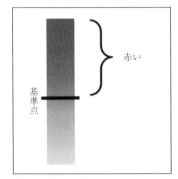

(b) 形容詞「赤い」

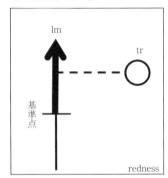

図2-14　形容詞「赤い」の捉え方

(a) 赤いリンゴ

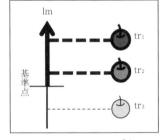

(a)？赤いフェラーリ

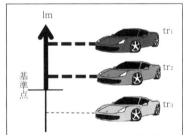

図2-15　「赤いリンゴ」と「赤いフェラーリ」

図2-16　名詞「赤」の捉え方

　我々がある対象を「赤い」と表現するのは，赤さのスケール概念を参照し，その対象がスケール上の基準点を超えた部分に位置づけられると認知した場合（図2-14（a））であるため，形容詞「赤い」は，図2-14（b）のようにある対象（tr）と赤さのスケール（lm）との関係を表します。つまり（6）ａの「赤いリンゴ」は，図2-15（a）の中の tr_3 ではなく，tr_1 もしくは tr_2 を指すことになります。しかし，車の塗装は，同じ車種ならばどれも同じ赤さで統一されて

おり，個体による程度差は存在しません。つまり，スケール上に位置づけるような認知はなじまないため，（6）bはやや不自然になるのです。車の色に関する認知は，程度性を参照した捉え方よりも，むしろ「赤のフェラーリ」「黄色のフェラーリ」「黒のフェラーリ」といったように，競合する他の色カテゴリーとの対立による捉え方がなされます。このように，色彩のドメインにおいてある一定の領域を占める事物はモノとして認知されるため，名詞で表現されるのですが，実際に（7）bで使用されている「赤」は名詞です（助詞「の」と接続しているので）。また，（7）aも同じく名詞「赤」による修飾ですが，もしこれが自然発話で使用されることがあるとすれば，例えば青リンゴと対比しているような場面が考えられます。

動的関係とスキャニング

　静的関係とは違い，事物同士の関係が時間軸に沿って動的に認知されるプロセス（図2-13 (d)）は，動詞によって言語化されます。静的な関係と異なる点は，図中に時間軸を表す矢印があり，そこもプロファイルされている点です。時間との関係で認知するわけですから，当然ですが時制（tense）を伴います。動詞に過去形や現在形といった活用があるのもこのためです（ただし，英語では静的関係を形容詞で，プロセスを be 動詞で表すという役割分担がなされていますが，日本語の形容詞は，その両者を同時に表す点で，英語とは異なります）。

　プロセスの認知は，刻々と進行する事態を連続的に認知していることを表します。例えば（8）aでは，「ずっと前から好きだった」と発声しているその一瞬一瞬がそれです。そのため，（8）bのようにプロセスを修飾する従属節や副詞を用いることができます。

（8）　a．私は彼女に「ずっと前から好きだった」と告白した。
　　　　b．私は，ことばを選びながら，ゆっくりと彼女に告白した。
（9）　私の彼女への告白は，とても慎重なものだった。

　一方，同じような事態を（9）のように表現することも可能です。こちらは，刻々と進行する事態を連続的にではなく，連続する事態を一括りにして認知しています。ラネカー（Langacker 1991：80）は，動詞で表現される前者のような捉え方を連続スキャニング（sequential scanning），後者のような捉え方を一括スキャニング（summary scanning）と呼び，後者は動詞を名詞化したものに相

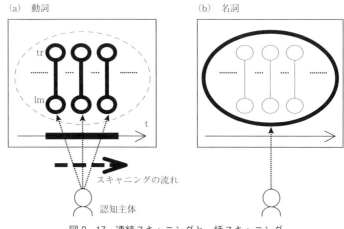

(a) 動詞   (b) 名詞

tr / lm / t

スキャニングの流れ

認知主体

図2-17　連続スキャニングと一括スキャニング

当すると述べています。(9)にも「慎重なものだった」とあるように，出来事
をモノ（thing）のように捉えるのです（図2-17を参照）。

数量詞に反映されるスキャニング

　スキャニングの違いは，数量詞を用いた文にも反映されています。日本語の
数量詞は，(10)のように2種類の文型で使用できますが，移動変形規則を認め
る文法理論では，(10)aのような基底構造から数量詞が遊離（移動）し，(10)
bのような遊離数量詞文が生成されると説明されてきました。しかし，両文の
意味をよく比べてみると，(10)aは階段の総段数が100段であるという解釈が
優勢であるのに対し，(10)bの階段は101段以上あるという解釈が優勢であり，
両構文がそれぞれ固有の意味と結びついていることがわかります。その証拠に，
(11)のように両方の数量詞を同時に用いても矛盾しません。

(10)　　a．100段の階段をのぼった。
　　　　b．階段を100段のぼった。
(11)　　100段の階段を100段のぼった。

　このような意味の違いは，捉え方の違いに起因します（尾谷 2000）。連体修
飾を用いた(10)aは，階段の特徴の1つとして「100段」を一括認知していま
す。一方，(10)bは「のぼった」というプロセスを1段目から100段目まで連
続的に認知したことを表しているだけなので，この階段の総段数が101段以上

34

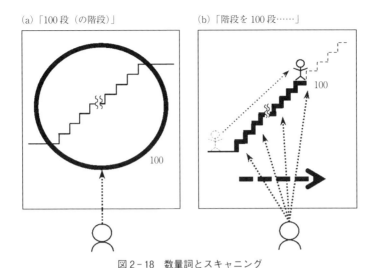

(a) 「100段（の階段）」　　　(b) 「階段を100段……」

図2-18　数量詞とスキャニング

あるという解釈も許されるというわけです（図2-18を参照）。

　こういった違いが示しているのは，語彙だけではなく，語彙を組み合わせた形式自体も何らかの意味（＝捉え方）と結びついているという事実です。人間の言語知識は，一定の規則に沿って語彙を移動・変形させて文を生成するというようなものではなく，むしろ，どのような捉え方（＝意味極）をした場合に，どういった表現形式（＝音韻極）を選択するのかという，その組み合わせ（＝構文）の複雑な集合体（＝ネットワーク）であると考えられます。次節では，その点についてもう少し深く見てみましょう。

⑤　文法としての「構文」

二重目的語構文の意味とプロファイル

　日本人であれば，授業で英語の二重目的語構文の書き換えについて習った経験がない人はいないでしょう。二重目的語構文の(12) b などは，*to* 前置詞句付きの与格構文(12) a とパラフレーズ可能であると伝統的な統語論では考えられてきました。しかし，中には単純に書き換えができない(13) b のような事例も存在します（Langacker 1990：13-14）。

(12)　　a．Bill sent a walrus to Joyce.（ビルはジョイスにセイウチを送っ

た。)
b．Bill sent Joyce a walrus.　（同上）
(13)　a．I sent a walrus to Antarctica.（私はセイウチを南極に送った。）
b．[?]I sent Antarctica a walrus.　（同上）
c．I sent the zoo a walrus.　　（私はセイウチを動物園に送った。）

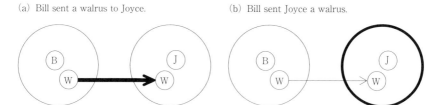

図2-19　移送を表す構文のプロファイル

　(13) b が不自然になるのは，移動先が人ではなく「南極」という場所である
ためと考えられますが，同じ場所でも (13) c のように「動物園」にすると自然
になります。これは，動物園であれば送ったセイウチを受け取る人間の存在が
自然に想起できるからです。つまり，二重目的語構文には相手が送付物を受け
取るという「移送の成就（successful transfer）」が構文固有の意味としてあるの
に対し，与格構文は単に対象の移送について言及しているだけで，「移送の成
就」の解釈は義務的ではありません。この違いを図で表すと図2-19のように
なります。セイウチ（W）がビル（B）の所有領域からジョイス（J）の所有
領域へと移動するという事態において，プロファイルされている部分がセイウ
チの移動なのか，それとも最終的に移動した相手の所有領域なのかが異なって
います（Langacker 1990：14）。

言語習得と構文スキーマ
　上で見たような事例は，語彙だけでなく構文もそれぞれ固有の意味を持った
存在であることを示しています。つまり，語彙と同じように，構文も1つひと
つ学習によって身につけていると考えられるのです。とはいっても，発話され
た事例を一字一句そのまま全て暗記しているというわけではありません。幼児
の言語習得を研究したトマセロ（Tomasello 2003）によれば，幼児は最初から
大人の文法を習得するのではなく，最初は個々の語彙項目に基づいた項目依拠

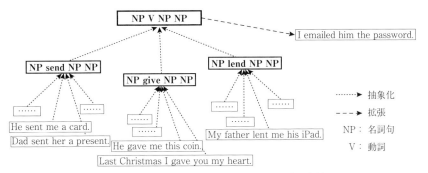

図 2-20　ボトムアップによる構文スキーマの抽出と拡張事例の取り込み

的構文（item-based construction）を習得するといいます。それらの構文では動詞が中心的な役割を果たしていることが多いのですが，まだ十分に認知能力が発達していない幼児は，個々の構文の形式的・意味的な共通性を捉えることができず，それらは互いに関連づけられることなく個別に記憶されているため，「動詞の島（verb island）」と呼ばれます。しかし，共通性が抽出できる年齢（3〜4歳頃）になると，より一般化された「構文の島（construction island）」が形成され，それらが互いに関連づけられることで，やがて汎用性の高い抽象的なスキーマが形成されます。それが十分に定着（entrench）すると，大人のように複雑な文が発話できるようになるのです。

　このように，我々の言語知識は，それぞれ実際の使用場面（usage event）において蓄積された具体的事例に基づき，自らがボトムアップ的に体系化して体得したものなのです。自らが作り上げた知識ですから，それを拡張させて新規事例を生み出したり，他者が生み出した新規事例を体系に取り込んだりと，柔軟に運用することができます。例えば，パソコンでメッセージを送ることができるようになり，*e-mail* という名詞が生み出されましたが，これが現在では動詞としても使用され，以下のような二重目的語構文でも普通に使用されるようになりました（辞書ではハイフンを入れたものが掲載されていますが，実際にはハイフン無しで使用される場合が多いようです）。

（14）　I emailed him the password.

　このような新規事例が受け入れられるのも，膨大な事例に基づいて抽出された汎用性の高い安定したスキーマがすでに習得されており，そのスキーマからの拡張事例として（つまりカテゴリーの新規メンバーとして）新規事例が認可

されるからです（図2-20参照）。

動的使用依拠モデル

　ラネカー（Langacker 2000）は，使用場面（usage event）に基づいた臨時的・個別的な言語使用が徐々に体系に取り込まれ，やがて我々の言語知識を形成するようになるという側面を動的使用依拠モデル（dynamic usage-based model）として捉え，図2-21のように一般化しています（十分に定着した言語知識は四角で，不安定な〔新規の〕知識は円で表示されています）。

　我々の安定した言語知識（L）の中に，十分に定着（entrench）した言語表現Aがあるとします。しかし，実際の使用場面（U）においては必ずしも十分に定着していない新奇表現Bが使用されることがあります（図2-21 (a)）。そのような事例でも，類似した表現Aからの拡張事例として認識されれば，そのカテゴリーの臨時的なメンバーと見なされ（図2-21 (b)），それがやがて定着すると，安定した言語知識の一部を形成するに至ります（図2-21 (c)）。このような側面は，幼児が言語を習得する際の基盤にもなっています（Tomasello 2003）。

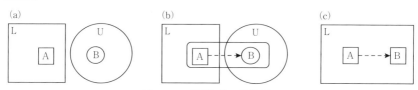

(a)　　　　　　　　　　　　(b)　　　　　　　　　　　　(c)

図2-21　言語知識の動的側面

ネットワークとしての言語知識

　人間の言語知識は，様々な知識が互いに関連づけられ，体系化されたネットワークを形成することで構成されていますが，その中には抽象度の高い構文スキーマだけでなく，特定の動詞と結びついた具体性の高い項目依拠的構文（item-based construction）も含まれていると考えられます。例えば，英語の動詞 *send* の場合であれば，［send NP NP］や［send NP to NP］のようなものです。これらは伝統的な統語論では語彙部門（レキシコン）として分離されてきましたが，こういった項目依拠的構文からより抽象度の高い構文スキーマが抽出されるわけですから，両者は決して不連続の知識ではありません。ラネカー（Langacker 2000：34）は，語彙や構文が同時にネットワーク化された言語知識を図2-22のように考えています。

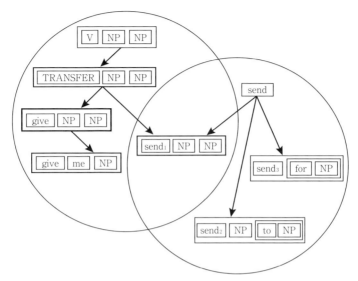

図 2-22　語彙と構文の複合ネットワーク

　このようなモデルは，規則を中心に据える文法理論から「重複する情報が多く，人間が覚えなければいけない知識が膨大になり，経済性の観点から妥当とは言えない」との批判を受けることもあります。しかしラネカー（Langacker 2000：2）は，「認知文法は言葉を自然に話せるようになるには膨大な量の学習が必要であることを認め，言語だけに特有の生得的な構造を仮定することをできるだけ減らそうとする」と反論しています。文法の姿をできるだけ小さく見せるために，生まれる前から様々なものが備わっていると仮定するのは，我々の認知能力および学習能力をあまりにも過小評価しています。母語の獲得には，どのみち，語彙を大量に学習しなければいけないわけですから，文法も「膨大な事例から抽出されたスキーマのネットワーク」として学習されると考えても不都合はないはずです。

練習問題

1．以下の 2 文の容認度について，トラジェクター／ランドマークという観点から説明しなさい。また，どのような条件を満たせば b 文が自然になるかも考えなさい。
　　ａ．弟子である太郎の芸風は，師匠のそれによく似ている。
　　ｂ．[?]師匠の芸風は，弟子である太郎のそれによく似ている。

2．「豊臣秀吉が大阪城を建てた」と言うと，「違うよ，建てたのは大工さんだよ」と冗

談を言うことができます。これについて，ビリヤードボール・モデルを描いて，なぜ後者のような表現が通常では使用されないのかを考えなさい。

3．「有名な歌手」の反対表現は，「無名な歌手」ではなく「無名の歌手」です。反対語なのに，なぜ「有名な／無名の」と形式が異なるのでしょうか。スキーマ図を描いて，両表現の品詞についても説明しながら答えなさい。

4．2018年の新語・流行語大賞にノミネートされた「ボーっと生きてんじゃねーよ！」も構文と見なすことができます。本節末のコラムを参考にして，この表現の音韻極と意味極がどのようなものかを考えなさい。

読書案内

① Langacker, Ronald W., *Cognitive Grammar : A Basic Introduction*, Oxford : Oxford University Press, 2008.（山梨正明監訳『認知文法論序説』研究社，2011年）
　＊本節で紹介した認知文法の"祖"ともいえるラネカー唯一の邦訳書です。学部の上級レベルと大学院の初級レベルを念頭に置いた教科書として書かれているため，決して読みやすいとは言えませんが，基礎事項が網羅されています。

② ジョン・R・テイラー，瀬戸賢一『認知文法のエッセンス』大修館書店，2008年。
　＊単なるラネカー理論の紹介ではなく，認知言語学の視点から文法の全体像を描くことを意図した入門書です。日本語の事例が多く，Q&A のコーナーも設けられているため，高度な専門性と分かりやすさが見事に両立しています。

③ 山梨正明『認知構文論　文法のゲシュタルト性』大修館書店，2009年。
　＊認知文法について日本語でいち早く紹介した同著者による『認知文法論』（特に5，6章）も本節の内容に深く関係していますが，本書の方が文法・構文の事例に特化しており，最新の研究成果がふんだんに取り入れられています。

④ 李在鎬『認知言語学への誘い』開拓社，2010年。
　＊本節で紹介した諸概念のほとんどが網羅された初学者向けの入門書です。非常に平易に書かれているので，本節の復習には最適です。

参考文献

尾谷昌則「遊離数量詞に反映される認知ストラテジー」『言語科学論集6』京都大学人間・環境学研究科言語科学講座，2000年。

山梨正明「言葉と認知のダイナミックス」有福孝岳編『認識と情報』京都大学学術出版会，1999年。

Langacker, Ronald W., *Foundations of Cognitive Grammar Vol. I : Theoretical Prerequisities*, Stanford : Stanford University Press, 1987.

Langacker, Ronald W., *Concept, Image, and Symbols : The Cognitive Basis of Grammar*, New York : Mouton de Gruyter, 1990.

Langacker, Ronald W., *Foundation of Cognitive Linguistics Vol. II : Descriptive and*

Application, Stanford : Stanford University Press, 1991.

Langacker, Ronald W., *Grammar and Conceptualization,* New York : Mouton de Gruyter, 1999.

Langacker, Ronald W., "A Dynamic Usage-based Model," Barlow, Michael and Suzanne Kemmer (eds.), *Usage-Based Models of Language,* Stanford : CSLI Publications, 2000.（坪井栄治郎訳「動的使用依拠モデル」『認知言語学の発展』ひつじ書房，2000年）

Langacker, Ronald W., "Construction Grammars : Cognitive, Radical and less so," Francisco J. Ruiz de Mendoza Ibánez and M. Sandra Pena Cervel (eds.), *Cognitive Linguistics : Internal Dynamics and Interdisciplinary Interaction,* Berlin : Mouton de Gruyter, 2005.

Langacker, Ronald W., *Cognitive Grammar : A Basic Introduction,* Oxford : Oxford University Press, 2008.（山梨正明監訳『認知文法論序説』研究社，2011年）

Talmy, Leonard, "figure and ground in complex sentences," Joseph Greenberg, Charles Ferguson and Edith Moravcsik (eds.), *Universals of Human Language* 4, Stanford : Stanford University Press, 1978.

Tomasello, Michael, *Constructing a Language : A Usage-based Theory of Language Acquisition,* Cambridge, Mass. : Harvard University Press, 2003.（辻幸夫ほか訳『ことばをつくる　言語習得の認知言語学的アプローチ』慶應義塾大学出版，2003年）

─── 🔲 *Column* 🔲 ──────────────

ダメよ，ダメダメ

　2014年の新語・流行語大賞に，お笑いコンビ日本エレキテル連合の「ダメよ，ダメダメ」が選ばれました。2012年の大賞はもう忘れられつつあるかもしれませんが，お笑い芸人のことばで，スギちゃんの「ワイルドだろぉ」でした。こういった流行語の中には，非常に構文らしい特徴が見てとれます。例えば，どちらの表現も独特の発音およびイントネーションを持っており，前者であればやや甲高く，女性らしい甘い声で，前半の「ダメよ〜」の直後にポーズを置いて，後半の「ダメダメ」は「メ」のピッチを高くして歯切れ良く発音します（同じ「ダメダメ」でも，一昔前に明石家さんまさんが流行させたものは，「ダ」のピッチを高くし，ゆるやかに発音していましたね）。

　一方，意味についても特徴があります。字義通りの意味では，前者は聞き手の要求に対する拒否を表し，後者は自らの行った行為の豪快さを他者に確認する疑問文です。しかし，この種のことばには，特定の使用場面（usage event）に即した特殊な語用論的意味が付随します（だからこそ流行し，一般人も多用するわけですが）。例えば前者であれば，先に相手が「いいじゃないの〜」と言って少々強引な

要求を行い，その要求を突っぱねる文脈で使用します。正面切って「ダメ」と拒否するのは，明らかに日本人が好むポライトネス・ストラテジーではありませんが，こういった流行表現をわざと用いることで，回りくどい言い訳などせずに最小限の労力で，しかも相手の面子（face）の侵害も最小限に止めながら拒絶の意を伝達できます。そして，これが定着（entrench）すると，相手の要求が強引なものではなくても，もしくは拒否できないことがわかっていても，あるいはそこで会話のオチをつけるためだけに，「ダメよ，ダメダメ」が拡張使用されるようになります。もっと定着の度合いが高くなれば，音韻極でも拡張が起こるかもしれません。そうやって，我々の言語知識のネットワークは日々豊かになっているのです。

　このように，「ダメよ，ダメダメ」は固有の音韻極と意味極が結びついた記号体になっており，構文らしい構文と言えます。もちろん，スギちゃんの「ワイルドだろぉ」にも同様のことが言えます。音韻極と意味極の固有性（特殊性）については，程度の差こそありますが，全ての言語表現（語彙だけでなく句や文も含め）にこの2側面があることを認め，それらが複雑なネットワークをなしているというのが，認知言語学の言語観です。

第3章 音韻の世界

この章で学ぶこと

　シャーロック・ホームズと言われて，パイプを咥えた名探偵の姿を思い浮かべる人はきっと多いことでしょう。しかし，音韻論と言われて，具体的なイメージが浮かぶ人はきっと少ないことと思います。そこで，1つの問いかけから話を始めることにします。問いは「動物の名前について，不思議に思ったことはありませんか？」です。

　例えば，「クマ」は「北極」と組み合わさると「ホッキョクグマ」になり，クの音が濁り（有声化し）ます。しかし，「シロクマ」の場合は濁りません。「シカ」についてはどうでしょうか？「カモシカ」では "シカ" のままですが，「ヘラジカ」では "ジカ" と濁ります。「オオツノシカ」は「オオツノジカ」とも言われます。どうして，音が濁る場合と濁らない場合があるのでしょうか？　音韻論の仕事の1つは，こういった違いの背後にある法則について調べることです。

　さて，本章で学ぶことは，主に2つです。1つは，音韻論に関する基礎的な知識です。もう1つは，音素と音声の体系，および連濁に対する認知言語学的な分析です。音声に関する研究分野としては他に音声学があります。実験や計測を通して音声研究をする分野です。本章を読んで，言語音の研究に興味を持たれた方は，音声学についてもぜひ調べてみて下さい。

キーワード

　音声，音素，異音，ネットワーク分析，連濁，多重制約，最適性理論

---

1 音韻論とは何か

　ヒトは話すことで他者に意図を伝えます。この話すという行為で用いられる音が言語音です。言語音は「ヒトが話す際に用いる音」と定義できます。この定義によって，世界に溢れるたくさんの音（例えば風の音，雨の音，ピアノの音，車の音など）と言語音が区別されます。あるいは，定義することによって，

言語音が存在するようになるといってもよいでしょう。

　簡単に言うと，音韻論は，この言語音がどのような体系を成しているのか，また言語音にはどのような規則・法則があるのかを研究する分野です。音韻論では，IPA（国際音声記号）という表記を用いるのが一般的で，音素は//，音声は［　］で括るという表記法が用いられます。音素と音声については，次節で説明します。

② 音声・音素・異音

　さて，第 1 節で，言語音を「ヒトが話す際に用いる音」と定義しました。この言語音は，さらに音声と音素という単位に分けられます。音声とは，実際の言語音であり，音素とは，それを抽象化して得られる言語の最小単位です。

　音声は，「最も広く人間相互間に用いられている情報伝達の手段」であり，「第 1 に「言語を符号化（物理的に実現）したものとしての情報」」，「第 2 に誰が話したかという「個性」と，どのように話したかという「情緒性」を伝える情報」，「第 3 には，音声学習の過程において習得，形成された話し手の社会的生い立ちの背景（時代，地域，階層など）を表わす社会・言語学的情報」を持ち，さらに「「人間の声らしさ」という感じ」があるものとされています（和田ほか 1969：746）。

　音素認定の基準となるのは，ある音声の違いが，意味の違いを生じさせているかどうかです。ここでは，「橋［haʃi］」と「歌詞［kaʃi］」のペアを例に，音素の抽出について考えてみましょう。このペアでは，［h］と［k］の音声のみが異なっています。このようなペアをミニマルペア（最小対）と呼びます。ミニマルペアを探して，ある音声の違いによって，意味の違いが生じているかどうかを調べることが音素抽出の手順です。違いが生じていれば，音素が抽出されます。このペアにおいては，［h］と［k］という音声の違いが意味の違いを生じさせているため，音素/h/と/k/がそれぞれ抽出されます。同様の比較を繰り返して，ある言語における音素の体系を求めることになります。

　また，音素と音声の他に，異音という概念があります。ここでは日本語のサ行の音声について考えてみましょう。サ行の音声を IPA で表すと，サ［sa］シ［ʃi］ス［su］セ［se］ソ［so］となります。前の 2 つを見てみると，母音［a］に対して［s］，［i］に対して［ʃ］と，子音が異なることがわかります。この違いが生じるのは，後ろの母音の発音の影響から，発音の際の舌の位置や

44

唇の形が異なるためです。この子音の違いは発声上の問題なので，[s] の音が現れる環境（つまり [a][u][e][o] の前）に [ʃ] は現れません。このような，一方の音がある環境に現れる場合に，他方は現れないという関係を相補分布といいます。相補分布は異音認定のための条件です。[s] と [ʃ] は相補分布関係にあるので，音素 /s/ に属する異音と認定されます。また，異音であることは意味の違いを生じさせません。

　最後に，日本語の撥音「ん」は，他の音声に比べて発音の自由度が高い音声です。ただし，自由度は高いものの，「新宿 [ʃindʒuku]」「新橋 [ʃimbaʃi]」「本 [hoN]」のように，環境によって現れる音声は異なります。異なる音声 [n][m][N] については，一方が現れる環境に他方は現れないため，これらの音声は相補分布を成しています。よって，これらは音素 /N/ に属する異音と認定されます。

　次節では，この音素と音声の体系を取り上げ，認知言語学の方法論が現象をどのように分析するかを考察します。

③ 音素と音声の体系

ミニマルペアからの音素抽出

　音素と音声の体系を考えるにあたって，まずは，日本語のサ行とザ行の子音が含まれる語と，そのミニマルペアを考えてみましょう。

a．サメ [same] ／亀 [kame]，炭 [sumi] ／罪 [tsumi]，姓 [sei] ／刑 [kei]

b．笊 [zaɾu] ／猿 [saɾu]，座面 [zameN] ／画面 [gameN]，財産 [zaisaN] ／退散 [taisaN]

c．鹿 [ʃika] ／帰化 [kika]，時間 [ʒikaN] ／期間 [kikaN]，時間 [ʒikaN] ／士官 [ʃikaN]

　音素抽出の手順より，a の「サメ」と「亀」のミニマルペアからは，異なる音素 /s/，/k/ が抽出されます。同様に b の「笊」と「猿」のペアからは音素 /z/，/s/ が抽出されます。a と b の他のペアについても同様の過程を繰り返すことで，それぞれの語に含まれる音声 [s]，[z] から音素 /s/，/z/ が抽出されます。抽出されたそれぞれの音素は同一のものですから，1 つの音素 /s/，/z/ にまとめることができます。また，c の「鹿」「士官」「時間」に含まれる音声

は［ʃ］と［ʒ］ですが，これらはそれぞれ［s］と［z］の異音として，音素
/s/と/z/にまとめられます。

　では，このようにして抽出された音素と，その基になった音声の体系は，ど
のような構造として分析されるでしょうか。次項では，認知言語学的な分析を
考えてみます。

認知言語学的な分析（ネットワーク分析）

　認知言語学的な分析を考える場合，音素は，ある音声カテゴリーに属する具
体的な音声と，それらに共通する特徴をまとめた抽象度の高い音声から形成さ
れるネットワークであると捉えられます。このような解釈から日本語の母音に
ついて，ネットワーク分析を用いて記述したものに山梨（2000：182-183），上
原・熊代（2007：17）があります。ネットワーク分析とは，ヒトの知識構造に
ついて，ネットワーク構造を用いて表す分析方法です。これらの先行研究を基
に，音素/s/と音素/z/の体系がどのような構造になるかを考えてみたものが以
下の図3-1です。

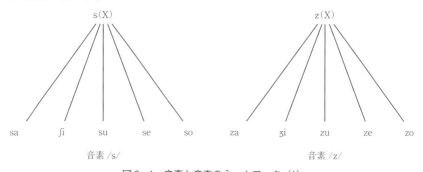

図3-1　音素と音声のネットワーク（1）

　左側の図は，サ行に属するそれぞれの音声 sa～so と，それらに共通の特徴
をまとめた抽象的な音声 s（x）が1つのネットワークを形成していることを
表現しています。つまり，s（x）をクラス，sa～so をインスタンスとするク
ラス・インスタンスネットワークで，音素/s/はそのネットワークの名前です。
この時，音素/s/はまた，1つのカテゴリーの名称でもあります。右の図は，
ザ行の音声について同じことを表現するものです。多くの環境（［a］［u］［e］
［o］の前）に現れるという点を考えれば，［s］と［z］がそれぞれのカテゴ
リーのプロトタイプといえます。ただし，これは音素と音声の体系についての

46

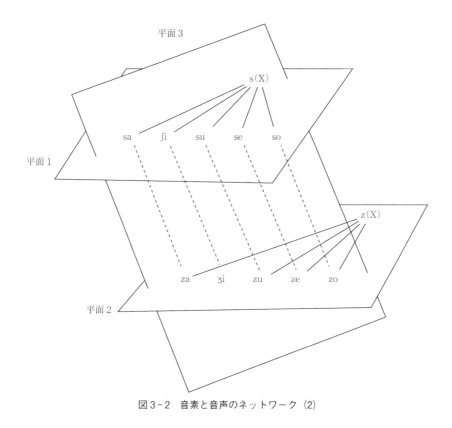

図3-2　音素と音声のネットワーク（2）

　部分的な表現です。というのは，音素/s/と/z/の関係が表現されていないからです。

　では，2つの音素が成す構造について考えてみましょう。[s]と[z]は無声か有声かが違うだけの，近い関係にある音ですから，それらを含む2つの音素ネットワークは互いに重なり合うような位置にあるはずです。ここで，鹿［ʃika］／子鹿［koʒika］，炭［sumi］／消し炭［keʃizumi］のようなペアについて，さらに考えてみましょう。「子鹿」や「消し炭」に含まれる［ʒ］，［z］は，濁音です。つまり，［ʃ］と［s］の音が濁った（有声化した）ものです。この時には，［s］と［z］，［ʃ］と［ʒ］は特に同一のカテゴリーに属するように映ります。/s/と/z/が重なり合う位置にあることと，有声化を踏まえて，これらの音素が成す構造を認知言語学的に考えると，上の図3-2になります。すなわち，図3-1に示した音素/s/と/z/が，立体的に重ね合わされた構造を

想定したクラス・インスタンスネットワークで，平面は観察時の基準を表現しています。

　前述の通り，２つの音素はそもそも近い位置にあります。それに加えて，有声化の際の認識を表現するのが平面３です。例えば「平面１と平面２上にあるものを平面３で観察している」と表現できます。別の言い方をすると，「平面１，２上にあるものを１つのカテゴリーとして捉えている」ということです。図中の破線は，このような場合に sa〜so と za〜zo のそれぞれにできるつながりを表すものです。士官／時間のペアのように，それぞれの音素が別カテゴリーであると捉えられる場合には「平面１，２で観察している」となります。また，次節で述べることですが，複合語形成に関する有声化を含む点で，この図は形態音韻論的表示です。

4　音の交替（連濁）

連濁についての概説

　前節で，鹿／子鹿と炭／消し炭のペアに見られる音の交替を取り上げました。２つ以上の形態素から複合語が作られる（子＋鹿＝子鹿，消し＋炭＝消し炭，ホオ＋シロ＋サメ＝ホオジロザメ）際に，後部要素の最初の子音が有声化する現象を連濁といいます。連濁は「形態音素交替」の一種とされます。単に音素交替ではなく，「形態」と付くのは，鹿／子鹿に見られるような交替は，音の生起する環境だけに由来する現象ではないからです。[o] の後で [ʃ] が [ʒ] と交替しているのですが，腰掛け [koʃikake] の例を考えてみればわかるように，[o] に [ʃ] が続くことは可能です。鹿／子鹿における音の交替は，複合語形成に関するものであり，音韻論だけでなく，形態論の分野にも関係しています。そのため，形態音素交替となるのです。このような形態音素交替を扱う分野を形態音韻論といいます。

　日本語には連濁の例が数多くありますが，中には，「冷酒」のように少し変則的な語もあります。これは，読み方によって連濁の有無が分かれていて，「冷酒（レイシュ）」の場合には連濁しませんが，「冷酒（ヒヤザケ）」の場合には，後部要素「酒」の最初の子音が [s] → [z] と有声化します。[n][m][j][r] のような有声・無声の対立がない子音に関しては，連濁の起こりようがないので，これらの音で始まる形態素は除外されます。連濁は，日本語音韻論研究における重要なトピックの１つです。

では，連濁の例を以下に示しますので，確認してみましょう。

① 連濁する語
d．ずる賢い，夕暮れ，腰ぎんちゃく /k/→/g/
　　黒酢，青空，比叡山，青写真，信者 /s/→/z/
　　けん玉，親鳥，旅立ち，馬鹿力 /t/→/d/
　　打ち明け話，雌花，人々，稀覯本 /h/→/b/

　以上が連濁する語の一例です。人名の「伊集院（イジュウイン）」や「山崎（ヤマザキ）」も連濁の一例といえるでしょう。ちなみに，「馬鹿力」は五十音表記では「ぢ」ですが，現代の発音においては，「じ」との音声的な差はほとんどないとされます。

　ところで，この連濁は常に起こるわけではありません。「親鳥（オヤドリ）」と「小鳥（コトリ）」のペアのように，同じ形態素「鳥」が一方では連濁し（[t] → [d]），他方ではしない（[t] のまま）ということもあります。続けて，連濁しない語の例を確認してみましょう。

② 連濁しない語
e．金融機関，とり皮，アイスコーヒー /k/
　　高野山，冷水，白黒写真，覇者 /s/
　　小鳥，新玉ねぎ，歩きタバコ，飲み友達 /t/
　　打ち上げ花火，目端，目鼻，古本 /h/

　以上は連濁しない語の一例です。dとeにあげられた語は，何らかの法則に沿って，このような振る舞いを示しているのでしょうか？　dとeを比べてみると，前述の「親鳥」と「小鳥」のペアの他にも，「比叡山」と「高野山」，「青写真」と「白黒写真」のように，同じ「山」，「写真」で連濁するものとしないものがあるとわかります。また，「草花」と「目鼻」のように，後部要素が同音異義語になっているものがあります。この時，「花」と「鼻」という形態素のペアを考え，前者は連濁し，後者は連濁しないという仮説を立てることもできるでしょう。しかし，eに連濁しない「打ち上げ花火」がありますし，「鷲鼻」では「鼻」も連濁しますので，これは成り立ちません。単純な法則に沿っているのではないとわかります。

　さらに，連濁の有無が曖昧で，連濁形と非連濁形の両方が用いられる語があ

ります。以下にその一例をあげます。

③　連濁形と非連濁形の両方が許容される語
ｆ．四階，猿蟹合戦　/k/ or /k/→/g/
　　いも焼酎，河川敷　/s/ or /s/→/z/
　　庭作り　/t/ or /t/→/d/
　　未払い，過不足　/h/ or /h/→/b/
　　　　　（放送用語委員会（東京）『言葉の読みについて（連濁の語を中心に）』）

　ｆにあげた語については，個人差や地方差，世代差によって判断が分かれるかもしれません。このように判断が分かれることを「揺れがある」と表現します。筆者は「四階（ヨンガイ）」については，やや不自然に思いますが，その他については，連濁形と非連濁形の両方が違和感なく使えると思います。
　さて，これらが連濁と呼ばれる現象の概要です。現象を観察すると，いくつかの疑問が出てきます。問いの形で表現すると，①連濁の条件は何か？　②なぜ，同じ語でも連濁する場合としない場合があるのか？　③なぜ，音声的に近い，または同じ環境にあるのに，連濁する語としない語があるのか？（例えば，「打ち上げ花火」と「打ち明け話」，「目鼻」と「雌花」）④なぜ，ｆのような連濁の有無の曖昧な例が生じるのか？　となるでしょうか。英語の３人称単数現在形を表す -s でも makes［s］／plays［z］のような交替がありますが，これは前の音声から予測可能な音の交替のため，連濁とは性質が異なるといえます。英語とだけ比べて一般化するのは危険ですが，連濁は日本語の１つの特徴といえるでしょう。
　先に断っておくと，上に挙げた問いに完全に答えることができた研究はこれまでにありません。また，このような音韻論（正確には形態音韻論）上のトピックが認知言語学の研究対象として扱われることも少ないのが現状です。そのため，現段階でこれらの問いに答えることができる認知言語学的な分析を提示することは難しいといえます。
　そこで，本節では，これまでにどのような法則や制約が発見されてきたかを反例とともに確認し，認知言語学的な分析の可能性について考えたいと思います。

過去の分析と反例

① 音韻・語種による解決の可能性と反例

連濁を妨げる法則としては，ライマンの法則が有名です。複合語の後項に濁音が含まれる場合は連濁が妨げられるという法則で，「宝島」や「言霊」が連濁するのに対し，「豆柴」や「鍵束」は連濁しないことが説明できます。

次に，連濁の有無には，モーラ（拍）数が関係しているといえます。モーラについては，拗音を除く日本語の仮名1字が1モーラに対応すると考えてください。この例として，伊藤（2008）は，2語からなる複合語で，第2要素が「本」の例について，第1要素が2モーラまでの場合は連濁しないと分析しています。モーラ数について分析することで，「絵本」や「台本」が連濁しない一方で，「単行本」や「教則本」「滑稽本」は連濁することについて説明できるというわけです。ただし，この分析は，「本」については適切であるものの，語彙によって連濁に関わる音韻構造が異なるために，規則化することは難しいとも述べられています。

さらに，連濁は和語に適用され，外来語，漢語には適用されないという法則もあります。例えば「生チョコレート」「紙コップ」「衣装ケース」「誕生日ケーキ」は，どれも連濁しません。

最後に，一般的な法則ではありませんが，特定の語は連濁を起こさないという，語彙に基づく制限もあります。伊藤（2008）では，2語からなる複合語で，第一要素に「半」「毎」「白（シラ）」「大（ダイ・タイ）」を持つ語（「半年」「毎年」「白木」「大好き」など）は第2要素が連濁しないと分析されています。また，第2要素が「土」「煙」「潮」「血」「臭い」などの語（「甘土」「潮煙」「赤潮」「生き血」「青臭い」など）も連濁しないと分析されています。

このように，音韻・語種についての法則や考察によって連濁現象を説明することは可能です。しかし，ライマンの法則は，確かに多くの例を説明できるものの，完全ではありません。有名な反例に「縄梯子」があります。さらに，外来語，漢語は連濁しないという法則にも例外はあります。「雨合羽」や「いろは歌留多」のように，外来語でもすでに和語として定着したものには連濁が生じます。また，共時的に見た場合に，話者が日本語の語種を知った上で，こういった語を運用しているとは言い切れません（ここでの共時的ということばは，観察をある時代に限定するといった意味です）。高橋（2010）は，漢語である「－会社」が「株式／運用会社（ガイシャ）」のように連濁を起こすことについて，「和語 vs. 外来語・漢語という図式が厳密に史的事実に基づく観念という

よりも日本語母語話者にとっての共時態の次元での（無意識裡の）意識に基づく概念である」（高橋 2010：61）と述べています。少し難しいことばが使われていますが，和語・外来語・漢語という区分は，ある時代に漢語・外来語・和語風に思えるという意識によるもので，語源を参照するものではないということです。また，最後に示した，特定の語彙に基づく連濁の制限についても，「鼻血」や「生臭い」は連濁するという例外の存在を，伊藤（2008）は併せて指摘しています。

② 意味・構造による解決の可能性と反例

連濁の法則には，意味的な動機づけが関係していると分析することもできます。例えば，高橋（2010）は青写真／白黒写真に見られる連濁の異なりについて取り上げています。ここでは，「青写真」は写真の一種ではなく「完成予想図，未来の予想図」の意味で用いられるのに対し，「白黒写真」は単に「白黒の写真」の意味で用いられるという意味の違いを証拠として，「青写真」は「青」と「写真」の結びつきの緊密度が高いために連濁し，「白黒写真」は「白黒」と「写真」の結びつきの緊密度が低いために連濁しないと分析されています。1つの語として意味の特殊化が見られることが連濁の有無に関係しているということです。さらに，このことに関係する事例として，高橋（2014）は「中（ちゅう／じゅう）」の使い分けについて取り上げており，「中」（ちゅう）は「～の中（内），(with) in」の意味を本来持っており，そこから「中」（じゅう）「～全体，(all)」という意味拡張を起こしたと分析しています。そして，「中」（じゅう）は連濁と同様に一語化の過程を表し，非合成的な意味を持つ構造である一方，「中」（ちゅう）は合成的な意味を持つ構造であるとしています。これも，連濁と1つの語としての意味の特殊化の関連についての指摘といえます。

次に，「尾ひれ」「山川（ヤマカワ）」「好き嫌い」のような並列構造の語は連濁しないという法則があります。これらについては，意味が合成的という特徴があり，「尾とひれ」，「山と川」，「好きと嫌い」と言い換えることができます。合成的な意味を持つという点は，上で述べた「中」（ちゅう）と共通しています。ただし，「端々」「好き好き」のように，同じ形態素を反復する語は連濁します。「次々」は連濁しませんが，これはライマンの法則で説明できます。

さらに，項構造の違いに基づく連濁の法則もあります。前部要素が後部要素の修飾語の場合には連濁し，目的語の場合には連濁しないという法則がありま

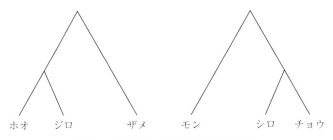

ホオ　ジロ　　　　　ザメ　　　モン　　　　シロ　チョウ

図3-3　連濁を阻止する右枝別れの制約

す。例えば，総取り/t/→/d/／舵取り/t/，角刈り/k/→/g/／芝刈り/k/のペア
を考えてみましょう。「総取り」「角刈り」では，前部要素が後部要素の連用修
飾語に，「舵取り」「芝刈り」では，目的語になっています。村尾（2013）は，
「角刈り」と「芝刈り」の例を認知言語学の観点から分析しています。

　また，連濁の予測に語の構造を用いることもできます。連濁を阻止する右枝
分かれの制約と呼ばれるものがあり，有名な例に，「ホオジロザメ」と「モン
シロチョウ」の連濁の異なりがあります。この例における語の構造の違いは，
上の図3-3を参照してください。右枝分かれの制約で説明されるその他の例
としては，「塗り箸箱」や「ニセたぬき汁」があります。ちなみに，「モンシロ
チョウ」と違い，この2つはライマンの法則でも説明できます。ところで，
「オオツノジ（シ）カ」は「大きな角を持つ鹿」という意味で名づけられたよ
うですが，その場合，[[[オオ][ツノ]][ジ（シ）カ]]という左枝分かれに
なるため，「ヅノ」と連濁しても良さそうです。しかし，実際にはそうなって
いません。右枝分かれの構造であれば，連濁が阻止されるとしても，左枝分か
れになっていることが連濁を保証するわけではないといえます。「目鼻立ち」
についても，[[[目][鼻]][立ち]]と左枝分かれの構造になると考えられま
すが，連濁しません。これについては，「目鼻」が並列構造になっているため，
並列構造の語は連濁しないという法則が関係していると考えられます。

　このように，意味的な動機づけを考えると，さらに多くの例を説明できるこ
とがわかるものの，それでも十分とはいえません。右枝分かれの制約は3語以
上の複合語にしか適用できないため，数多くある2語からなる複合語の連濁を
予測できません。また，「猿蟹合戦」「いも焼酎」「未払い」などでは，連濁形
と非連濁形の両方が許容されますし，これらの語では，連濁の有無によって意
味の違いが生じるわけではありません。そのため，意味の特殊化が生じていれ

ば連濁するとはいえません。同様に,「四階」を「ヨンカイ」と言っても,「ヨンガイ」と言っても,それが示す内容に違いはありません。「人殺し」や「茅葺き」は,前部要素が後部要素の目的語になっているのに連濁します。意味的な動機づけや項構造を考えても,例外はやはり存在します。連濁現象の背後にある法則や制約は複層的で,連濁は確率的な振る舞いを示すといえます。それゆえ,全ての事例を一定の規則や法則で説明するのは不可能でしょう。

認知言語的な分析の可能性（多重制約）

　認知言語学の観点から連濁を部分的に扱った研究には,前節であげた村尾 (2013) や,奥垣内 (2013) があります。高橋 (2014) も認知言語学における連濁研究と位置づけられます。本節では,多重制約とその同時適用という考え方から,連濁に対する認知言語学的な分析の可能性を考えたいと思います。この考え方は,複数の制約が互いに影響を与え合いながら動作することを前提にするものです。この考え方を用いた認知言語学の分野の研究としては,Lakoff (1993) があげられます。多重制約の考え方に基づく分析の可能性を示すものとしては,他に出口 (2013) があります。また,生成文法の理論で,同様の多重制約の考え方を用いるものが最適性理論です。この理論では,まず,あり得る全ての形を候補として出力します。次に,設定された制約群に違反しているかどうかによって,それらの候補を絞り込み,最適な候補を選びます。最適性理論を用いた,音韻論に関する分析は多く行われています。
　ここからは,Lakoff (1993) と最適性理論のアプローチ方法を基に,多重制約とその同時適用という考え方を用いた認知言語的な分析の可能性について考えたいと思います。
　複数の制約とその同時適用という考え方の利点としては,ある出力形が一方の制約（群）に違反するとしても,他方の制約（群）を満たしていれば正例として評価されるという点があげられます。これは最適性理論の強みです。1つの処理に関して複数の制約がある場合,出力形のある候補は,ある制約（群）は満たすものの,その他の制約（群）には違反する可能性があります。出力形の候補とは,1つの処理について想定される全ての語形です。全ての制約を満たすものが正例となる仕組みであれば,正例が存在しないことも起こり得ますが,制約とその同時適用の考え方では,そのような仕組みを想定しません。出力形の候補は,制約の重要度によって評価され,より重要度の高い制約（群）を満たしているものが正例と評価されます。

連濁であげた法則や制約から例を考えると，連濁形の「いろは歌留多（ガルタ）」は，連濁を妨げる語種の制約に違反していますが，ライマンの法則には違反せず，これを満たしています。また，並列構造ではありませんし，「いろは」が「歌留多」の種類を表していると考えられるため，前部要素は後部要素の修飾語になっています。これは，並列構造と修飾語の制約を満たしている状態といえます。非連濁形「いろは歌留多（カルタ）」は語種の制約、ライマンの法則、並列構造の制約を満たしていますが，修飾語の制約には違反しています。ここでは，語種の制約の重要度が低く，修飾語の制約の重要度が高いため，語種の制約に違反するが，修飾語の制約を満たす連濁形が正例の評価を得たと考えられます。

　また，最適性理論では，重要度の高い制約に違反すると，他の全ての制約を満たしていても正例と見なされることはないという厳密な評価が行われるのですが，これについては，もう少し柔軟な処理を想定しても良いように思います。例えば，重要度に応じて制約に点数を付け，最終的な獲得点数によって候補を評価するという処理です。この類の処理を仮定すると，連濁の有無で揺れが生じる事例もうまく扱うことができます。そのような事例は，連濁形と非連濁形が最終的に同点になった場合として捉えられます。

　まとめると，認知言語学的な分析としては，出力形の候補を制約に基づいて点数化し，評価する仕組みを用いることが考えられます。ただし，この仕組みには，それぞれの制約にどの位の点数を割り振るのが最適なのか？　という問題があることを付け加えておかなければなりません。

　そして，複数の制約が同時並列的に処理されるという，この考え方は，コネクショニズムと呼ばれる研究プログラムと関連しています。端的に言うと，コネクショニズムとは，ヒトの脳が行う情報処理を並列分散処理モデルによって模倣しようという研究プログラムです。コネクショニズムおよびコネクショニストモデルが登場・発展する以前は，人間の言語情報処理については，一定の規則を定められた順番通りに適用するという直列処理モデルを想定するのが一般的でした。しかし，コネクショニズム研究と脳科学の発展に伴い，並列分散処理を想定したモデルの方がヒトの情報処理の実態により則しており，それを合理的に表現できると見なされるようになってきました。認知言語学は，この移り変わりと同時期に発展した学派で，コネクショニズムと研究プログラム上の互換性があると主張します。コネクショニズムと認知言語学の関連については，さらに出口（2003）を参照してください。先にあげた Lakoff（1993）につ

いても言及されています。

⑤ 観察と分析から考える

　本章では，音韻論に関する基本的な知識と，音韻論の領域にある現象に対する認知言語学的な分析について解説しました。音素と音声に対するネットワーク分析については，先行研究の二次元的な分析に対して，三次元的な分析を提案した点が新しいところでしょうか。連濁については，4節の「認知言語的な分析の可能性」の項で述べた考え方を使った有益な分析が実際に可能かどうかは，まだわかりません。しかし，この考え方を背景として，制約や法則，語ごとの傾向をまとめて整理してみるだけでも価値はあるのではないでしょうか。また，連濁については，浅井（2014）のような，データに基づく定量的な研究も行われています。論文はインターネット上で公開されていますので，簡単に読むことができます。

　最後になりますが，認知言語学，あるいは最適性理論というのは物事の見方の問題で，現象の本来の性質とは無関係であることを心に留めておいてください。例えば，連濁は単に慣習上の問題で，法則や規則は何もないという結論すらもありえます。しかし，この結論は，揺れの生じる事例や新規事例の説明ができないという点で不十分なものです。言語は変化するものですが，その全てを慣習性で説明するのも難しそうです。そういった不十分さを解消するために法則や規則が探され，理論が組み立てられるわけです。理論は後から組み立てられるものであることを考えれば，特定の理論的枠組みで研究を進めることよりも，地道な事例と考察の積み重ねの方がずっと重要であるといえます。ですから，研究や論文執筆の際には，特定の理論よりも，現象の観察と分析を重視してください。

練習問題

1．本章にあげた事例以外で，連濁の例を集めてみましょう。意味の違いが連濁の有無に反映されている例はありますか？　あるいは連濁するかしないかに「揺れ」が生じる，つまりどちらでも良い例はありますか？　本文にあげられていない法則はありますか？　擬音語や擬態語についても調べてみましょう。

2．連濁の他に，日本語には母音交替があります。例えば，雨［ame］＋音［oto］＝雨音［amaoto］のように，母音が交替する現象です。母音交替の例を集めて分析し，

法則を探してみましょう。英語に類例はありますか？　また，連濁と母音交替に共通
点はありますか？

3. 本章で解説した認知言語学的な考え方や分析は妥当だと考えますか？　また，必要
だと思いますか？　本章の内容や参考文献の内容を検討し，あなたの考えを具体的に
論じてください。

読書案内

① Bybee, Joan L., *Morphology : A Study of the Relation between Meaning and Form*, Amsterdam : John Benjamins, 1985.
　＊音韻論や形態論を勉強する際の基礎となる1冊。彼女の論文は数多く発表されてい
　ますが，基本的な考え方やアプローチを知るという意味で，本書を初めに読むのが
　良いでしょう。読みやすい英語で書かれているので，英文の読解に苦労すること も
　ないと思います。
② 山梨正明・吉村公宏・堀江薫・籾山洋介編『認知音韻・形態論』くろしお出版，
　2013年。
　＊認知言語学的な音韻・形態論についての入門書。語彙論についても取り上げられて
　いるので，幅広い知識を得られます。主な記述対象が日本語のため，読みやすいと
　思います。また，論文を書くなどの目的で文献を探す際には，この本の参考文献リ
　ストが役立つでしょう。
③ 窪薗晴夫『日本語の音声』岩波書店，1999年。
　＊音韻論について勉強する際にまず読んでおきたい1冊。身近な言語現象について記
　述されているので，気軽に面白く読めると思います。手に入れやすいという点でも
　おすすめです。窪薗先生の著書はこの他にも多数出版されているので，興味に応じ
　て読んでみて下さい。

参考文献

浅井淳「連濁生起の傾向と定着化」『国立国語研究所論集』7号，2014年，27-44頁。
　（http://www.ninjal.ac.jp/publication/papers/07/pdf/NINJAL-Papers0702.pdf）
伊藤美津「連濁について」『九州国際大学　教養研究』15巻2号，2008年，83-102頁。
上原聡・熊代文子『音韻・形態のメカニズム』研究社，2007年。
奥垣内健「認知音韻論」山梨正明・吉村公宏・堀江薫・籾山洋介編『認知音韻・形態
　論』くろしお出版，2013年，3-51頁。
高橋勝忠「「〜中」の意味と連濁の関係について」『日本認知言語学会論文集』14号，
　2014年，396-408頁。
高橋直彦「連濁に対する（見かけ上の）反例」『東北学院大学教養学部論集』155号，
　2010年，55-68頁。
出口雅也「認知音韻・形態論とコネクショニズム」吉村公宏編『認知音韻形態論』大修

館書店，2003年，155-193頁。

出口雅也「ニ使役／ヲ使役選択の制約に関する一考察」児玉一宏・小山哲春編『言語の創発と身体性』ひつじ書房，2013年，323-343頁。

放送用語委員会（東京）『言葉の読みについて（連濁の語を中心に）——『NHK 日本語発音アクセント辞典』改訂にあたって』(https://www.nhk.or.jp/bunken/summary/kotoba/yougo/pdf/106.pdf)

村尾治彦「認知形態論から語彙論へ」山梨正明・吉村公宏・堀江薫・籾山洋介編『認知音韻・形態論』くろしお出版，2013年，89-139頁。

山梨正明『認知言語学原理』くろしお出版，2000年。

和田陽平・大山正・今井省吾編著『感覚・知覚心理学ハンドブック』誠信書房，1969年。

Lakoff, George, "Cognitive Phonology." John Gold Smith (ed.), *The Last Phonological Rule*, Chicago : University of Chicago Press, 1993, pp. 117-145.

▨ *Column* ▨

普通のこと

　子どもの頃は，本といえば漫画でした。図書館にある子ども向けの探偵小説は好きでしたが，一番多く読んでいたのは漫画でした。今は小説など，文字だけの本を読む方が多いでしょうか。漫画よりも小説を多く読むようになったのには，きっかけがあります。

　18歳頃のことです。漫画が読めなくなりました。読めないといっても，禁止されたとか，文字が読めないとか，書いてあることの意味が理解できないとかいうわけではありません。漫画の吹き出しや効果音をどの順番で読むか，厳密に考えないと読めなくなったのです。読み方が合っているか不安で，1つのコマを何度も見直すようになりましたし，例えば「ダメだぁぁぁぁぁ！！！！」のような台詞も「ぁ」や，「！」の数を数えないと読めなくなりました。こうなると，単行本1冊を読むのにも2時間以上はかかり，何より楽しくありません。好きだった漫画は，だんだんと苦痛の種に変わっていきました。このようなことが起こった原因は今でもわかりません。文章は正確に読まないといけないという強迫観念があったのかもしれません。読めない状態は，いつの間にか解消されましたが，数年は続きました。

　この経験は，漫画を読むという普通の行為が，実はとても複雑な行為であることを教えてくれました。読めなくなった時には，どうして以前はあんなにスラスラと読めていたのか，全くわかりませんでした。病気になって初めて，健康な状態がわかるようなものです。今，漫画を読んでわかるのは，1つのコマにある台詞・効果音・絵を全部同時に見て，同時に理解しているということです。そのうえ，前後のコマと繋げて読んでいるのですから，結構複雑なことをやっているようです。

　さて，これまで普通にできていたことが突然できなくなる。また，よく考えてみ

ると複雑なことをしている。同じことは研究にも当てはまると思います。研究では複雑な思考が求められます。言語学なら，まず，どのような現象に注目するのかを決め，仮説を立てて検証，分析することになりますが，その過程では，先行研究を調べ，それらが自分の分析とどのように異なるかを理解することが求められます。自分の分析と食い違うものについては，どちらがより妥当か判断しなければいけませんし，それに応じて時には仮説を修正することも必要です。それぞれの段階をこなして分析を進めるには，多くの時間と思考が必要です。そして，研究に打ち込み，色々なことを考え検討しているうちに，突然できなくなってしまう。それでも研究しなければいけないと思うあまりに，普通にできていたことがどんどんできなくなる。好きで始めたはずが，途中から結果を出すためのものになるからもしれません。強迫観念が生まれて，興味なんて関係なくなって，苦痛だけが残る。そうなってしまえば，普通を取り戻すのは大変です。少しでもおかしいと思ったら，一度研究から離れるべきでしょう。ただ，普通の状態というのは，意識されないものなので，だんだんと進行する異変には気づかないかもしれません。そのため，まずは自分にとっての普通を認識しておくことが大切です。

　ドラマ版の『東京タワー〜オカンとボクと，時々，オトン〜』に，ホームレスになった主人公が普通のすごさに気付く場面がありました。普通のことは，すごいことなんです。

第4章 語彙の世界

仲本康一郎

この章で学ぶこと

子どもはことばを習得することで，周囲の環境がどのような意味や価値を持つのかを理解し，そのような世界の意味を他者と共有できるようになります。例えば，子どもはブーブーということばを覚えると，自動車やバス，タクシーなどの乗り物を同じ種類のものとして理解できるようになり，ブーブーとそれ以外のものを区別できるようになります。

生理学者のゴルトシュタインは，ことばによって私たちが世界に対峙するときのこうした姿勢をカテゴリー的態度と呼びました。ことばを習得するとはカテゴリー的態度を身につけることであり，ことばによって世界は秩序づけられていきます。子どもは最初は，ブーブー（乗り物），マンマ（食べ物），ベベ（衣服）のように，物事を大雑把にしか捉えることができませんが，次第に，バス，電車，消防車など，細かな違いもわかるようになります。

ヘレン・ケラーも，ものに名前があることに気づくことで，人が生きる世界の秩序を理解できるようになったと言います。認知言語学では，こういった世界を分類していくことばの働きをカテゴリー化，あるいは概念化と呼んでいます。本章では，こうしたカテゴリー化の問題を中心に，ことばによって形成される秩序——語彙の世界について考えていこうと思います。

キーワード

カテゴリー化，プロトタイプ，フレーム，イメージ図式，概念メタファー

1 カテゴリー化

ことばと分節

日本語を母語とする人は水を冷たいものだと思っています。しかし，英語を母語とする人は必ずしもそのように感じていないようです。このことは英語でhot water という言い方ができることからもわかります。日本語の感覚では，

61

	H₂O		
マレー語	air		
英　語	ice	water	
日　本　語	氷	水	湯

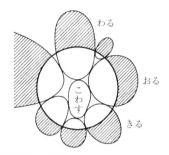

図4-1　ことばによる世界の分節

出典：鈴木（1973：9, 37）。

水とは本来冷たいものであり，「熱い水」は語義的に矛盾していると感じます。このような日英語の違いが存在するのは，それぞれの言語で世界の切り分け方が図4-1のように異なるためです。

　また，英語では骨折することを break a leg と言いますが，日本語で「足を壊す」ということはできません。日本語では破壊されるもののかたち，材質，機能などによって，「折る」「割る」「切る」「破る」「壊す」といった動詞を使い分けるためです。例えば，鉛筆やチョークのような棒状のものは「折る」，せんべいやコップのような板状のものは「割る」と言います（藤井 2005）。

　面白いことに，これらの使い分けの基準は，ものを数える類別詞にも観察されます。子どもは最初，あらゆるものを「1個」「2個」「3個」のように数えますが，次第にその形によって「1本」「1枚」「1粒」と表し分けるようになります。このとき「バナナが1本」「せんべいが1枚」と言えるための基準が，先ほど見た棒状のものや板状のものという区分です（松本 1984）。

ことばと文化

　ことばによる分節は，言語共同体がどのような生活環境で暮らし，何を重視してきたかを反映します。こういった考え方を言語相対性，あるいはサピア・ウォーフの仮説（Sapir-Whorf Hypothesis）と言います。サピアとウォーフという2人の言語学者は，アメリカ先住民の諸言語を調査する中で，人間の言語は文化と相対的であり，そうした文化に動機づけられた言語は，そこに暮らす人々の認識や思考に影響を及ぼすと考えました。

　例えば，イヌイットの言語には雪を表す語が20種類以上もありますし，日本語でも，米を「イネ」「コメ」「ゴハン」のように言い分けたり，同じ魚を「ツ

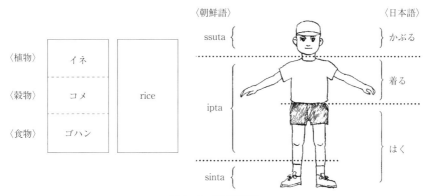

図4-2　言語相対性

出典：池上（1978：211），井上（1998：133）。

バス」「ハマチ」「ブリ」のように呼び分けたりします。これは日本人が古代から稲作を中心とした農耕文化を発達させてきたためであり，さらに日本が豊かな漁場に恵まれた島国であることによると言えるでしょう。

　また，日本語には様々な着衣動詞があり，衣服の種類や着衣の方法によって異なる語が用いられます。シャツや上着を身に着けるときは「着る」と言いますが，クツやズボンは「履く」，帽子やスカーフなら「かぶる」となります。興味深いことに，これを韓国語と比べると，図4-2のように分節の方法が微妙に異なることに気づきます。こうした違いもまた，それぞれの共同体の文化や生活様式から説明されるものと考えられます。

ことばと人間関係

　ことばはまた人間関係や社会の仕組みを反映します。日本語は英語と比べると，敬語や呼称詞の体系が発達していますが，これは私たちの社会が，身分に基づく社会階級を背景としたタテ社会を構成してきたという歴史，さらに身内と世間を仲間意識によって区別するムラ共同体を作りあげてきたことと関係しています。ここでは，日英語の指示詞の体系を比べてみましょう。

　英語では，話し手からの距離によって，近距離のものを this，遠距離のものを that で指示しますが，日本語では，他者の領域にも意識を向け，話し手に近い領域をコレ，聞き手に近い領域をソレ，両者から遠いところをアレと言います。日本語では，話し手とともに聞き手にも配慮する必要があることがわかります。これは私たちが他者との関係で自己を規定し，相手の縄張りを意識す

図 4-3　指示詞の使用場面

出典：原沢（2010：140）。

る社会を築いてきたからにほかなりません。

　同様のことは，呼称詞の体系にもあてはまります。英語ではどんな相手にもYou を使いますが，日本語では相手との人間関係——尊敬すべき人かどうか，親密な間柄かどうかによって，「きみ」「あなた」「山田」「社長」「太郎くん」のように呼び分けます。また，自分のことを指すときも，相手との関係によって，「ぼく」「オレ」「わたし」「吾輩」「サチコ」など，様々な呼称詞を使い分けます。

② プロトタイプと階層構造

プロトタイプ論

　皆さんは「鳥」と言えばどんな生き物を思いつきますか。おそらくスズメやツバメ，ハトなどをあげる人が多いのではないでしょうか。最初からペンギンやダチョウ，ペリカンを思いつく人は少ないでしょう。これらの鳥は私たちにとって身近ではないからという理由も考えられますが，さらにこうした鳥は生物学的には鳥ですが，あまり鳥らしくないという理由も考えられます。

　心理学者のロッシュは，日常生活で用いる概念は，整数や三角形のように正確に定義されたものではなく，ゆるやかな基準のもと，典型例から周辺例，境界例へと段階的に構成されていることを実験的に示しました。先の例で言えば，スズメやツバメは典型例，ペンギンやダチョウは周辺例，コウモリやムササビは鳥ではないが鳥のような性質を持つ境界例ということになります。

　こうしたカテゴリーの段階性が形成されるのは，「鳥」というカテゴリーが，翼を持つ，空を飛ぶ，さえずるといった基準をもとにゆるやかに構成されているからと言えます。スズメやツバメは，これらの属性を全て備えており，典型的であると判断されるのに対して，ペンギンやダチョウはその一部しか持たないため周辺的と判断されます。またコウモリやムササビは哺乳類ですが，空を飛ぶために鳥のような生き物と感じられるわけです。

うそのプロトタイプ

　こうしたロッシュのプロトタイプ論は，レイコフらによって言語研究に応用

され，意味分析の代表的な手法として広く用いられるようになりました。例えば，コールマンとケイは，「うそ (lie)」のプロトタイプ属性を次のように規定しています（Coleman & Kay 1981）。

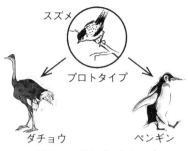

図4-4 鳥のプロトタイプ
出典：沖森ほか（2011：67）。

（1）　a．話し手の主張する内容が事実に反している。
　　　 b．話し手の主張が事実に反していることを話し手自身が知っている。
　　　 c．話し手が聞き手をだまそうという意図を持っている。

「オオカミが来たぞ」のような発話は，これら3つの条件を全て満たす典型的な「うそ」であると言えます。これに対して，ある講演会に誘われて行ってみたところつまらなかったという場合，主催者に「いい講演会でしたよ」と伝えるのは社交的なうそ（social lie）になります。ただし，このとき話し手は真実でない命題を述べていると自覚していますが，相手をだます意図はないため，この場合は典型的なうそではないと判断されます。

さらに，スウィーツァーは，これらの「うそ」を定義するプロトタイプ属性の背後には，人々は互いに助け合おうとするコミュニケーションの理想認知モデル（Idealized Cognitive Model：ICM）があると述べています（Sweetser 1987）。

（2）　コミュニケーションの理想認知モデル
　　　 a．人々は互いに助け合うために真実の情報を伝える。
　　　 b．人々は他人を貶めるために誤った情報を伝える。

ここでいう理想認知モデルは，私たちが生きる社会の慣習と考えればいいでしょう。英語圏において lie は悪意を伴った逸脱的な言語使用ということになりますが，日本社会では，他人を貶めるために間違った情報を伝えるという傾向はそれほど強くありません。「うそも方便」という諺にもあるように，その傾向は英語よりもゆるやかで，私たちは相手の言ったことに対してすぐに「ウソ！」と言ってしまいます。

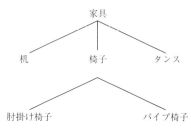

図4-5 カテゴリーの階層構造

出典：河上（2000：192）。

ロッシュはさらに，カテゴリーは階層化されていると主張しています。例えば，家の中にあるものを眺めてみましょう。そこには机や椅子，タンスなどがありますが，それらをひっくるめて「家具」と呼ぶこともありますし，椅子を「肘掛け椅子」「パイプ椅子」のように細かく区分することもあります。ここから，カテゴリーは，図4-5のような階層構造をなしていることがわかります。

また，日常言語の概念のほとんどは「机」「椅子」「タンス」のような基本レベルのカテゴリーで構成されていることにも気づきます。普通の人々の知識は，図4-6の左図のような構造をなしているとも言えるでしょう。こうした基本レベルのカテゴリーは知覚的にも機能的にも違いが明確であり，私たちはこれらのカテゴリーを容易に認識することができるのです。

これに対して，特定の分野に秀でた専門家の知識は，図4-6の右図のような構造をなしています。専門家はものの細かな違いを知覚することができるため，それに応じた詳細な概念を使い分けることができます。小学生でも昆虫や恐竜に興味をもっている子どもは，生き物の名前を驚くほどよく覚えていて，1つひとつ言いあてることができますよね。

③　ことばと文脈

わかるということ

私たちは図4-7のような絵を見て，これがたこあげの場面であることを即座に理解します。面白いことに，この絵にはたこそのものは描かれていません。それにもかかわらず，これがたこあげであるとわかるのは，少年が上向き加減の姿勢をとっていたり，ひもを握っていたりといった手がかりが利用できるからです。このように私たちは，全体的な場面を背景として物事を理解します。

これと同様のことがことばにも言えます。例えば，"We never open our presents until the morning."（朝が来るまでプレゼントは開けない）という文には，クリスマスへの直接の言及はありませんが，読み手は背景知識を用いて，この文をクリスマスという場面と結びつけて理解します。このように，私たち

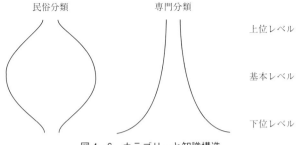

民俗分類　　　　　専門分類

上位レベル

基本レベル

下位レベル

図 4-6　カテゴリーと知識構造

出典：大堀（2002：56）。

は文を理解するときも，それを包む全体的な場面や状況——フレーム（frame）を思い起こし，そうしたフレームをもとに理解します。

　反対に，こういったフレーム＝文脈が喚起されないと，個々の語や文の意味は理解できても，文の内容は伝わらないということになります。例えば，「布が破れたので，干し草の山が必要だった」という文はどうでしょうか。「布」「破れる」「干し草」といった個々の単語の意味はわかりますが，全体の意味を把握することは難しいのではないでしょうか。ただそこにパラシュートという文脈が与えられるとああそうかとわかる人もいるでしょう。

図 4-7　たこあげをする少年

出典：山鳥（1985：98）。

語の意味と背景知識

　図 4-8 の絵を見てください。左の絵はウサギにもカモにも見えますし，右の絵はネズミにも男の人の顔にも見えます。このように様々な解釈を許す図形を多義図形と言います。ここで注目したいのは，多義図形を理解するとき，全体の解釈が部分の解釈に影響を与えるという点です。例えば，左の絵をウサギと見たときに耳とされる部分は，カモと見たときにはくちばしになります。このように全体の解釈は部分の解釈に影響を及ぼします。

　同様のことは，ことばを理解するときにも言えます。例えば「（私は）手をあげた」という文は多義文として少なくとも 3 通りに解釈されます。教室という場面では〈挙手〉と理解されますが，家庭という場面では〈暴力〉という意味になります。また，交通の場面では，歩行者の存在を車両に知らせる〈合

図4-8　あいまいな絵

図4-9　「走る」「追う」「逃げる」

図〉となります。

　こうした場面や文脈の理解は，語の意味を考えるときにも必要です。図4-9は2人の子どもが走っている様子を描いたものですが，右の子が左の子を追っている，あるいは左の子が右の子から逃げていると解釈することもできます。ここで「走る」「追う」「逃げる」という動詞は，どれもその動作だけを見れば違いはほとんどありませんが，「追う」と「逃げる」は追跡と逃亡という相互行為フレームを考慮してはじめて成立する概念と言えます。

ベースとプロファイル

　認知言語学では，このように状況を特定のフレームと相対化するときの枠組みをベース（base）と呼び，そのようなベースを背景にして了解される部分をプロファイル（profile）と呼んでいます。例えば，ある線分が「斜辺」であることを理解するためには，直角三角形という枠組みが必要になります。このとき直角三角形がベース，斜辺がプロファイルということになります。

　ベースとプロファイルの考え方を使うと，類義語の意味の違いを説明することもできます。例えば，盗難に関わる類義語として rob と steal という動詞がありますが，これらの動詞の意味の違いは〈盗難〉という場面を背景とすることで適切に説明されます。これらの動詞の意味の違いは，図4-11によって表されます。

　どちらの動詞も盗難者（thief）を前景化していますが，さらに rob では被害者（victim）を，steal では盗難物（target）を焦点化しています。これらのプロファイルの違いは，次のような表現上の分布によって確認することもできます。どちらの文でも Jesse という盗難者がその主語に立っていますが，rob では被害者である金持ちが，steal では盗難物であるお金が目的語になっています（Goldberg 1995：45）。

（3）　a．Jesse *robbed the rich*（of all his money）.

斜　　辺　　　　直角三角形

図 4 - 10　ベースとプロファイル

出典：Goldberg（1995：37）.

Steal　　　　Rob

図 4 - 11　Rob, Steal と盗難場面

出典：Goldberg（1995：64）.

　　　b．*Jesse *robbed* a million dollar.
（4）　a．Jesse *stole the money* from the rich.
　　　b．*Jesse *stole* the rich (of the money).

④　ことばと身体性

イメージ図式

　ことばの意味はこれまで言語によって記述されるべきものと考えられてきました が，実は言語以前に獲得した知覚や運動のイメージが意味の基盤となって いることが次第に明らかになってきました。例えば，前置詞 over は，私たち が山を越えたり，橋を渡ったりする経験によって得た図4-12のような弓状の イメージ図式をもとにしています。この図は，運動体が起点Aから経路Bを 通って着点Cに至ることを示しています。

　over の多義的な用法は，このイメージ図式によって説明されます。例えば， "Sam walked over the hill." は移動の軌跡を，"Sam lives over the hill." は移 動の結果を，"Sam walked all over the hill." は軌道の全体を焦点化していま す。また，こういった図式によって，"I feel over the moon."（天にも昇る気 持ち），"We are over the hill."（やっと峠を越えた），"The game is over." （ゲームは終わりだ）などの比喩的用法も適切に説明することができます。

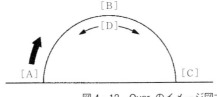

　　　　　　　　　　　　　　A：起点
　　　　　　　　　　　　　　B：移動行程
　　　　　　　　　　　　　　C：目標点
　　　　　　　　　　　　　　D：全体を覆う

図 4 - 12　Over のイメージ図式

出典：田中（2003：77）。

このように私たちは，語の意味を言語的な命題によって捉えているのではなく，身体的な知覚と運動のイメージによって認識しているのです。その他にも，認知言語学が重視する空間図式としては次のようなものがあります。

（5）　A．Container Schema（容器の図式）
　　　　B．Part-Whole Schema（部分／全体の図式）
　　　　C．Link Schema（連結の図式）
　　　　D．Center-Periphery Schema（中心／周縁の図式）
　　　　E．Source-Path-Goal Schema（起点／経路／目標の図式）

容器の図式

　人は食事をとるときや排泄をするとき，自分の体を容器のように感じます。また，家の中や部屋に入るときも，それぞれの場所を容器と感じるのではないでしょうか。こうした経験を重ねる中で，人は空間を内部と外部に区分し，そこから「容器の図式」という概念構造を得ていくわけです。このような容器の図式に基づく表現としては，日本語の移動動詞「入る」「出る」，英語の前置詞 in, out などがあります。

　ここでは前置詞 in の多義的用法を見てみましょう。

（6）　a．He is *in* his ｜room, office, …｜.　　　：身体的空間
　　　　b．He is *in* our ｜team, party, …｜.　　　：社会的空間
　　　　c．He is *in* ｜trouble, love, despair, …｜.　：心理的空間

　（6）a は物理的な空間の内部を表すのに対して，（6）b は社会的な組織を，（6）c は心理的な状況を空間と見立て，そういった状態にあることを表します。さらにこういった図式は体系的に利用されることもあります。例えば，（6）c に対して，"get into trouble" や "get out of trouble" といった表現も可能であり，このとき困難な状態は心的空間として認識されます。これらは図4-13 のようなイメージ図式によって表されます。

　また私たちの体が容器として認識されることもあります。日本語では，頭，胸，腹などの身体部位が容器と見なされます。このことは，「｜頭，胸，腹｜がいっぱいだ」という表現が成り立つことからもわかります。頭は知識や情報が詰めこまれる場所，胸は喜びや悲しみなどの感情が満たされる場所，そして腹は食べたものを消化する物理的場所ということになります。

強制の図式

　イメージ図式には，空間図式の他に，相互行為に基づく力関係の図式——強制，抵抗，妨害，迂回，牽引などもあります。例えば，「強制の図式」は，ある対象が外

into　　　　　　　　　out of

in

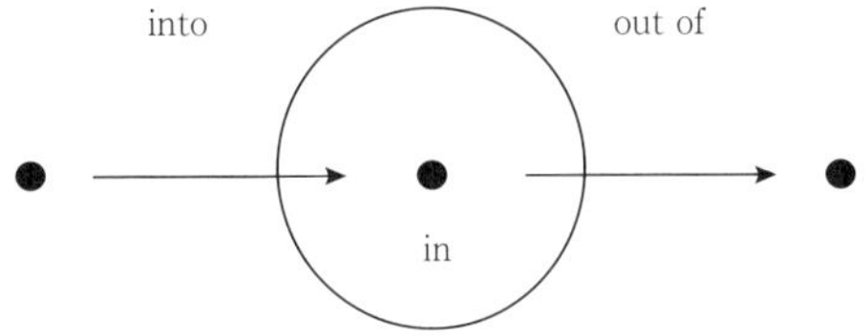

図 4 - 13　容器と移動の図式

から加わる力によって動かされるという出来事を図式化したものであり，強風に煽られたり，誰かに背中を押されたりといった身体的経験や，上司に命令される，怒りや嫉妬に駆られるといった心理的な経験によっても形成されます。

　強制の図式を反映する代表的表現として英語の使役動詞があります。使役は他者に行為を強制することであり，throw, drive, push, force, propel などの動詞によって表されます。例えば，次のような force の用法は強制の図式によって説明されます。(7) a は物理的な強制を表すのに対して，(7) b は心理的，社会的な強制を表します。また(7) c はそのように結論せざるを得ないという論理的な帰結を表します。

(7)　　a . I *forced* him out of the room.　　：物理的強制
　　　　b . I *forced* a suspect to confess.　　：心理的強制
　　　　c . I was *forced* to conclude that ...　：論理的強制

　強制の図式は図 4 - 14 のように表されます。これは外から加えられる力によって，□で表されたものが動くことを意味します。こうした動きは物理的作用による場合もあれば，心理的な影響によることもあります。さらに論理によって説得されるという場合もあるわけです。

力

図 4 - 14　強制の図式

⑤　比喩と理解

概念メタファー

　私たちは，人生や恋愛，道徳，人間関係，政治，経済など，抽象的な内容について語るとき，それらを具体的で身近な現象に喩えて表します。例えば，日

本語では，人間の成長や努力を「芽を出す」「花が咲く」「実を結ぶ」のように，植物の生長によって表しますし，感情の変化を「気が晴れる」「心が曇る」「雷が落ちる」のように，天候の変化に喩えて表します。

　このような比喩的な言い回しは，これまでは文芸的な修辞表現と見なされてきましたが，認知言語学では，日常言語を成り立たせているのは，こうした比喩による見立てであり，私たちの思考や言語は比喩なしには成立し得ないと考えられています。例えば，次の文では，「理論」という抽象物が，「建物」という目に見える具体物に喩えられています。

（8）a．Is that the *foundation* of your theory？（「土台」）
　　 b．This theory quickly *collapsed*.（「崩壊」）
　　 c．The theory needs more *support*.（「支持」）
　　 d．Can you show us the *framework* of your theory？（「骨組」）
　　 e．You need to *build* a strong argument for the theory.（「構築」）

　ここで重要なのは，これらの表現が単独で成立する修辞的技法ではなく，《理論は建物である（Theories are Buildings）》という体系的比喩に支えられたものであるということです。このような表現の基盤となる発想を概念メタファー（conceptual metaphor）と言います。図 4-15 は，《理論は建物である》という概念メタファーを構造的に表現したモデルです。

図 4-15　理論は建物である
出典：山梨（1988：55）。

人生は旅である

　「人生，山あり谷あり」と言いますが，人生はしばしば旅に喩えられます。"We're at the crossroad."（人生の岐路に立っている）や，"It's been a long bumpy road."（長く険しい道のりだった），"It's all downhill from here."（あとはもう下り坂だ），"Look how far we've come."（思えば遠くへ来たものだ）といった表現は，私たちが人生において経験する様々な困難や出来事を比喩的

に表しています。

　これらの表現において，人生の経路は道のり (how far)，人生の選択は分かれ道 (crossroad)，困難は障害 (long bumpy road) のように概念化されています。こういった表現が可能なのは，移動や位置，場所を表す表現が独立に色々な意味を持つからではなく，《人生は旅である (Life is a Journey)》という概念メタファーを背景に，これらが体系的な比喩として用いられるためであると考えられます。

　同様のメタファーは，聖書にある有名な聖句「狭い門から入りなさい (Enter through the narrow gate.)」や，「僕の前に道はない。僕の後ろに道はできる」という高村光太郎の詩など，言語を問わず用いられます。

　最後に，ロバート・フロスト (Robert Frost) の "The Road Not Taken" という詩の一節を見てみましょう。

Two roads diverged in a wood, and I ——
I took the one less travelled by.
And that had made all the difference.

〈和訳〉森の中で道が二手に分かれていて，私は——
　　　　私は人通りが少ない方の道を選んだ，そして，
　　　　それがあとあと大きな違いを生んだのだ。　　　　（川本編 2018：93）

　この詩を成り立たせているのも，《人生は旅である》という概念メタファーです。この詩において，主人公は人生の岐路に立っており，古人が歩んだ平坦な道ではなく，まだ踏みならされていない険しい道を選んだことが表されています。

練習問題

1．「かど」と「すみ」，「にぎる」と「つかむ」，「たのしい」と「うれしい」，「やっと」と「とうとう」は，似た意味を持つため，外国人にとって使い分けが難しいと感じられます。これらの類義語の使い分けのルールを考えてみましょう。
2．日本語では，「同性愛」「バツイチ」「愛人」「できちゃった婚」「週末婚」「事実婚」などが，結婚に関することばとして揶揄的に用いられてきましたが，これらの表現が前提とする結婚の理想認知モデルはどのようなものでしょうか。
3．「ジョンはえさを食べなかった」というと，ジョンは人間ではなく動物であるという解釈が生まれます。その理由をフレームによって説明してみましょう。また，「家」

と「巣」,「男性」と「オス」,「一人」と「一匹」などの違いも考えてみましょう。

4. 日本語の動詞「おさえる」には,「｜帽子,傷口,……｜をおさえる」「｜興奮,欲望,……｜をおさえる」「｜切符,部屋,……｜をおさえる」のように多様な用法がありますが,これらに共通するイメージ図式はどのようなものでしょうか。

5. 「運命の赤い糸」に象徴されるように,人と人のつながりは結び目のようなものと認識されるようです。こうした《人間関係は物理的接触である》という概念メタファーを背景にした表現を他にもあげてみましょう。

読書案内

① 鈴木孝夫『ことばと文化』岩波新書,1973年。

＊ことばと文化の関係が平易なことばで解説されています。現代の認知言語学を背景にしても価値を失わない古典と言えるでしょう。同様の観点から書かれたものとして,井上京子『もし「右」や「左」がなかったら』(大修館書店,1998年) もオススメです。

② 無藤隆『赤ん坊から見た世界』講談社現代新書,1994年。

＊「言語以前の光景」という副題にあるとおり,ことばを習得する以前の赤ん坊の世界へと導かれます。言語学者はとかくことばが思考に与える影響を過大に評価する傾向がありますが,この本ではことばなき思考の可能性について反省を促されます。

③ 籾山洋介『日本語は人間をどう見ているか』研究社,2005年。

＊日本語の比喩について身近な題材をもとに解き明かした初学者向けの本です。人の成長は草花の生育のように変化に富み,心の変化は天気のように移ろうというように,人間の生の営みが巧みな比喩で表現されることがよくわかります。

参考文献

池上嘉彦『意味の世界——現代言語学から視る』日本放送出版会,1978年。

井上京子『もし「右」や「左」がなかったら——言語人類学への招待』大修館書店,1998年。

大堀壽夫『認知言語学』東京大学出版会,2002年。

沖森卓也ほか『図解 日本の語彙』三省堂,2011年。

河上誓作「ことばと認知の仕組み」原口庄輔ほか『ことばの仕組みをさぐる——生成文法と認知文法』研究社,2000年,165-214頁。

川本皓嗣編『対訳フロスト詩集——アメリカ詩人選 (4)』岩波書店,2018年。

鈴木孝夫『ことばと文化』岩波新書,1973年。

瀬戸賢一『よく分かる比喩』研究社,2005年。

田中茂範「空間表現の意味と機能」田中茂範・松本曜『空間と移動の表現』研究社,2003年,1-123頁。

西林克彦『わかったつもり——読解力がつかない本当の原因』光文社新書，2005年。

原沢伊都夫『考えて，解いて，学ぶ 日本語教育の文法』スリーエーネットワーク，
　　2010年。

深田智・仲本康一郎『概念化と意味の世界』研究社，2008年。

藤井洋子「*骨をこわす vs. break the bone——認知カテゴリーと文法項目のタイポロ
　　ジー」井出祥子ほか編『異文化とコミュニケーション』ひつじ書房，2005年，
　　156-169頁。

松本曜「日本語類別詞の意味構造と体系——原型意味論による分析」『言語研究』99号，
　　1984年，82-106頁。

山鳥重『脳からみた心』日本放送出版会，1985年。

山梨正明『比喩と理解』東京大学出版会，1988年。

Coleman, Linda and Paul Kay, "Prototype Semantics : The English LIE," *Language* 57,
　　1981, pp. 26-44.

Goldberg, Adele, *Constructions : A Construction grammar Approach to Argument
　　Structure,* Chicago : Chicago University Press, 1995. (河上誓作ほか訳『構文文法
　　論——英語構文への認知的アプローチ』研究社，2001年)

Johnson, Mark, *The Body in the Mind : The Bodily Basis of Meaning, Imagination,
　　and Reason,* Chicago : The University of Chicago Press, 1987. (菅野盾樹ほか訳
　　『心のなかの身体——想像力へのパラダイム変換』紀伊國屋書店，1991年)

Lakoff, George, *Women, Fire, and Dangerous Things : What Categories Reveal about
　　the Mind,* Chicago : The University of Chicago Press, 1987. (池上嘉彦ほか訳『認
　　知意味論——言語から見た人間の心』紀伊國屋書店，1993年)

Lakoff, George and Mark Johnson, *Metaphors We Live By,* Chicago : The University of
　　Chicago Press, 1980. (渡辺昇一ほか訳『レトリックと人生』大修館書店，1986年)

Sweetser, Eve, "The Definition of LIE : An Examination of the Folk Theories
　　Underlying a Semantic Prototype," Douglas Holland and Naomi Quinn (eds.),
　　Cultural Models in Language and Thought, Cambridge : Cambridge University
　　Press, 1987, pp. 43-66.

Taylor, John R., *Linguistic Categorization : Prototypes in Linguistic Theory,* Third
　　Edition, Oxford : Oxford University Press, 2003. (辻幸夫ほか訳『認知言語学のた
　　めの14章』紀伊國屋書店，2008年)

— 🔲 *Column* 🔲 —

ことばの力

　ヘレン・ケラーは，幼いときに視力と聴力を失い，周囲の世界から切り離されて
生きていました。映画『奇跡の人』では，幼少期のヘレンが井戸から水をくみ上げ

"Water！" と叫んでいる場面が感動的に描かれていますが，このとき彼女はいったい何に気づいたのでしょうか。ここではことば以前の世界とことば以後の世界を比べることで，ことばによるカテゴリー化の意味について考えてみましょう。

　私たちは言語のラベルを貼ることで，周囲の世界に秩序を与えますが，それによって失ってしまうものもあります。ことばを手に入れることで世界に存在するものは，これは食べるもの，遊ぶもの，捨てるもの，……というように秩序づけられていくとき，それは同時に，それ以外の方法で物事を認識できなくなってしまうことを意味します。このように，ことばが私たちの思考に制約を与えることを「言語的遮断」といいます。

　私たちはことばを学ぶことで，個人の自由な解釈を許さない，言語によって遮断された世界——意味の牢獄に囚われてしまうということもできるでしょう。それではことばを習得することで，私たちは自由な世界から完全に切り離されてしまうのでしょうか。ドイツの言語学者ヴァインリヒは，次のようにことばは全く別の方法で私たちを想像の世界へと引き戻してくれると述べています。

　　「花」という語に含まれる情報の何という乏しさ。1つひとつの（現実の）花に含まれる特徴の何という豊かさ。だが逆もまた言える。1つひとつの物にある何という限られた狭さ。語にある何という喚起力。

ヴァインリヒはつづけて詩人マラルメのことばを引いて，次のように述べています。

　　私は言う，花と。すると，私の声があらゆる輪郭を失うあの忘却の彼方から，花が音楽のように立ち昇る。それはあらゆる旧知の花蕾とは違う何かであり，理念そのものであり，愛らしく，あらゆる花束を探しても無い花である。

　ここでヴァインリヒが述べているのは，私たちの想像力をかき立てることばの喚起力です。ことばははじめ環境と緊密に結びついていますが，私たちは次第にことばを環境から切り離し，自由に他の語と組み合わせられるようになります。詩的言語とは，まさにそうしたことばの組み換えの実験場であり，新たな発想を生み出す想像の源ともなっていると言えます。

参考文献
今井むつみほか『言語と身体性』岩波書店，2014年。
齊藤亜矢『ヒトはなぜ絵を描くのか——芸術認知科学への招待』岩波書店，2014年。
ハラルト・ヴァインリヒ著，井口省吾訳『うその言語学』大修館書店，1967年。

第5章 意味の世界

安原和也

この章で学ぶこと

　言語表現には語や構文など様々な単位を特定していくことができますが，これらの言語表現はそれ自体としては「意味」を持っているとは言うことができません。持っているとすれば，これらの言語表現は「潜在的な意味」を持っているのであって，実際の「意味」はその言語表現が使用される文脈の中ではじめて構築されてくることになります。認知言語学の領域では，このような考え方を「意味構築」と呼んで，重要視しています。

　本章では，このような意味構築を支える2種類の認知モデルについて，その概要を簡潔に紹介してみたいと思います。1つは，言語学者のフォコニエによって提唱されてきた「メンタル・スペース理論」です。もう1つは，言語学者のフォコニエと文学者のターナーによって提唱されてきた，メンタル・スペース理論の発展形として知られる「概念ブレンディング理論」です。いずれの認知モデルも，言語と思考におけるダイナミックな意味構築をモデル化するのに特に優れた認知モデルであると言うことができます。言語活動の背景で無意識のうちに頭の中で行われていく，このような意味構築の世界を，それでは探検してみることにしましょう。

キーワード

　意味構築，メンタル・スペース理論，メンタル・スペース，コネクター，スペース構築表現，概念ブレンディング理論，ブレンド，選択投射，創発構造

---

[1] メンタル・スペース理論

　メンタル・スペース理論（mental space theory）とは，言語学者のジル・フォコニエ（Gilles Fauconnier）によって提唱された，意味構築（meaning construction）への認知意味論的アプローチのことです（Fauconnier 1994, 1997を参照）。この理論では，意味構築という考え方が重要で，それは次のように説

明することができます：「語や構文などに代表される言語表現は，それ自体としては意味を持っているとは言うことができず，持っているとすれば単に意味ポテンシャルまたは潜在的意味（meaning potential）を持っているに過ぎず，実際の意味（meaning）は進行中の談話や文脈の中ではじめて構築できるものである」。つまり，この意味構築の考え方のもとでは，語や構文などの言語表現によって喚起される潜在的意味は，そのままでは意味としては成立できず，談話文脈の中に落とし込まれてはじめて意味として成立してくることになります。メンタル・スペース理論では，この言語の一側面を捉えて意味構築と定義し，日常的な会話であれ学術的な議論であれ，また小説や詩などに代表される創作物であれ，我々が行う多種多様な言語活動の背景には，このような意味構築のプロセスが潜んでいることを明らかにしています。

　メンタル・スペース理論の意味構築を理解するためには，その基本的な道具立てとして，2つの重要な概念が必要となってきます。1つは，理論名にも登場しているメンタル・スペース（mental space）という概念で，もう1つがコネクター（connector）という概念です。

メンタル・スペース

　まず，メンタル・スペースですが，これは直訳すれば「心的空間」と訳すことができるように，我々が何かを考えたり話したりして言語活動を行う際に，進行中の思考や談話に合わせて頭の中で構築される，情報整理のための短期的な概念空間のことを意味しています。ここで「短期的な」と言っているのは，その言語活動において構築される情報整理のためのメンタル・スペースは，その場限りの一時的なものであり，思考や談話の展開によっては，構築済みのメンタル・スペースが放棄されたり，再構築されたりすることもありうるということを含意しています。この点は，「意味構築が進行中の談話文脈の中で行われる」という基本的な考え方と一致しており，メンタル・スペース理論における意味構築が本質的にオンラインである（または短期記憶のレベルにある）と言われる理由でもあります。一般に，メンタル・スペースの内部構造は，フレーム（frame）と呼ばれる長期記憶に蓄積された知識構造の一部を，メンタル・スペース内に表示することで，その構造化が成される場合がほとんどです（フレームの詳細については，Fillmore 1982, 1985を参照）。したがって，メンタル・スペースは，情報整理を目的として，進行中の思考や談話に合わせて「長期記憶知識の部分的な表示」で構造化される，一時的な概念空間として，一般

に理解していくことができます。この意味では，メンタル・スペースは，安定性のある既存の知識構造としてのフレームとは，根本的に区分される概念であるという点がきわめて重要です。

　一般に，メンタル・スペースは，思考や談話が展開していくにつれて，相互にリンクを張って，メンタル・スペースのネットワークを発達させていくことができます。また，思考や談話の展開に基づいて，既存のメンタル・スペースや既存のネットワークに追加修正を加えていくこともできます。メンタル・スペースのネットワーク構築に関わるこのような側面について理解するために，以下の談話事例の背景にある意味構築プロセスについて，クールソン（Coulson 2001）の分析を紹介しておきましょう。

（1）　Arnold is an actor.（アーノルドは俳優です）
　　　 He plays a mercenary on TV.
　　　 （テレビでは，彼はよく傭兵を演じています）
　　　 But in real life, he's a pacifist and a vegetarian.
　　　 （しかし実生活では，彼は平和主義者で，また菜食主義者です）
（Coulson 2001：22）

　この簡易的な談話事例をメンタル・スペース理論の観点から分析するためには，この談話の主人公とも言うべき Arnold の情報を，2つのメンタル・スペースを仮定することで，整理していく必要があります。この場合に構築されうるメンタル・スペースの1つは，談話のいかなる段階においても出発点としての機能を果たす基底スペース（Base Space）です。基底スペースというのは，現在の談話文脈において入手できるデフォルトの情報を蓄積するのが一般的ですので，この場合には，Arnold の現実世界に関わる情報が蓄えられることになります。このように，現実世界の情報を蓄積した基底スペースは，メンタル・スペース理論では，特に現実スペース（Reality Space）とも呼ばれています。そして，この談話の意味構築で喚起されるもう1つのメンタル・スペースが，Arnold がテレビ番組において演じるキャラクターについての情報を蓄える TV スペースです。基底スペースにしても，TV スペースにしても，この場合に構築されるどちらのメンタル・スペースも，Arnold と呼ばれる同一人物に関するスペースであるという点では同じですが，現実世界とテレビ世界という談話文脈の相違に着目して，メンタル・スペースを異にすることで，論理的に一貫性のある明示的な情報の整理（または情報の表示）が可能となってい

る点に，ここでは特に注目をしてもらいたいと思います（図5-1参照）。メンタル・スペース理論が備える分析上の利点は，まさにこの点に集約されているといっても過言ではありません。

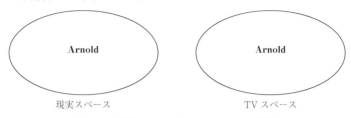

現実スペース　　　　　　　　　TV スペース

図5-1　現実スペースと TV スペースの構築

　現実スペースと TV スペースと呼ばれる2つのメンタル・スペースを仮定した上で，（1）の談話事例の背景にある意味構築プロセスの展開を，談話の流れに基づいて具体的に概観してみましょう（図5-2参照）。まず，第1文の"Arnold is an actor."（アーノルドは俳優です）によって，基底スペース（つまり現実スペース）の構築が行われ，Arnold が俳優であるという現実世界の情報がそのメンタル・スペース内に蓄えられることになります。続いて，第2文の"He plays a mercenary on TV."（テレビでは，彼はよく傭兵を演じています）が提示されることで，もう1つのメンタル・スペースである TV スペースが新たに構築され，その結果，このスペース内に，Arnold が傭兵であるというテレビ世界の情報が蓄えられることになります。そして，第3文の"But in real life, he's a pacifist and a vegetarian."（しかし実生活では，彼は平和主義者で，また菜食主義者です）が後続することで，Arnold の現実世界に関する情報として，Arnold が平和主義者および菜食主義者であることが追加され，その内容が基底スペース（つまり現実スペース）に追記されることになります。一般に，この情報の追記は，既存のメンタル・スペースを追加修正することができるという，メンタル・スペース理論の性質をよく物語る好例と

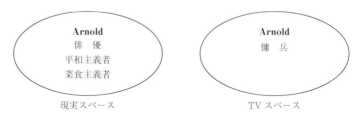

現実スペース　　　　　　　　　TV スペース

図5-2　現実スペースの追加修正

して理解していくことができます。

コネクター

しかしながら，（1）の談話事例を理解していく上では，現実スペースと TV スペースと呼ばれる2つのメンタル・スペースによる情報整理だけでは，不十分であることにも気づかされるはずです。つまり，現実スペース内に配置された Arnold と TV スペース内に配置された Arnold が同一人物であるということを明示できる何かがなければ，現実スペースと TV スペースは各々が単に独立して存在していて，両スペース内に配置された Arnold と呼ばれる2つの個体は別人物であるということを単に示しているに過ぎなくなってしまうのも事実です。現実スペース内の Arnold と TV スペース内の Arnold が同一人物であるという正しい理解を可能としてくれるものこそ，メンタル・スペース理論におけるもう1つの重要概念として先述された，コネクターという道具立てです。コネクターは，メンタル・スペース間の対応物を関係づける働きを担う理論的概念として一般に定義され，メンタル・スペース理論では，様々な意味論的関係づけや語用論的関係づけを行うのに幅広く利用されています。（1）の談話を分析する上では，具体的には，異なったメンタル・スペース内にある2つの別個の要素が同一のものを指示しているという関係性を表現する同一性コネクター（identity connector）が，ここでは必要となってきます。つまり，現実スペース内の Arnold と TV スペース内の Arnold の間に，この同一性コネクターが設定されることではじめて，両者が同一人物であるという保証が現実のものとなってくるわけです（図5-3参照）。

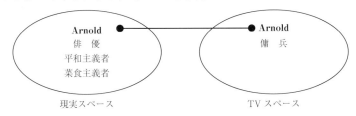

図5-3　同一性コネクターの設定

スペース構築表現

このように，メンタル・スペース理論では，メンタル・スペースとコネクターという理論的道具立てを用いることで，談話の進展に基づいたメンタル・スペースのネットワークを一般に拡張していくことができます。しかしながら，

ここで問題となってくるのは，新規のメンタル・スペースはどのような条件で構築されうるのかという点です。メンタル・スペース理論は，この問いについて，次のような明快な回答を提供してくれます。新規のメンタル・スペースは，多くの場合，スペース構築表現（space builder）と呼ばれる言語的な合図によって構築されるというものです。メンタル・スペース理論による（1）の談話分析から具体例を指摘するとすれば，第2文の "on TV" という言語表現によってテレビ世界の情報を蓄積する TV スペースが新たに構築されている一例が，この好例と言えます。ここでは，まさに "on TV" という言語表現がスペース構築表現として機能し，TV スペースと呼ばれる新規メンタル・スペースの構築に一役買っているわけです。また，第3文の "in real life" という言語表現も，スペース構築表現として一般に認定していくことができます。しかしながら，この場合は，現実世界の情報を蓄積するメンタル・スペースがすでに構築済みであるので，新規メンタル・スペースの構築ではなく，既存の基底スペース（つまり現実スペース）へと焦点を切り替える働きを担う，言わばスペース切替表現（space shifter）とも呼ぶべき状況を垣間見ることができます。一般に，メンタル・スペース理論では，"in 2009" や "in that movie" などの前置詞句，"John believes …" や "Mary thinks …" などの節，"maybe" や "really" などの副詞などが，スペース構築表現（状況によってはスペース切替表現）になりうると議論されています。

　以上見てきたように，メンタル・スペース理論では，談話展開に基づきながら，論理的に一貫した情報をメンタル・スペースによって整理・分割したり，メンタル・スペース間において関係づけられる情報をコネクターによって接続したりすることで，談話の理解が理路整然と行われていくことになります。メンタル・スペース理論が意味構築と呼んでいるのは，無意識のうちに頭の中で行われる，まさにこのような一連の認知プロセスのことをさしていると言えます。

メンタル・スペース理論の応用可能性

　ここでは，メンタル・スペース理論が備える最も基本的な性質を，（1）の談話事例を分析する中で簡単に見てきましたが，言語研究におけるメンタル・スペース理論の応用可能性は，これに留まるものではありません。残念ながら，紙幅の都合上，詳細は紹介できませんが，言語学の研究テーマとして比較的よく知られている，指示（reference）・前提（presupposition）・時制（tense）・アス

ペクト（aspect）・比較構文（comparatives）・条件文（conditionals）など様々な言語現象を分析する上で，メンタル・スペース理論が有益な視点を提供できることが，これまでに明らかとなっています（Fauconnier 1994, 1997を参照）。また，メンタル・スペース理論は，言語学の領域を超えても，その応用価値を十分に発揮できる理論的枠組みとして知られています。例えば，Liddell（1995）やvan Hoek（1996）などの手話（sign language）の研究や，Freeman（1997）やSemino（2003）などの文学研究（literary studies）において，メンタル・スペース理論の有益性が積極的に議論されています。まとめれば，メンタル・スペース理論は，言語と思考におけるダイナミックな意味構築をモデル化するのに特に優れた理論的枠組みであると言うことができます。

② 概念ブレンディング理論

概念ブレンディング理論（conceptual blending theory）は，メンタル・スペース理論の提唱者として知られる言語学者ジル・フォコニエと，文学者としての経歴を持つマーク・ターナー（Mark Turner）の共同研究によって提唱された，認知言語学における意味構築モデルの1つです（Fauconnier & Turner 2002, 2006を参照）。一般に，この枠組みはメンタル・スペース理論で提案されてきた道具立てを基礎に据えた上で構造化されているため，認知言語学の領域ではメンタル・スペース理論の発展形として理解されています。この枠組みにおける基本的な主張としては，意味構築には一般に創発的な側面があり，単なる部分の総和以上の意味を結果づける概念統合に関与するというものです。

概念ブレンディング理論の要点を理解するために，ここで一例としてミックスジュースの例を考えてみましょう（図5-4参照）。ミックスジュースを作るためには，混ぜ合わせる材料となる少なくとも2種類以上のジュースがまず必要となるはずです。ここでは，2種類以上のジュースがあると議論がわかりにくくなるので，林檎ジュースと葡萄ジュースのみがあって，その2つのみを混ぜ合わせてミックスジュースを作る場合のことを考えることにします。この場合，林檎ジュースと葡萄ジュースをどのような割合で混ぜ合わせてミックスジュースを作るかによって，最終的にできあがってくるミックスジュースの味わいや風味が変化してくる点に注意してもらいたいと思います。つまり，3：1で混ぜ合わせた場合と1：1で混ぜ合わせた場合とでは，結果的にできあがってくるミックスジュースの味わいや風味は全く異なったものとなってしま

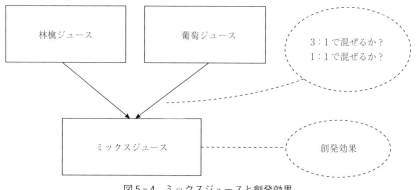

図5-4　ミックスジュースと創発効果

う点が，ここでは重要です。さらには，林檎ジュースと葡萄ジュースを混ぜ合わせた結果としてできあがってくるミックスジュースの味わいや風味は，林檎ジュースと葡萄ジュースをそれぞれ単独で飲むときの味わいや風味ともまた違ったものとなる点にも注目してもらいたいと思います。つまり，林檎ジュースと葡萄ジュースを混ぜ合わせてミックスジュースを作ると，そもそもの材料であった2種類のジュースが本来備えている味わいや風味を単に混ぜ合わせたというよりも，その2種類のジュースを単独で飲む際には感じることのできない，結果物としてのミックスジュース特有の味わいや風味が引き出されてくるというわけです。概念ブレンディング理論では，複数のものを混ぜ合わせたときに生じてくる，このような結果物特有の効果のことを，一般に創発効果（emergent effect）と呼んでいます。

　ここで取り上げたミックスジュースの例は，一般には物理レベルの現象として理解されるかもしれませんが，ミックスジュースを作るというプロセスが言語文脈の中に登場してきた場合には（例えば"Please mix apple juice and grape juice."など），頭の中でミックスジュースを作る過程をイメージすることにもなりますので，この例は別の見方をすれば概念レベルの現象としても理解していくことができます。概念ブレンディング理論では，このような創発効果を生み出す認知プロセスが，言語現象を含む認知現象全般にわたって広範に観察されうると，一般に主張しています。

　概念ブレンディングの構成原理
　上記のミックスジュースの例では，概念ブレンディング理論の要点のみを簡

潔にまとめてみましたが，概念ブレンディングと呼ばれる認知プロセスには，その構造的枠組みを規定した構成原理（constitutive principles）と呼ばれるものがあります。そこでは，（2）に示されるように，4項目にわたる一連の認知操作によって，概念ブレンディングの認知プロセスが成り立ってくることがまとめられています。

（2）　a．部分的なスペース間写像
　　　　b．共通スペースの構築
　　　　c．ブレンドへの選択投射
　　　　d．ブレンドにおける創発構造の発達

　以下では，ミックスジュースの例を再度利用しながら，この4項目の一連の認知操作の具体的な中身について，順番に見ていくことにしましょう。

　まず，概念ブレンディングの認知プロセスにおいて先頭に位置づけられるのが，部分的なスペース間写像（cross-space mappings）と呼ばれる認知操作です。これは，インプット（Input）と呼ばれるメンタル・スペースを2つ以上喚起した後に，そのインプット間で部分的な対応関係を確立していく認知操作のことを意味しています（図5-5参照）。上記のミックスジュースの例で言うならば，ミックスジュースの材料となる林檎ジュースと葡萄ジュースが，それぞれインプットに対応し，その間に観察できるジュースとしての共有特徴が両インプット間で対応関係を築くことになります。例えば，「林檎ジュースの色合い」と「葡萄ジュースの色合い」，「林檎ジュースの風味」と「葡萄ジュースの風味」などが，ここでの対応関係の対象となってきます。ただし，ここで注意を要するのは，このようなスペース間写像は，両インプット間の全てのものに対して万遍なく行われる必要はなく，当該の概念ブレンディング・プロセスにおいて重要となってくる一部のものにおいてのみ対応関係が築かれればそれでよいという点です。部分的なスペース間写像という場合の「部分的な」という表現の意味合いは，まさにこの点を反映していると言えます。

　部分的なスペース間写像が確立されると，それに引き続いて，共通スペース（generic space）の構築が行われることになります。この認知操作では，スペース間写像によってインプット間で把握された共有特徴の具体的な内容が，共通スペースに投射される結果となります（図5-6参照）。ミックスジュースの例で言うならば，スペース間写像によって把握された「色合い」や「風味」などの共有特徴が，共通スペースの具体的な記述対象となってきます。ただし，共

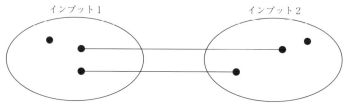

図5-5　部分的なスペース間写像

出典：Fauconnier & Turner（1998：270）を一部改変。

通スペースの構築と呼ばれる認知操作は，インプットに蓄積された情報のうち，共有している部分のみを投射ないし抽出するプロセスとして一般には理解されるものなので，「色合い」や「風味」などの例にあるように，結果的に構築される共通スペース内には，インプットの情報よりも抽象的な内容が蓄積される場合がほとんどであるという点に注意してください。

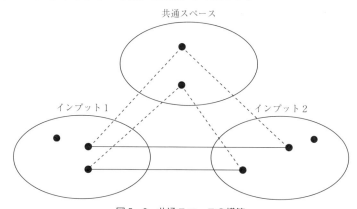

図5-6　共通スペースの構築

出典：Fauconnier & Turner（1998：270）を一部改変。

　部分的なスペース間写像と共通スペースの構築が終わると，その次の段階ではブレンドへの選択投射（selective projection）が行われることになります。この認知操作では，ブレンド（Blend）と呼ばれる4つ目のメンタル・スペースが確立され，そのスペース内に各インプットからの情報が部分的に投射されることで，インプットの情報を部分的に混ぜ合わせたハイブリッドな構造がブレンド内に構築される結果となります（図5-7参照）。ミックスジュースの例で言うならば，インプットとして機能する林檎ジュースと葡萄ジュースが適当な割合で混ぜ合わされることでできあがってくるミックスジュースが，まさにブ

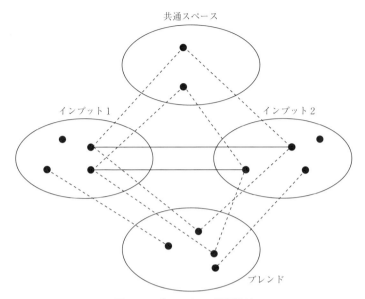

図 5-7　ブレンドへの選択投射

出典：Fauconnier & Turner（1998：271）を一部改変。

レンドに対応していると考えることができます。

　ただし，ここで注意を要するのは，選択投射という名称から理解できるように，この認知操作では，インプットに位置づけられている要素が全てブレンド内へ投射されなければならないというわけではなく，ブレンドの構築に向けて必要となるものだけが選択的にブレンド内へ投射されればよいという点です。したがって，インプットとしての林檎ジュースが1リットルあったとして，ブレンドのミックスジュースを作るのにちょうど半分の500ミリリットルだけ使ったとすると，その500ミリリットルはインプットからブレンドに投射される林檎ジュースとなるわけですが，残りの500ミリリットルについてはインプットからブレンドに投射されない林檎ジュースとしてインプットに残ることになります。一般に，選択投射という認知操作のこのような側面は，同じインプットから多種多様なブレンドを構造化していくための可能性を切り開いていると言うことができます。

　他方，インプットからブレンドへの投射パターンについては，大きく分けて2つのパターンがありうると考えられます。1つは，インプット間で対応関係を築いている2つの要素を，ブレンド内では1つの実体として構造化していく

パターンが指摘できます。ミックスジュースの例で言うならば，林檎ジュースと葡萄ジュースを部分的に混ぜ合わせて実際にミックスジュースを作った場合が，まさにこの投射パターンに該当していると考えることができます。概念ブレンディング理論では，このような投射パターンのことを，一般に概念圧縮（conceptual compression）と呼んでいます。そして，もう１つの投射パターンとしては，インプット内の要素をそのままブレンドに投射していくパターンが考えられます。この投射パターンの一例としては，例えばインプットの林檎ジュースと葡萄ジュースを混ぜ合わせることなく，そのまま入れ物ごとブレンドに投射するような場合が，これに相当していると言えます。

　そして，ブレンドへの選択投射が終わると，その次の段階では，ブレンド内において創発構造（emergent structure）の発達が始まっていきます。創発構造の発達とは，インプットには存在しないブレンド特有の構造が，ブレンド特有の論理で，ブレンド内に発達していくことを意味しています。上述の（２）においてすでに明らかなように，これが概念ブレンディングの認知プロセスにおける最後の認知操作となるわけですが，その認知操作は相互に関連づけられる（３）の３つの下位プロセスによって成り立っていることが知られています。

　（３）　合成　→　補完　→　展開

　一般に，創発構造の発達は，原則として（３）の順序で進んでいくと考えられていますので，各々の下位プロセスの具体的な中身について，この順序で見ていくことにしましょう。まず，合成（composition）ですが，これは複数のインプットからその内容の一部をブレンド内に投射していくプロセスとして理解されますので，つまりはブレンドへの選択投射と基本的には同じプロセスと考えることができます。したがって，ミックスジュースの例で言うならば，林檎ジュースと葡萄ジュースを混ぜ合わせてミックスジュースを作ることが，合成というプロセスに該当してくると言えます。次に，補完（completion）というプロセスですが，これは，合成によってブレンド内に構築された構造を，長期記憶に蓄積されているフレーム（frame）と呼ばれる知識構造と照らし合わせることで，構造パターンの一致する知識構造（つまりフレーム）を長期記憶からブレンドへ補充していくプロセスのことを意味しています。ミックスジュースの例で言うならば，ブレンド内で構築されたミックスジュースの味わいや風味を，長期記憶に蓄積されている「おいしい」や「まずい」などの知識構造と照合し，それに見合った味わいや風味の評価を長期記憶からブレンドへもたら

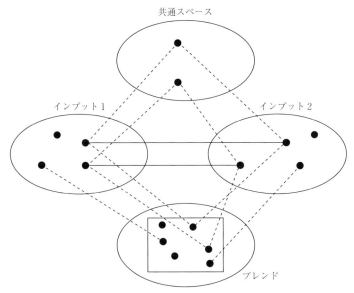

図 5 - 8　創発構造の発達

出典：Fauconnier & Turner（2002：46）を一部改変。

すことなどが，この補完というプロセスに該当していると考えられます。そして最後に，展開（elaboration）というプロセスですが，これは，合成と補完のプロセスによってブレンド内に構築された独自の創発論理に基づいて，ブレンド内の要素を心的にシミュレートしていくプロセスとして知られています。一般に，展開というプロセスには限度というものはなく，原理上は無限にこのようなシミュレーションを続けていくことができます。ミックスジュースの例で言うならば，作りたてのミックスジュースが時間の経過とともにその風味を損なっていき，やがては変質して腐ってしまい，ハエがたかってくるなどと思考をめぐらすことが，展開というプロセスの一例であると言うことができます。

　このように，合成→補完→展開と呼ばれる一連のプロセスを通して，ブレンドはインプットでは供給されないブレンド特有の創発構造を発達させていくことができます。以上見てきた概念ブレンディングの認知プロセスをまとめれば，結果的に図5-8のように図式化することができます。なお，この図式上では，ブレンド内での創発構造の発達は，ブレンド内に四角形を描くことで表現されている点に注意してください。概念ブレンディング理論では，この図式のことを，一般に概念ブレンディングの基本図式（Basic Diagram）と呼んでいます。

概念ブレンディングの日常性

　一般に，概念ブレンディングの認知プロセスは，人間の認知能力にとって中心的かつ基本的なもので，我々の身の回りあるいは我々の日常生活に満ちあふれた認知プロセスであるということが，これまでの概念ブレンディングの研究において明らかとなっています。言語学の領域では，メタファー（Grady, et al. 1999），構文（Fauconnier & Turner 1996），照応（Yasuhara 2012）など，様々な言語学の研究テーマにおいて，概念ブレンディング理論の有効性が指摘されています。また，概念ブレンディングの存在を裏づける証拠が，言語学の領域に留まることなく，文学（Turner 1996），数学（Lakoff & Núñez 2000），ユーモア（Coulson 2001；安原 2007），音楽（Zbikowski 2001），社会科学（Turner 2001），手話（Liddell 2003），コンピュータ（Imaz & Benyon 2007）など，多種多様な認知領域に及んでいることからも，この枠組みの日常性を窺い知ることができます。この意味では，概念ブレンディングの認知プロセスは，言語現象のみをその射程にした認知プロセスとして提案されているというわけではなく，人間の思考全般に関わる認知プロセス（特に人間の思考における創造性の基礎原理）として提案されているという点が，この理論的枠組みを理解する上では特に重要であると考えられます。

練習問題

1．下記の談話事例を読んで，①と②について分析してみましょう。

　(1) 現在，山田太郎氏はＡ大学で教授の職を得て，認知言語学を中心とした英語学を教えています。ちょうど5年前までは，Ｂ大学で准教授の職にあり，教養英語科目を中心に教えていました。また，ちょうど15年前は，Ｃ大学で助教の地位にあり，ここでも教養英語科目を中心に教えていました。ただ，Ｂ大学での准教授時代には，Ｄ大学での非常勤先で認知言語学の講義も長年担当しており，その中で英語学を教えた経験もそれなりにありました。英語学の教授経験について，(2) Ｂ大学での准教授時代とＡ大学での教授時代とでは教え方の点でかなり向上してきたという実感を抱くようになっているとのことです。

　　①　メンタル・スペース理論を用いて，下線部(1)の談話構造を分析してください。
　　②　下線部(1)の談話構造分析を踏まえた上で，概念ブレンディング理論を用いて，下線部(2)の意味構築について分析してください。

2．日常生活の文脈の中には，普段は気づかないことが多いですが，概念ブレンディング理論による分析が効果的な言語現象がたくさん存在しています。どのような言語現象がこれに該当しているのか，具体例を探してみましょう。

読書案内

① Fauconnier, Gilles, *Mental Spaces*, Cambridge: Cambridge University Press, 1994. （坂原茂・水光雅則・田窪行則・三藤博訳『新版　メンタル・スペース——自然言語理解の認知インターフェイス』白水社, 1996年）

② Fauconnier, Gilles, *Mappings in Thought and Language*, Cambridge: Cambridge University Press, 1997.（坂原茂・田窪行則・三藤博訳『思考と言語におけるマッピング——メンタル・スペース理論の意味構築モデル』岩波書店, 2000年）

　＊上記 2 冊は, メンタル・スペース理論の提唱者が著した, メンタル・スペース理論の概説書です。多種多様な言語現象に触れつつ, メンタル・スペース理論の理論的可能性について具体的に議論されています。

③ Fauconnier, Gilles and Mark Turner, *The Way We Think: Conceptual Blending and the Mind's Hidden Complexities*, New York: Basic Books, 2002.

　＊本書は, 概念ブレンディング理論のバイブルとも言える概説書で, この理論の全体像をつかむのには欠くことのできない重要な 1 冊です。総ページ数は440ページと多いものの, 平易な英語で書かれていますので, 初学者にも比較的読みやすいと思います。

参考文献

安原和也「ことば遊びの創造性と概念ブレンディング」『追手門学院大学心理学部紀要』第 1 巻, 2007年, 259-287頁。

Coulson, Seana, *Semantic Leaps: Frame-Shifting and Conceptual Blending in Meaning Construction*, Cambridge: Cambridge University Press, 2001.

Fauconnier, Gilles, *Mental Spaces*, Cambridge: Cambridge University Press, 1994.

Fauconnier, Gilles, *Mappings in Thought and Language*, Cambridge: Cambridge University Press, 1997.

Fauconnier, Gilles and Mark Turner, "Blending as a Central Process of Grammar," Adele E. Goldberg (ed.), *Conceptual Structure, Discourse, and Language*, Stanford: CSLI Publications, 1996, pp. 113-130.

Fauconnier, Gilles and Mark Turner, "Principles of Conceptual Integration," Jean-Pierre Koenig (ed.), *Discourse and Cognition: Bridging the Gap*, Stanford: CSLI Publications, 1998, pp. 269-283.

Fauconnier, Gilles and Mark Turner, *The Way We Think: Conceptual Blending and the Mind's Hidden Complexities*, New York: Basic Books, 2002.

Fauconnier, Gilles and Mark Turner, "Mental Spaces: Conceptual Integration Networks," Dirk Geeraerts (ed.), *Cognitive Linguistics: Basic Readings*, Berlin/

New York : Mouton de Gruyter, 2006, pp. 303-371.

Fillmore, Charles J., "Frame Semantics," The Linguistic Society of Korea (ed.), *Linguistics in the Morning Calm,* Seoul : Hanshin Publishing Co., 1982, pp. 111-137.

Fillmore, Charles J., "Frames and the Semantics of Understanding," *Quaderni di Semantica* 6 (2), 1985, pp. 222-254.

Freeman, Margaret H., "Grounded Spaces : Deictic *-self* Anaphors in the Poetry of Emily Dickinson," *Language and Literature* 6 (1), 1997, pp. 7-28.

Grady, Joseph E., Todd Oakley and Seana Coulson, "Blending and Metaphor," Raymond W. Gibbs, J. R. and Gerard J. Steen (eds.), *Metaphor in Cognitive Linguistics,* Amsterdam : John Benjamins, 1999, pp. 101-124.

Imaz, Manuel and David Benyon, *Designing with Blends : Conceptual Foundations of Human-Computer Interaction and Software Engineering,* Cambridge, Mass. : The MIT Press, 2007.

Lakoff, George and Rafael E. Núñez, *Where Mathematics Comes From : How the Embodied Mind Brings Mathematics into Being,* New York : Basic Books, 2000.

Liddell, Scott K., "Real, Surrogate, and Token Space : Grammatical Consequences in ASL," Karen Emmorey and Judy Reilly (eds.), *Language, Gesture, and Space,* Hillsdale, N. J. : Lawrence Erlbaum, 1995, pp. 19-41.

Liddell, Scott K., *Grammar, Gesture, and Meaning in American Sign Language,* Cambridge : Cambridge University Press, 2003.

Semino, Elena, "Possible Worlds and Mental Spaces in Hemingway's 'A Very Short Story'," Joanna Gavins and Gerard Steen (eds.), *Cognitive Poetics in Practice,* London : Routledge, 2003, pp. 83-98.

Turner, Mark, *The Literary Mind : The Origins of Thought and Language,* Oxford : Oxford University Press, 1996.

Turner, Mark, *Cognitive Dimensions of Social Science : The Way We Think about Politics, Economics, Law, and Society,* Oxford : Oxford University Press, 2001.

van Hoek, Karen, "Conceptual Locations for Reference in American Sign Language," Gilles Fauconnier and Eve Sweetser (eds.), *Spaces, Worlds, and Grammar,* Chicago : The University of Chicago Press, 1996, pp. 334-350.

Yasuhara, Kazuya, *Conceptual Blending and Anaphoric Phenomena : A Cognitive Semantics Approach,* Tokyo : Kaitakusha, 2012.

Zbikowski, Lawrence M., *Conceptualizing Music : Cognitive Structure, Theory, and Analysis,* Oxford : Oxford University Press, 2001.

─ ░░ *Column* ░░ ─────────────────────────────

代名詞照応と概念ブレンディング

　代名詞照応（pronominal anaphora）と言えば，それは代名詞（pronoun）が何を指示しているのかを問題とする，言語学の伝統的な研究テーマの1つです。例えば，下記の事例について考えてみましょう。

　（A）　I love apple juice. It's so delicious.

　この場合，下線が引かれた代名詞 It は，先行する第1文にある apple juice を指示しているということは，簡単に理解することができます。しかしながら，次の事例については，どうでしょうか。

　（B）　Please mix apple juice and grape juice. I want to drink it.

　先ほどと同じ論理で，代名詞 it が指示しているものを答えようとすれば，"apple juice and grape juice" と答えざるを得ません。しかし，これには論理上の明らかな矛盾が感じられるのではないでしょうか。つまり，単数を意味する it が，複数を意味する "apple juice and grape juice" を指示しているので，単複の一致の点で不自然さが生じていると考えられます。この場合，直観的に解釈するならば，代名詞 it は，"apple juice" と "grape juice" の2つのジュースを指示しているというよりは，これらの2つの飲み物を混ぜ合わせることでできあがる，単体として解釈される結果物（つまり "apple juice" と "grape juice" を混ぜ合わせたミックスジュース）を指示していると考えるほうが明らかに自然です。なぜならば，この解釈だと，代名詞とその指示物は，いずれも単数を意味することになり，論理的な矛盾はそもそも生じてこないと考えられるからです。

　ここまで読めばすでにおわかりだと思いますが，（B）のような代名詞照応を解釈していく際には，概念ブレンディング理論が一役買うことは，容易に推測できると思います。つまり，なぜそのような解釈が実際に可能となってくるのかを，概念ブレンディング理論はわかりやすく説明してくれるからです。まず，"apple juice" と "grape juice" が2つのインプットとして喚起され，それらが部分的に（または全て）混ぜ合わされることで，単体として解釈されうる「"apple juice" と "grape juice" を混ぜ合わせたミックスジュース」がブレンド内に構築されてくることになります（図5‐4を参照のこと）。そして，この意味構築を踏まえて，代名詞 it が指示するものが決定されてくるので，単数を意味する it にふさわしい指示物は，前後の文脈から判断して，ブレンド内で単体として解釈されるミックスジュースであることが，自然に理解されてくることになります。

　このように，概念ブレンディング理論は，代名詞の解釈について取り扱う代名詞照応の問題においても，有益な視点を提供してくれることがわかります。

第5章　意味の世界　93

第6章 談話と文脈の世界

澤田　淳

この章で学ぶこと

　文脈を考慮に入れて言語使用について研究する分野を「語用論」（pragmatics）と言います。語用論は，ことばの背後に存在する文脈を考慮に入れて，話し手（書き手）が聞き手（読み手）に対して用いたことばの意味や働きを考察します。

　語用論の出自は記号論・哲学にありますが，語用論は，1960年代後半頃から次第に言語学の中にも浸透していき，音韻論，意味論，統語論などと並ぶ言語学の一分野として確立するまでに至りました。1960年代後半頃から言語学において語用論が注目されるようになった背景に，生成意味論（generative semantics）の登場があります。統語現象も意味を通して説明されるべきであると見なした生成意味論は，統語論の自律性をテーゼとして掲げるノーム・チョムスキー（Noam Chomsky）の主流生成文法（特に Chomsky 1965）を批判していく過程の中で，言語哲学の分野で研究が進められていた語用論に注目するようになったのです。その後，生成意味論の枠組み自体は解消されることになりますが，生成意味論の基本理念と研究成果は，現代の語用論や認知言語学の中で「遺産」として受け継がれています（Lakoff 1987：582-585；山梨 2000：253-254）。

　この章では，語用論のテーマの中でも特に，「ダイクシス（直示）（deixis）」と呼ばれる現象に焦点を当てて，談話や文脈を考慮に入れたことばの研究の一端を見ていきます（語用論の射程に関しては第7章を参照）。

キーワード

　語用論，ダイクシス，発話場面，文脈，視点，人称ダイクシス，空間ダイクシス，時間ダイクシス，人称代名詞，指示詞，空間表現，直示動詞，時制

---

1 ダイクシス

ダイクシスとは何か

「ダイクシス（直示）（deixis）」とは，一般に，次のように定義される概念を

指します。

（1） ダイクシスとは，発話場面に依存して解釈される言語の諸相のことである。
　　　　　　　　　　　　　　　　　　　　　　　　（Fillmore 1966：220）

「発話場面」は話し手・聞き手・発話時・発話場所などから構成されます。発話場面依存的特性を有する言語表現は「ダイクシス表現（直示表現）（deictic expressions）」と呼ばれます。例えば，「私」，「今日」，「ここ」，「来る」といった表現は，それぞれ，「話し手」，「発話時を含む日」，「発話場所／話し手の近接空間」，「話し手領域への移動」といった意味を表すダイクシス表現であり，これらの表現の意味を記述するためには，発話場面の要素に言及する必要があります。この意味で，ダイクシス表現は，発話場面の要素を語義の中に取り込んだ表現と見ることができます（澤田 2011：165）。

　発話場面の要素の中で最も基本となるのは話し手であると言えます。発話時，発話場所は，話し手が存在する時間，場所であり，潜在的に話し手を含むからです（聞き手は対話の場面で現れます）。話し手は，「直示的中心点（deictic center）」，または，「オリゴ（origo）」と呼ばれる描写の座標系の原点に身を置き，空間的・時間的・社会的（対人的）・談話的・心理的な距離意識のもとで，事物を指示したり，事象を自己に関係づけたりします（澤田 2011：165）。ダイクシスは「指示する」という意味のギリシア語に由来し（Rommetveit 1968：51），術語としての使用は古代ギリシア文法にまで遡ります（Householder 1981）。

ダイクシスと文脈

　ダイクシスが言語普遍的な現象であることは容易に想像がつきます。ダイクシス表現は，私たち人間の効率的なコミュニケーションを支える重要な要素の1つとなっているからです。私たちの周りには名前のわからない対象物（物や人）も多く存在します。そのような場合，（指さしを伴う）ダイクシス表現（例：「これ」「それ」）を使うことで，聞き手に，対象物へと注意を向けさせたり，対象物を同定させたりすることができます。

　一方，発話がなされる現場に居合わせていないなど，発話場面から切り離されてしまうと，ダイクシス表現を含む発話の解釈は困難となります。例えば，隣の部屋から次のような声が聞こえてきたとしても，発話の場に居合わせていないため，「君」，「彼」，「これ」，「あそこ」が具体的に誰／何／どこを指しているのかを理解することは困難です。

（2）　君は彼と一緒にこれをあそこまで運んでくれ。

　また，浜辺で次のように書かれた紙切れの入った瓶を拾ったところで，「私」
とは誰なのか，「ここ」とはどこなのか，「先月」「明日」とはいつを指すのか
といった発話場面の情報がわからないため解読のしようがありません
（Fillmore 1997：60も参照）。

（3）　Please rescue me! I've been here since last month, and my food will
　　　 run out tomorrow.　　　　　　　　　　　　　　　（Birner 2013：115）

　発話場面から独立して解釈可能な文とは，次のような種の属性を表す総称文，
不変の真理を表す文，歴史上の出来事を記載した年表文などに限られます（年
表に記された出来事は過去のものですが，通例，年表文では過去形では記され
ないのは興味深い点です）。

（4）　a．秋になると鮭は川をさかのぼり産卵する。（総称文）
　　　 b．月の半径は1738キロメートルである。（不変の真理を表す文）
　　　 c．1016年　藤原道長，摂政となる。（年表文）

　発話場面が変わればダイクシス表現の指示対象も変わり得ます。ダイクシス
表現（の一部）が「転換詞（転換子）（shifters）」（Jakobson 1957）とも呼ばれ
るのはこのためです。例えば，次のように書かれた立て看板が置かれていたと
します。ダイクシス表現を含まない（5）の立て看板と異なり，ダイクシス表現
（「この先」）を含む（6）の立て看板は，別の場所に勝手に移動させたら，読み
手に嘘の情報を与えることになってしまいます。

（5）　「振り込め詐欺にご用心」
（6）　「この先行き止まり」

ダイクシスの体系
　ダイクシスの基本カテゴリーとして，①「人称ダイクシス（person deixis）」，
②「空間ダイクシス（space deixis）」，③「時間ダイクシス（time deixis）」があ
ります。人称ダイクシスの表現には人称代名詞（例：I, you）などがあります。
空間ダイクシスの表現には指示詞（例：this/that），空間表現（例：in front
of/behind），直示動詞（例：come/go）などがあります。時間ダイクシスの表
現には時間表現（例：yesterday/today/tomorrow）や時制形式などがありま

す。さらに，④「社会ダイクシス（social deixis）」（例：sir/madam），⑤「談話ダイクシス（discourse deixis）」（例：the former/the latter）などをダイクシスの体系に含めることもできます（Fillmore 1975：39-40, 1997：61）。以下，本章では，基本カテゴリーである人称ダイクシス，空間ダイクシス，時間ダイクシスを中心に見ていきます。

2 人称ダイクシス

英語の直示的人称代名詞の体系

人称ダイクシスを反映する最も代表的な言語表現は人称代名詞です。フィルモア（Fillmore 1966：223）は，英語の直示的人称代名詞の体系を表6-1のように整理しています。

3人称代名詞は発話場面の要素（話し手・聞き手）を語義の中に含んでいないため，表6-1では直示的人称代名詞の体系から除かれています（ファン〔Huang 2014：171〕は，3人称代名詞は「非ダイクシス表現」であるとしています）。ただし，3人称代名詞には現場の中に存在する事物を指示する直示用法もあります（Fillmore 1997：117；澤田 2010：229；Huang 2014：171）。以下，英語人称代名詞の留意すべき用法や使用制約をいくつか見ていきましょう。

1人称複数代名詞の用法

we は，聞き手を含むか否かで「聞き手包含的（inclusive）」用法と「聞き手除外的（exclusive）」用法に分けられます（表6-1）。次のAの発話の we はこの2通りに解釈できることが，Bの2通りの答え方からも了解されます。

（7）　A：Did we do it right？
　　　B：Yes, {we/you} did.　　　　　　　　　　（Fillmore 1971：240）

we には，次の例に見られるような拡張的な使用も認められます。

（8）　（医者または看護師が患者に話しかけている場面）
　　　How are we feeling this morning？ Have we taken our medicine？
　　　　　　　　　　　　　　　　　　　（Huddleston & Pullum 2002：1467）

この we は，「親心（paternal）」の we などと呼ばれ，相手に対する思いや

表 6-1　英語の直示的人称代名詞の体系

+Participant				
+Speaker −Hearer		+Speaker +Hearer	−Speaker +Hearer	
Singular *I*	Plural *we*（exclusive）	Plural *we*（inclusive）	Singular *you*	Plural *you*

出典：Fillmore（1966：223）.

り・愛情・親しみの気持ちを表し，医者・看護師が患者に，教師が生徒に，親が子どもにといった関係で使われ，聞き手に対する話し手の「保護者的」な意識が表されます。親心の we は聞き手包含的 we の拡張用法と考えられます。日本語では，勧誘の助動詞「（よ）う」や 1 人称詞「ぼく」に「親心」的使用が認められますが（例：［図書館員が子どもに］ぼく，図書館の中では走るのよそうね）。日本の「ぼく」や「（よ）う」の場合と同様，目上の人などに向かって「親心」の we を使用すると，失礼な発話となり得る点に留意が必要です（久野 1977：312：澤田 2010：228）。グランディ（Grundy 2008：27）は，駅の集札係が切符を持たない客に対して次の（9）のように言うと，通例，嫌み（sarcastic）に受け取られると述べています。

（9）　<u>We</u> haven't got a ticket (then).　　　　　　　　　（Grundy 2008：27）

　次の例は，A・クリスティの『鏡は横にひび割れて』にある一節であり，老婦人探偵のミス・マープルと彼女の付添い婦人のミス・ナイトの会話です。ミス・マープルは，ミス・ナイトの「親心」の we を用いた話しかけ方に対して，反感を抱いています。「親心」の we の使用は，話し手の保護者的な意識を反映するため，聞き手によっては子ども扱いされているように感じられるのです（鈴木 2009：201-202）。

（10）　'Are you sure you don't feel the draught from that window, dear ?'
　　　 'I like a little fresh air,' said Miss Marple.
　　　 'Ah, but <u>we</u> musn't catch cold, must <u>we</u> ?' said Miss Knight archly.
　　　 'I'll tell you what. I'll just pop out and make you a nice egg-nog. <u>We</u>'d like that, wouldn't <u>we</u> ?'
　　　 'I don't know whether <u>*you*</u> would like it,' said Miss Marple. '<u>*I*</u> should be delighted for you to have it if you would like it.'

'Now, now,' said Miss Knight, shaking her finger, 'so fond of our joke, aren't we?'

（「あの窓からの風が気持ちがわるくありませんか？」

「すこしは新鮮な風が入ってくれたほうがいいのよ」とミス・マープルは答えた。

「そうですか。でも，わたしたち風邪をひいてはいけませんわね」とナイトは婉曲に言った。「そうそう，こうしましょうね。わたしちょっと行って卵酒をつくってきますわ。わたしたちあれが好きですわね？」

「あなたが好きかどうかは知らないけどね」とミス・マープルは言った。「わたしは，あなたが好きなのなら，勝手に飲んでくれるといいと思うわ」

「まあ，まあ，冗談ばかりおっしゃって」ナイトは手を振った）

（Agatha Christie, *The Mirror Crack'd from Side to Side*, pp. 281-282)

（イタリックは原文による）（橋本福夫訳：351）

　この例では，「親心」の we を使って話しかけるミス・ナイトに対して，ミス・マープルが I や you の部分を強調して（すなわち，我と汝の区別を明確にして）答えているところにも，ミス・ナイトの「親心」の we を用いた話しかけ方に対する，ミス・マープルの反感（苛立ち）の気持ちが読み取れます。

2人称単数代名詞の用法

　2人称単数代名詞 you は聞き手を指すのが普通ですが，話し手を指す例もあります。次の例は話し手が自身の生い立ちをインタビューで語っている場面ですが，話し手は自身のことを I ではなく you で指示しています（澤田 2020：83）。

(11) When you're a kid in school, about twelve and thirteen, the questionnaire would say : What's your name ? You'd say : Sadlowski. What does your dad do ? You'd put down : steelworker. The counsellor would put you into industrial arts. （学校へいってるころ，つまり十二か十三のとき，質問アンケートがまわってきたことがあった。名前は？　そこで，サドロフスキーと書きこむ。父親の職業は？　その欄に製鉄所労働者と書く。すると進級担当が私を工業技術コース

にいれる）

(Studs Terkel, *American Dreams : Lost and Found.* p. 237)

（中山容ほか訳：278）

　ここで，ギル（1989）にある興味深いエピソードを紹介しておきましょう。ギル氏は日本人論を専門とするアメリカ人ですが，海外モータースポーツを撮る日本人写真家の本の英文ゲラの校正を頼まれた際の体験談を紹介しています。次の(12)は日本語の原文，(13)はある日本人翻訳家が訳した英文，(14)はギル氏が訳した英文です（ギル 1989：35-36）。

(12)　その間，カメラマンとしての様々な感動をフィルムにおさめ，またドラマを体験した。レース前にがんばれと握手したドライバーが，その数分後にクラッシュ炎上，炎の中から人影が飛びだしてきたときは生命の喜びに触れる思いがした。そして，一人のドライバーを失いながらも，次のレースでは何事もなかったようにチームが運営されるのを見たときは，生命のむなしさを感じ，カメラを捨てたくなったものである。　　　　　　　　　　　　　　　　　　　　（日本語の原文）

(13)　I have filmed the precious moment of the deep impression, and the scenes were really dramatic—only a few minutes after shaking hands to brave up the driver, the car crashed in flames. But when I found the driver rolling out from fire, I had a feeling I touched the precious moment and the joy of life. Also when one driver was lost, and the team was operated in the next race just as usual, as if nothing had happened, I felt the emptiness of life and felt like casting away the cameras. 　　（日本人翻訳家が訳した英文）

(14)　The race reflects the entire gamut of human emotions ... dramas to record on film. 17 years and you come up against all of them. A few minutes after giving an encouraging handshake to a driver, his car is in flames. Then, just as you think he is a sure goner, a figure emerges alive from the flames, and you break-out in goose bumps. You have touched something. The joy of living. But, next time ; you're not so lucky. A driver's lost. When the following race begins, his team is out on the track again, just as if nothing had ever happened. The emptiness of life hits you hard ; you feel like throwing away the damn camera and saying to hell with it all.　（ギル氏が訳した英文）

　ここでは，日本人翻訳家の訳文が「I 調」であるのに対して，ギル氏の訳文が「you 調」である点が注目されます。ギル（1989：36-38）は「その前と後の段落はすべて I 調のままにしておいたが，この段落だけがきわめて感情的で，どうしても you 調がふさわしいとなんとなく思って，その通りにリライトした」と述べています。話し手を指す you は自身の体験や境遇を語る状況で出現し，その使用の背景には自身の体験や境遇を聞き手に共有・共感してもらいたいという動機があります。聞き手視点を反映した you の使用により，聞き手は話し手の体験，境遇に感情移入しやすくなります（ギル 1989：36；小森 1992：190-191；澤田 2020：83）。

3 人称代名詞の用法
　3 人称代名詞の基本的用法に，談話の中で言及された先行詞を指す照応用法があります。

(15)　<u>Mary</u> wishes that <u>she</u> could visit the land of Lilliput.（照応用法）

（Huang 2014：171）

　さらに，3 人称代名詞は，現場の中に存在する事物を指示する直示用法も持ちます。

(16)　（話し手がパーティー会場で，荒れ気味の 1 人の招待客を指して）
　　　Uh-oh；I think <u>he</u>'s going to cause trouble.（直示用法）

（Birner 2013：116）

　ただし，3 人称代名詞の直示用法にはポライトネスに関わる語用論的制約がある点に注意が必要です。英語では，目の前にいる人のことを本人に聞こえる形で he/she を使って直示的に指示することは，その人に対して失礼な言い方となり得るからです（Fillmore 1975：80，1997：117-118；久野 1977：312-317；ネウストプニー 1982：72；澤田 2010：229，2020：84）。レストランでの注文場面を例に考えてみましょう。店のウェイターが注文を聞きにやってきた。客の男性は連れの女性の料理も一緒に注文することになった。この場合，フィルモア（Fillmore 1975：80，1997：117）によれば，30代以上の英語母語話者にとっては，目の前にいる人のことを本人に聞こえる形で he/she を使って直示的に指示す

ることは，その人に対して失礼であると感じられるため，次のような言い方は
しにくいとされます。

(17)　She's going to have a cheeseburger.　(Fillmore 1975 : 80, 1997 : 117)

　ここでの She を別の三人称主語に変えて，たとえば，"My wife will have a
cheeseburger." や "Mrs. Willoughby here will have a cheeseburger." などと
言えばよいのではないかと思われるかもしれません。しかし，フィルモアによ
れば，たとえ店員であったとしても，見ず知らず人に対して，連れの女性が，
自分の妻であることや Willoughby という苗字の人であることを情報として与
えることは不必要かつ不適切であるため，これらの発話もここでの注文場面に
はそぐわないとされます。そのため，この注文場面では，たとえば，"Let's
see, you wanted the cheeseburger with everything, right?"（「ええと，君の
ほうはトッピングを全部入れたチーズバーガーだよね？」）や，"That'll be
two cheeseburgers. No, on second thought, make mine a carrot-and-raisin
salad."（「チーズバーガーを２つお願いします。いや，やっぱり，僕のほうは
ニンジンとレーズンのサラダにします」）などのように，３人称主語自体の使
用を回避して注文するなどの工夫が必要となります（Fillmore 1997 : 118）。
　では，次の例はどうでしょうか。この例もレストランでの注文場面ですが，
男性は連れの女性を３人称代名詞 her を使って直示的に言及しています。

(18)　'Do you want some dinner?' Benjamin said when two drinks had
　　been set on their table.
　　'I'd love some.'
　　'Bring a menu,' Benjamin said to the waiter.
　　'Dinner for two, sir?'
　　'No,' Benjamin said. 'Just for her.'
　　The waiter nodded and disappeared.
　　（「夕食でもたべる？」飲物がふたつテーブルに届けられて，ベンジャ
　　ミンが声をかけた。
　　「ええ，いただくわ」
　　「メニュー頼むよ」ベンジャミンはウェイターに言った。
　　「お夕食をお二人まえさまで？」
　　「いや」ベンジャミンは言った。「ご婦人だけだ」

ウェイターはうなずくと，立ちさって行った）

（Charles Webb, The Graduate. p. 98)

（佐和誠訳：177-178)

　先に紹介したように，フィルモア（Fillmore 1975：84, 1997：117）によれば，30代以上の英語母語話者にとって目の前にいる人のことを本人に聞こえる形でhe/she を使って直示的に指示することは失礼に感じられるとされます。このことは，3人称代名詞の直示用法のポライトネスに関わる語用論的制約は，ことばのエチケットをたしなんだ大人の英語母語話者が身につけているルールであることが示唆されます。上の例に出てくるベンジャミンは，カレッジを卒業したての若者である（連れの女性であるエレインもまだ大学生である）点を考慮に入れるならば，このようなポライトネスに関する語用論的制約をことばのエチケットとして未だ十分に身につけていないか，このようなポライトネスに関する語用論的制約に対して（少なくともこの発話場面においては）十分に意識的でない（無頓着である）といった可能性が考えられます。世代差を考慮に入れた3人称代名詞の直示用法のポライトネスに関わる語用論的制約の詳細な調査は今後の課題と言えます。

③　空間ダイクシス

　空間ダイクシス表現には，発話参与者（話し手や聞き手）と関係づけて，①空間内の事物を指す指示詞，②事物の空間的な位置を示す空間表現，③事物の空間移動を表す直示動詞などがあります。以下，これらを順に見ていきましょう。

指示詞

　英語指示詞は，「近称（proximal）」の this/here と「遠称（distal）」の that/there の2系列からなります（it は人称代名詞です）。空間指示詞を記述する際に利用される主な概念として，「距離」と「人称」があります。すなわち，空間指示詞の体系を，話し手から指示対象までの「距離区分」の反映として記述する整理と，指示対象が話し手の領域内と聞き手の領域内のどちらにあるかといった「人称区分」の反映として記述する整理です。英語は，日本語のソ（例：「それ」，「そこ」）のような聞き手領域を印づける「中称（medial）」の指

示詞を持ちませんが，話し手からごく近距離にある対象でも，聞き手が触れる
などその対象に対して話し手よりも聞き手のほうが優位に関与していると見な
される場合は聞き手領域指示として that/there が使えます。

　では，次の例を見てみましょう（澤田 2013：1）。

(19)　"(略) Look at <u>that</u>!" He held out his hand. On the palm were three
　　　little pyramids of black, doughy clay.
　　　（「(略) <u>これ</u>を見てくれたまえ」
　　　といって彼は片手をひろげてみせた。手のひらにはピラミッド型の小
　　　さな土のかたまりが三つのっていた）
　　　　　　　　（Arthur Conan Doyle, 'The Adventure of the Three Students', p. 604）
　　　　　　　　　　　　　　　　　　　　　　　　　　　　（延原謙訳：200）

　興味深いことに，話し手であるホームズは，自身が手にする対象（犯人決め
手の証拠となる土のかたまり）を this ではなく that で指示しています。that
には，話し手が自身の手に触れている対象物を，聞き手の視点を介して指示す
る用法があります（Fillmore 1975, 1997；澤田 2013, 2016, 2020）。(19) の that
は，もちろん this に置き換え可能ですが，その場合は話し手が自らの視点か
ら対象物を指示していることになります。聞き手視点からの指示という点は
you の 1 人称指示の現象（2 節参照）にも当てはまると考えられます。

　次は映画『ローマの休日』の一場面です。滞在先の宮廷を抜け出したアン王
女は街角のとある美容院に入ります。次は，髪をどの長さまで切るかについて
の理髪師マリオとアン王女の問答場面ですが，アン王女は自身が触れている髪
の位置を there で指しています（澤田 2013：15-16）。

(20)　MARIO：What a wonderful hair you have! Messa in piega?（本当
　　　　　　　に素敵な髪ですね。（イタリア語）ウェーブさせますか？）
　　　ANN：Just cut, thank you.（カットだけお願いします）
　　　He takes out his scissors and points to the bottom of her hair.（彼は
　　　ハサミを取り出し，彼女の髪の毛の先端を指し示す）
　　　MARIO：Just cut? Well, then ... Cut so?（カットだけ？　じゃあ，
　　　　　　　その……これくらい？）
　　　ANN：Higher.（もっと上まで）
　　　He moves his hand farther up her hair.（彼は手を彼女の髪の毛のさ

らに上へと動かす）

MARIO：Higher？Here？（もっと上？　ここですか？）

ANN：More.（もっと）

MARIO：Here！（ここ？）

ANN：Even more.（もっとよ）

Mario is frustrated and drops Ann's hair.（マリオはイライラして，アンの髪の毛を手からすべり落とす）

MARIO：Where？（じゃあどこ？）

Ann grabs her hair right below her ears.（アンは耳の真下の髪をつかむ）

ANN：<u>There</u>.（ここ）【この there の発話は，図6-1の映像と対応】

MARIO：There. Are you sure, Miss？（そこ，本当に？）

ANN：I'm quite sure, thank you.（ええ，本当よ，お願いします）

（『名作映画完全セリフ集　スクリーンプレイ・シリーズ127 ローマの休日』，88-91頁）

　話し手アン王女の視点からすれば，自身が手に触れる対象の位置は here で指示されてしかるべき場所ですが（実際，here でも適格となります），聞き手マリオの視点から捉えた場合には，そこは there で指示される場所となるわけです。実際，続く発話で，マリオは，アン王女が掴んでいる髪の位置を there で指示しています（澤田 2013：15-16）。

空間表現

　空間内に存在する対象物は，何らかの「参照枠」（frame of reference）に基づいてその位置が表現されます。空間参照枠には，①地理環境や地形，東西南北，文化的な方角概念（十二支，等）などの外部環境を利用する「絶対的参照枠」（absolute frames of reference）（図6-2（a）），②参照物（または「地」。「地」に関しては，第1章3節を参照）に内在的に備わっている固有の方向軸などを利用する「内在的参照枠」（intrinsic frames of reference）（図6-2（b）），③認知主体（典型的には話し手）の位置や視点を利用する「相対

図6-1　映画『ローマの休日』における
　　　　there の発話映像

的参照枠」(relative frames of reference)(図6-2(c))の3つがあります(X＝座標系の原点，F＝図〔対象物〕，G＝地〔参照物〕，V＝認知主体）。どの参照枠が（優位に）使用されるかは言語によって異なります（Levinson 2003)。

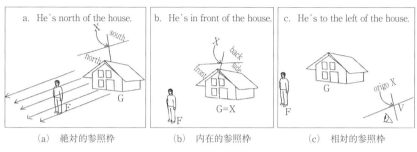

(a) 絶対的参照枠　　　　(b) 内在的参照枠　　　　(c) 相対的参照枠

図6-2　3種の空間参照枠

出典：Levinson（2003：40).

　相対的参照枠は，認知主体がどの位置・視点から対象物を眺めているかによって用いる空間表現が変わり得るため，直示的と言えます（Fillmore 1971：18, 1975：43, 1997：66)。相対的参照枠には，さらに次の3つの下位タイプが存在します（Levinson 2003：86-88)。

(21)　　a ．「反射型（reflection）」：認知主体を中心点とする空間座標を鏡に反射させるような形で参照物に投射する。
　　　　b ．「平行型（translation）」：認知主体を中心点とする空間座標を平行移動させる形で参照物に投射する。
　　　　c ．「回転型（rotation）」：認知主体を中心点とする空間座標を180°回転させる形で参照物に投射する。

　相対的参照枠の3つの型の違いを，図6-3（a）（b）（c）をもとに見てみましょう。
　反射型が優位な言語（英語や日本語など多くの言語）では，図6-3（a）のF1，F2の人は，それぞれ，認知主体から見て「木の前」，「木の右」にいると表現されます。平行型が優位な言語（西アフリカのハウサ語）では，図6-3（b）のF1，F2の人は，それぞれ，認知主体から見て，「木の前」，「木の右」にいると表現されます。平行型では，反射型とは「前／後ろ」の位置づけが逆となります。回転型が優位な言語（インドのタミル語の一方言）では，図6-3（c）のF1，F2の人は，それぞれ，認知主体から見て，「木の前」，「木の

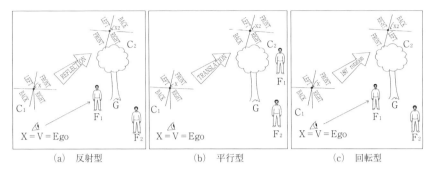

図6-3 相対的参照枠の3つの下位タイプ

(C＝座標系，X＝原点，X＝V＝Ego＝認知主体，F＝図（対象物），G＝地（参照物））

出典：Levinson（2003：86-88）．

左」にいると表現されます。回転型では，「前／後ろ」の位置づけは反射型と
同じとなりますが，「右／左」の位置づけは反射型，並行型と逆となります
（Levinson 2003）。

　ヒル（Hill 1982）は，図6-4の（a），（b）のように，認知主体，参照物，対
象物が静止しており，かつ，参照物と対象物が認知主体から見えている場合，
英語では反射型が，ハウサ語では平行型が優位となる点を報告しています。英
語では，通例，図6-4（a）の状況は，「ラケットはボールの前（front）」，
「ボールはラケットの後ろ（behind）」にあると表現されます。一方，ハウサ語
では，通例，図6-4（b）の状況は，(22)の例が示すように，「スプーンはカ
ラバッシュの後ろ（baya）」，「カラバッシュはスプーンの前（gaba）」にあると
表現されます（(22)の英語訳では，並行型である英語の空間認識のあり方を反
映した訳となっている点に注意してください）。

(22)　a．Ga　cokali　can　<u>baya</u>　da　　k'warya.
　　　　　look　spoon　there back　with　calabash
　　　　　'There's the spoon in front of the calabash.'
　　　b．Ga　k'warya　can　<u>gaba</u>　da　　cokali.
　　　　　look　calabash　there　front　with　spoon
　　　　　'There's the calabash in back of the spoon.'

　　　　　　　　　　　　　　　　　　　（ハウサ語）（Hill 1982：21）

　ヒル（Hill 1978）によれば，ハウサ語では，空間表現に適用されている平行
型のシステムが，(23)の例に見られるように時間表現でも見られるとされます

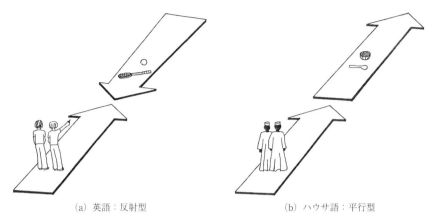

(a) 英語：反射型　　　　　　　　　(b) ハウサ語：平行型

図6-4　英語とハウサ語の違い

出典：Hill（1982：20-21）.

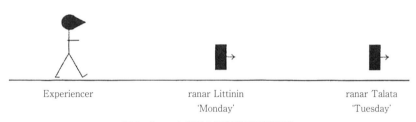

Experiencer　　　　　　ranar Littinin　　　　　　ranar Talata
　　　　　　　　　　　　'Monday'　　　　　　　　'Tuesday'

図6-5　ハウサ語の平行型の時間認識

出典：Evans（2005：233）.

（図6-5参照）。

(23)　　a．ranar Talata <u>gaba</u> da ranar Littinin
　　　　　　　'Tuesday is in front of/before Monday'
　　　　b．ranar Littinin <u>baya</u> da ranar Talata
　　　　　　　'Monday is in back of /after Tuesday'

（ハウサ語）（Hill 1978：528）

　(23)のハウサ語では，「火曜日は月曜日の前（gaba）」，「月曜日は火曜日の後（baya）」と表現されています。「火曜日は月曜日の後」，「月曜日は火曜日の前」と表現される日本語と対照的です。

直示動詞

come/go には「視点」が反映されます。come は視点が到達点側に，go は視点が典型的には出発点側に置かれる動詞です。例えば，次の2つの文章が *The New York Times* と *The London Times* のどちらの記事かと問われれば，come/go の使用から，a文は *The New York Times* の記事，b文は *The London Times* の記事だとわかります。

(24) a. This summer more American visitors <u>went</u> to Europe for a vacation than ever before.

b. This summer more American visitors <u>came</u> to Europe for a holiday than ever before.

(Leech et al. 2001 : 85)

ちなみに，ここでは，vacation と holiday の使用からも，a文が *The New York Times* の記事，b文が *The London Times* の記事であることがわかります。一般に，「旅行に出かけたり家を離れて過ごす休暇」には，アメリカでは vacation，イギリスでは holiday が用いられるからです（『ウィズダム英和辞典』〔三省堂〕の 'holiday' の項目の解説を参照）。

英語の come の基本的な使用場面は次の4つです（Fillmore 1975：10, 1997：18）。

(25) a. 発話時（＝今）に話し手がいる位置への移動

b. 発話時（＝今）に聞き手がいる位置への移動

c. 参照時（＝その時）に話し手がいる（いた）位置への移動

d. 参照時（＝その時）に聞き手がいる（いた）位置への移動

例えば，次の例の come の場合には，少なくともこの4つの解釈が可能となります。

(26) John <u>came</u> to the office yesterday morning.

(Fillmore 1975：10, 1997：18)

では，次の例を考えてみましょう。

(27) Are you |coming/going| to Andy's party on Saturday?

(ミントン 2012：124)

ミントン（2012：124）によれば，come の場合は「私自身は出席するつもりだけど」という意味を言外に含んでいるのに対して，go の場合は，「話し手自身は出席しないことを決めていて，さらに相手の出欠を確かめている」という意味を言外に含んでいるとされます。なお，ここでの come は，今度の土曜日（＝参照時）に話し手がいる予定であるパーティー会場への（聞き手の）移動を表すので，（25）c の come であると言えます。

　次の例はA・クリスティの『そして誰もいなくなった』のある一節です。年齢も職業も様々面識のない10人の男女が孤島の邸宅に集められ，そこで次々と人が殺されていき，残るは，ヴェラやウォーグレイヴを含む５人だけとなりました。夕方になってヴェラが台所に行ってお茶でも入れようかと申し出ます。するとウォーグレイヴは彼女がお茶を入れるのを見たいと言います。

(28)　Vera rose. She said :
　　　 "I'll go and make it. You can all stay here."
　　　 Mr. Justice Wargrave said gently :
　　　 "I think, my dear young lady, we would all prefer to come and
　　　 watch you make it."
　　　 （ヴェラは立ちあがった。
　　　 「いれてきましょう。みなさん，ここにいてください」
　　　 ウォーグレイヴ判事が穏やかな声で言った。
　　　 「全員で行って，あんたがお茶をいれるのを，見ていたほうがいいんじゃなかろうか」）

　　　　　　　　　　　　　（Agatha Christie, *And Then There Were None,* p. 215）
　　　　　　　　　　　　　　　　　　　　　　　　　　　（青木久惠訳：280）

　２行目のヴェラの発話では，台所への移動が go で表されています。発話時，参照時共に，誰も台所にいないからです。この場合，come は使えません。一方，４行目のウォーグレイヴ判事の発話では，同じ台所への移動が come で表されています。未来の時点（＝参照時）において聞き手（ヴェラ）が台所にいることが前提とされているからです（それゆえ，ここでの come は，（25）d の come と言えます）。なお，ここでの we には聞き手（ヴェラ）は含まれず，we は聞き手排除的用法と解釈されます（澤田 2010：233も参照）。

　さらに，次の例を考えてみましょう。

(29)　Let's {go/*come} over there.　　　　　　　　　　　　　　(Fillmore 1997 : 86)

　　ここでの go/come の適格性の相違は，Let us の us と異なり，Let's の縮約
された us が聞き手包含的用法に制限されるという事実から説明できます。
　　「移動」を「運搬」に変えれば，(25)の come の記述はそのまま bring の記
述に応用できます。例えば，次の例では，1 行目の bring は，参照時に聞き
手がいる位置（＝聞き手の家の中）への運搬，2 行目の bring は，参照時に
話し手がいる位置（＝話し手の家の居間）への運搬を表します（話し手と聞き
手は，発話時においては路上にいます）。

(30)　"He can't lie in the street. May we <u>bring</u> him in, marm ?"
　　　"Surely. <u>Bring</u> him into the sitting-room. There is a comfortable
　　　sofa. This way, please !"
　　　（「こんなところへ寝かしておくって法はないよ。奥さん、なかへつれ
　　　こんじゃいけませんか？」
　　　「どうぞ。居間のほうへおつれしてください。ソファがお楽でよいで
　　　しょう。どうぞこちらへ」）
　　　　　　　　　　　　　　　(Arthur Conan Doyle, 'A Scandal in Bohemia', p. 172)
　　　　　　　　　　　　　　　　　　　　　　　　　　　　　（延原謙訳：37）

　　では，次の例を見てみましょう。

(31)　（小児科医が，足の怪我をした子ども（アーノルド）が専門的医療を
　　　受けられる病院を受診するよう，子どもの父親に話している場面）
　　　I want you to {bring/take} Arnold to the hospital tomorrow
　　　morning ; I'll arrange for one of our specialists to look at his leg.
　　　　　　　　　　　　　　　(Fagan 2004 : 11)（例文に take を追加）

　　bring を使用した場合，話し手である小児科医も，明朝，専門医療を受けら
れる病院にいる（立ち会う）ことを言外に含むのに対して，take を使用した
場合，その小児科医は，明朝，当該の病院にはいない（立ち会わない）ことを
言外に含むとされます（Fagan 2004：11）。
　　ただし，bring の使用には方言差があることが知られています。ホケット
(Hocket 1995：239) は，ニューヨーク市在住中に，隣人に(32)のように言われ，
混乱して思わず，"But why will *you* be at the Cleaner's ?" と問いかけそうに

なったという興味深いエピソードを紹介しています（ホケットはオハイオ州出身者）。(32)の状況は発話時・参照時共に運搬先には話し手・聞き手が想定されないため，規範では take の使用が期待される状況です。

(32)　On your way to work this morning, would you mind <u>bringing</u> this
　　　suit of mine to the Cleaner's?

（Hockett 1995：239）

このエピソードは，方言によっては bring が come よりも使用制約が緩いことを示唆しています。フィルモア（Fillmore 1975：59, 1997：88-89）は，bring の使用範囲に関して，次の３つの方言タイプの存在を指摘しています（多くの方言がタイプBに属するとされます）。

(33)　タイプA：bring が come と並行した視点制約を持つ直示的な運搬動
　　　　　　　詞と見なす話者からなる方言。
　　　　タイプB：bring は come と並行した視点制約を持たないが，到達地
　　　　　　　点には何らかの「談話上重要な人物」がいるという直観を持つ話
　　　　　　　者からなる方言。
　　　　タイプC：bring は come と並行した視点制約を持たず，単に
　　　　　　　deliver と同じ意味を持つ非直示的な運搬動詞と見なす話者から
　　　　　　　なる方言。

フィルモア（Fillmore 1965：81, 1966：226, 1975：59, 1997：89）によれば，次の(34) a の come は，いずれのタイプの方言話者も許容しませんが（(29)の例も参照），(34) b の bring は，タイプAの方言話者は許容しないものの，タイプB，タイプCの方言話者は許容するとされます（なお，フィルモア自身はタイプAの方言話者に属すると述べています〔Fillmore 1966：226〕）。

(34)　a．*Let's <u>come</u> there.
　　　b．Let's <u>bring</u> it there.　　　　　　　　（Fillmore 1997：89）

ただし，タイプCの方言話者と異なり，タイプBの方言話者にとって到達点には制限があるとされます。タイプBの方言話者にとって，(34) b の there が示す到達点には「談話上重要な人物」がいるという含みがあり，たとえば，(34) b の例は，入院中の友達のもとにキャンディの箱を届けるような状況では許容されますが，誰もいない無人島に旗を運ぶような場合には許容されない

とされます。一方，タイプＣの方言話者は，このいずれの状況でも(34) b の例を許容するとされます。先の(32)に出てきた隣人は，bring を deliver と同じ意味で使用するタイプＣの方言話者ということになるでしょう。

　bring は，アメリカ英語とイギリス英語でも違いがあります。一般に，アメリカ英語話者のほうがイギリス英語話者よりも bring の使用範囲が広い傾向があるとされます（Swan 2005：93；ミントン 2012：131-179）。次の例は，イギリス英語では take が使われるところで，アメリカ英語では（方言によっては）bring が使われ得ます（Swan 2016：408-409）。

(35)　Let's go and see Aunt May on Sunday. We can {take/bring} a picnic.

　　　　　　　　　　　　　　　　　　　　　　　　　　　(Swan 2005：92-93)

　この傾向は，次の(36)の例に対するミントン（2012）の調査結果（表6-2）からも読み取れます。

(36)　（話し手と聞き手は同じ家に住んでいて，家から出かけようとしている場面）

　　　It's time we left. Should we {take/bring} our coats？

　　　　　　　　　　　　　　　　　　　　　　　　　（ミントン 2012：163）

表6-2　(36)の例の take/bring の選択

イギリス人の回答	take：9人	bring：0人	either：0人
アメリカ人の回答	take：7人	bring：1人	either：4人

　　出典：ミントン（2012：163）。

　この例では，コートを持って行くべきかどうかが問題となっているわけですから，規範的には take が選択される場面ですが，イギリス英語話者と異なり，アメリカ英語話者の中には bring を選択する人や，take と bring の両方を許容する人が見られます。

④　時間ダイクシス

　時間ダイクシス表現には，now/then，yesterday/today/tomorrow，{last/next} week などの時間表現や時制が含まれます（Comrie 1985：14）。

時制と文脈

R・レイコフ (Lakoff 1970：841) は，「時制の選択の仕方は，部分的に，どのようにその事象に対して自分が関係していると話し手が感じているのかという主観的な要因に基づいている」と述べています。時制は時間関係を表す文法範疇ですが，その選択には，話し手の視点，心的態度，ポライトネスなどが複合的に関わってきます。次の例を比較してみましょう。

(37)　　a．The boy you spoke to <u>had</u> blue eyes.
　　　　b．The boy you spoke to <u>has</u> blue eyes.　　　(Lakoff 1970：842)

レイコフ (Lakoff 1970：842) によれば，両文の違いは次のような2つの状況の違いを考慮に入れることで明確になると言います（例文はAとBの対話文です）。

(38)　　状況Ⅰ：
　　　　A：When I was with you today, I spoke to a boy, but I don't
　　　　　　remember what color eyes he had.
　　　　B：I remember. The boy you spoke to {had/*has} blue eyes.
　　　　状況Ⅱ：
　　　　A：I spoke to a boy on the phone today, but I don't know what
　　　　　　color eyes he had.
　　　　B：Well, I'm sure I don't know either.
　　　　A：Maybe you know him ... his name is Harry Smith.
　　　　B：Oh, Harry Smith! The boy you spoke to {has/?had} blue eyes.
　　　　　　　　　　　　　　　　　　　　　　　　　(Lakoff 1970：842)

レイコフ (Lakoff 1970：842) は，状況Ⅰと状況Ⅱにおける話し手Bの時制の選択の違いを「情報を得た時間の視点」(the point of view of the time at which he aquired the information) という観点から説明しています。状況Ⅰでは，'I remember（私は覚えているよ）' という発話文が前接されていることから，話し手Bは，情報を得た過去の時点にアクセスし，その過去時に視点を置いて had という過去形を選択しています。一方，状況Ⅱでは，"Oh, Harry Smith!（ああ，ハリー・スミスね！）" という発話文が前接されていることから，話し手Bは，聞き手Aとのやりとりの中で現在得た情報（＝少年の名前はハリー・スミスである）に基づいているため，現在時に視点を置いて has という現在

形を用いています。

　では，ここで，小説 *The Graduate*（『卒業』）における次の一節を見てみましょう（澤田 近刊）。ベンジャミンはエレインに会おうとエレインが下宿する寮の中へと入り，女子学生らに彼女が今どこにいるのかを尋ねます。次は，エレインのことを知っている1人の女子学生がエレインは図書館でテスト勉強をしているかもしれないと教えてくれる場面です。

(39)　'She's probably in the library,' she said.
　　　'Are you sure.'
　　　'I think she had a test this afternoon. She's probably studying for it in the library. Is anything wrong?'
　　　（「ひょっとしたら，図書館かもしれないわね」彼女が言った。
　　　「ほんとか？」
　　　「たしかきょうの午後，エレインはテストを受けるはずよ。だから，図書館で勉強しているかもしれないわ。あの，何かあったんでしょうか？」）　　　（Charles Webb, *The Graduate*, p. 176）（佐和誠訳：315）

　興味深いことに，エレインがテストを受けるのはこれから（未来）であるにもかかわらず，"I think she <u>had</u> a test this afternoon." と過去形が使われています。これを，レイコフ（Lakoff 1970）の「情報を得た時間の視点」という観点から分析するならば，話し手（エレインの友人）は，「エレインが今日の午後テストがある」という情報を過去のある時点において入手していたことになります。すなわち，(39)では，話し手が情報を入手した過去の時点にアクセスし，その過去の時点に視点を置くことで過去形の使用が可能となっているわけです。興味深いことに，"I think she <u>took</u> a test this afternoon." とした場合には，「彼女は既にテストを受けた」ことを意味し，文脈上，(39)の中で使うことはできません（澤田 近刊）。

　類例をあげておきましょう。ある日知人から，"I am going to Bristol on Thursday." と言われたとします。しばらく経って再びその知人に会ったとします。前に会った時に，Bristol に行くことを聞いたのは覚えているけど，そこに行く日がいつだったかを思い出せない場合，話し手はその知人に次のように尋ねることができます（Jespersen 1954：155）。

(40)　What day <u>were</u> you going to Bristol?　　　（Jespersen 1954：155）

(41) Was it on Thursday or Friday you were going to Bristol?

(Jespersen 1954：155)

過去形と丁寧さ

　現在形でも述べることができるところで過去形を使うことで,「丁寧さ」が生じるということはよく知られています (Quirk et al. 1985：188など参照)。例えば次のような例です。

(42) Did you want cream with your coffee, sir?　　　(Swan 2005：401)

　テイラー (Taylor 2002：395) も, 次の２つの例を取り上げ, ここでの過去形が「語用論的和らげ表現 (pragmatic softner)」として機能するとしています (Taylor〔2018：192〕も参照)。

(43) I wanted to ask you something.　　　　　(Taylor 2002：395)
(44) What was your name?　　　　　　　　　(Taylor 2002：395)

　しかし, (42), (43)のタイプの過去形と, (44)のタイプの過去形とでは, 丁寧さ (語用論的和らげ) の内実が異なっており, 厳密には区別する必要があると考えられます。(42), (43)の例で認められる丁寧さとは,「間接化」, より厳密な言い方をしますと, 時制を現在から過去にスイッチする「距離を置く視点操作」に基づく「対人的な距離化 (ネガティブ・ポライトネス)」(Brown & Levinson 1987：204-205) によって生じる丁寧さであると言えます。一方, (44)の例で認められる丁寧さとは, 相手の名前をすでに伺っているのだという (申し訳ない) 気持ちを示すことで生じる丁寧さであると言えます。(44)の過去形は, 原理的には, 上で見た(39)-(41)の過去形と同様,「話し手が情報を入手した過去のある時点にアクセスし, その過去の時点に視点を置く」用法と同じであると言えます。

　次の例は, (44)の類例です。

(45) (教授が学生に向かって)
　　　What |is/was| the topic of your paper?

(Radden & Dirven 2007：210-211)

　現在形ではなく過去形を使うことで, 教授は情報を入手した過去のある時点にアクセスしてみせています。このような現在時から過去時への「直示的シフ

ト」(deictic shift) によって，学生に対する質問を間接的で柔らかいものとする効果を生むとされます (Radden & Dirven 2007：211)。

日本語のタ

「話し手が情報を入手した過去のある時点にアクセスし，その過去の時点に視点を置く」過去形の用法は，日本語のタにも認められます (三上 1972；金水 2001など参照)。三上 (1972：225-226) は，「或る命題の成立自身には過去とか現在とかの時間的区別はなくても，その命題の認識の時日の区別がテンスにあらわれる」とし，次の(46)のようなタは「既定の予定を想起した」言い方としています。「想起（思い出し）」と呼ばれるタの用法です。

(46)　A：明日，ご都合はどうです？
　　　B：明日はだめです。明日は研究会がありました。　（三上 1972：226）

　さらに，三上 (1972：226-227) は，「想起」のタが「儀礼的」となったのが次の(47) b のようなタであり，「相手を既に知っているという気持を表すことが敬意になる」と述べています。(44)の英語の過去形との平行性が読み取れます（なお，三上〔1972：227〕は，「儀礼的」なタは疑問文ないし疑問文に準じる環境の中での使用に限られるという興味深い観察も示しています）。

(47)　a．お名前は何とおっしゃいます？
　　　b．お名前は何とおっしゃいました？　　　　　　（三上 1972：227）

　接客場面で耳にする次のような表現は，(47) b と同様の現象であると言えます。

(48)　客：じゃあ，コーヒーと，コーラが２つね。
　　　店員：かしこまりました。ご注文をくりかえします。コーヒーが１つ，
　　　　　　コーラが２つですね。ご注文は以上でよろしかったでしょうか。
　　　客：はい。　　　　　　　　（日本語記述文法研究会編 2007：147）

さらに，次のようなタは，(48)のようなタの拡張用法と考えられます。

(49)　店員：お客様，会員カードはお持ちだったでしょうか。

　　　　　　　　　　　　　　　　　　（日本語記述文法研究会編 2007：147）

(49)では，話し手が想起している（思い出している）と見なすのは困難な文

脈ですが，タが使用されています（加藤 2004：200-202も参照）。このような過剰なタの使用は誤用と見なされることもあります（日本語記述文法研究会編 2007：147）。

　この章で見てきたように，ダイクシスは，ポライトネス，視点，空間認識，時間認識などが関与する点で，ことばと文脈の関係のみならず，ことばと認知の関係を映し出す言語現象でもあります。ダイクシスは，語用論と認知言語学の双方にとって，魅力ある言語現象であると言えるのです。

練習問題

1．次の a 文と b 文の「この」と「その」の適切性の違いについて考えてみましょう。
　（i）（母親と子どもの間の距離は 2 メートルほど。子どもも母親も当該の傷に触れていない。b 文では子どもが背中に手をまわしたり，振り返って背中を見たりしていないものとする）
　　　a．母親：あら，こうちゃん，ほっぺにある傷，どうしたの？
　　　　子ども：ああ，｜この／??その｜傷，今日柔道やって擦りむいたんだ。
　　　b．母親：あら，こうちゃん，背中にある傷，どうしたの？
　　　　子ども：ああ，｜?この／その｜傷，今日柔道やって擦りむいたんだ。
　　　　　　　　　　　　　　　　　　　　　　　　　　　　　　（澤田 2016：51-52）
2．come/go の違いと we の用法（聞き手包含的用法／聞き手除外的用法）に留意して，次の a 文と b 文の使用場面の違いについて考えてみましょう。
　（ii）a．May we come in ?
　　　　b．May we go in ?　　　　　　　　　　　　（Fillmore 1975：7-8, 1997：15）
3．次は鈴木（1973）で紹介されているエピソードです。このエピソードを参考に，日本語の親族名称（「パパ」「ママ」等）の使われ方の特徴について考えてみましょう（澤田 2019も参照）。
　（iii）　私の乗っていた国電山手線が，新宿駅に着いた時のことである。社内の乗客の殆んどが降りて，席がガラすきになったと思うや，どっと新しくお客が乗込んできた。私の隣に足早にかけより席を占めた老婦人が，自分の側の座席を掌でたたきながら，「ママここにいらっしゃい」と怒鳴ったものである。すると乗客の中から，赤ん坊を抱いた若い娘が現れて老婦人の側に座った。明らかに，母親が娘をママと呼んだのである。　　　　　　　　　　　（鈴木 1973：167）

読書案内

① Fillmore, Charles, J., *Lectures on Deixis*, Stanford : CSLI Publications, 1997.
　＊言語学において「不朽の名著」と謳われる書物はいくつかあると思いますが，この本もその例外ではありません。"May we come in ?" と "May we go in ?" の違いに関する分析など，フィルモアの透徹した洞察力に満ちたダイクシスの講義録となっています。

② Levinson, Stephen C., *Pragmatics*, Cambridge : Cambridge University Press, 1983.（安井稔・奥田夏子訳『英語語用論』研究社，1990年）
　＊「ダイクシス」，「会話の推意」，「前提」，「言語行為」，「会話の構造」などのテーマが扱われています。この本によって，言語学的な語用論の体系が整備されたと言っても過言ではありません。

③ Senft, Gunter, *Understanding Pragmatics*, London : Routledge, 2014.（石崎雅人・野呂幾久子訳『語用論の基礎を理解する』開拓社，2017年）
　＊「語用論と哲学」，「語用論と心理学」，「語用論と人間行動学」，「語用論と民族詩学」，「語用論と社会学」，「語用論と政治」といった章立ての構成が斬新です。著者のフィールドワークの成果が反映された多様な言語データに触れられるのも本書の特徴です。

引用例出典

Christie, Agatha, *And Then There Were None*, New York : Harper Collins Publishers. 2011.（青木久惠訳『そして誰もいなくなった』早川書房，2012年）

Agatha Christie, *The Mirror Crack'd from Side to Side*, London : Harper Collins Publishers. 2002.（橋本福夫訳『鏡は横にひび割れて』早川書房，2004年）

Doyle, Arthur Conan, 'A Scandal in Bohemia' *The Complete Sherlock Holmes*, London : Vintage Books, 2009.（延原謙訳『シャーロック・ホームズの冒険』新潮社，2012年）

Doyle, Arthur Conan, 'The Adventure of the Three Students' *The Complete Sherlock Holmes*, London : Vintage Books, 2009.（延原謙訳『シャーロック・ホームズの叡智』新潮社，2011年）

Webb, Charles, *The Graduate*, New York : Pengin Books, 1968.（佐和誠訳『卒業』早川書房，1974年）

Terkel, Studs, *American Dreams : Lost and Found*, New York : The New Press, 1980.（中山容ほか訳『アメリカン・ドリーム』白水社）

『名作映画完全セリフ集 スクリーンプレイ・シリーズ127 ローマの休日』株式会社フォーイン スクリーン事業部，2011年。

参考文献

加藤重広『日本語語用論のしくみ』研究社，2004年。

金水敏「テンスと情報」音声文法研究会編『文法と音声Ⅲ』くろしお出版，2001年，55-79頁。

久野暲「英語圏における敬語」大野晋・柴田武編『岩波講座日本語4敬語』岩波書店，1977年，301-331頁。

小森道彦「人称ダイクシスの磁場」安井泉編『グラマー・テクスト・レトリック』くろしお出版，1992年，185-209頁。

澤田淳「直示と視点」澤田治美・高見健一編『ことばの意味と使用——日英語のダイナミズム』鳳書房，2010年，222-233頁。

澤田淳「日本語のダイクシス表現と視点，主観性」澤田治美編『ひつじ意味論講座5主観性と主体性』ひつじ書房，2011年，165-192頁。

澤田淳「視点，文脈と指標性——英語指示詞における聞き手への指標詞シフトの現象を中心に」『語用論研究』15号，日本語用論学会，2013年，1-23頁。

澤田淳「指示と照応の語用論」加藤重広・滝浦真人編『語用論研究法ガイドブック』ひつじ書房，2016年，49-76頁。

澤田淳「親族名称の子供中心的用法の類型と場面，視点——対照語用論的アプローチ」澤田治美・仁田義雄・山梨正明編著『場面と主体性・主観性』ひつじ書房，2019年，107-159頁。

澤田淳「指示語用論」加藤重広・澤田淳編『はじめての語用論』研究社，2020年，77-92頁。

澤田治美『意味解釈の中の多義性（仮）』開拓社，近刊。

鈴木孝夫『ことばと文化』岩波書店，1973年。

鈴木孝大『日本語教のすすめ』新潮社，2009年。

T・D・ミントン著，国井仗司訳『日本人の英語表現』研究社，2012年。

日本語記述文法研究会編『現代日本語文法3』くろしお出版，2007年。

J・V・ネウストプニー『外国人とのコミュニケーション』岩波書店，1982年。

三上章『現代語法序説——シンタクスの試み』くろしお出版，1972年。

山梨正明『認知言語学原理』くろしお出版，2000年。

ロビン・ギル『英語はこんなにニッポン語』筑摩書房，1989年。

Birner, Betty J., *Introduction to Pragmatics*, Massachusetts : Wiley-Blackwell, 2013.

Brown, Penelope and Stephen C. Levinson, *Politeness : Some Universals in Language Usage*, Cambridge : Cambridge University Press, 1987.

Chomsky, Noam, *Aspects of the Theory of Syntax*, Cambridge : The MIT Press, 1965.

Comrie, Bernard, *Tense*, Cambridge : Cambridge University Press, 1985.

Evans, Vyvyan, *The Structure of Time*, Amsterdam : John Benjamins Publishing Company, 2005.

Fagan, Sarah M. B., "Basic Verbs of Conveyance : "Bring" and "Take" in German and English," *Die Unterrichtspraxis/Teaching German*, 37 (1), 2004, pp. 10–16.

Fillmore, Charles J., "Entailment Rules in a Semantic Theory," *The Ohio State University Project on Linguistic Analysis*, Report No. 10, 1965, pp. 60–82.

Fillmore, Charles J., "Deictic Categories in the Semantics of 'COME'," *Foundations of Language* 2, Dordrecht : D. Reidel Publishing Company, 1966, pp. 219–227.

Fillmore, Charles J., "Toward a Theory of Deixis," *Working Papers in Linguistics* 3 (4), Hawaii : University of Hawaii, 1971, pp. 219–242.

Fillmore, Charles. J., *Santa Cruz Lectures on Deixis 1971*, Indiana : Indiana University Linguistic Club, 1975.

Fillmore, Charles J., *Lectures on Deixis*, Stanford : CSLI Publications, 1997.

Grundy, Peter, *Doing Pragmatics*, London : Hodder Education, 2008.

Hill, Clifford, "Linguistic Representation of Spatial and Temporal Orientation," *Proceedings of the Fourth Annual Meeting of the Berkeley Linguistics Society*, 1978, pp. 524–538.

Hill, Clifford, "UP/DOWN, FRONT/BACK, LEFT/RIGHT : A Contrastive Study of Hausa and English," Jürgen Weissenborn and Wolfgang Klein (eds.), *Here and There : Cross-linguistic Studies on Deixis and Demonstration*, Amsterdam : John Benjamins Publishing Company, 1982, pp. 13–42.

Hockett, C. F., "Bring, Take, Come, and Go," *Journal of English Linguistics* 23 (1/2), 1995, pp. 239–244.

Householder, Fed W., *Syntax of Apollonius Dyscolus*, Amsterdam : John Benjamins Publishing Company, 1981.

Huang, Yan, *Pragmatics* (Second edition), Oxford : Oxford University Press, 2014.

Huddleston, Rodney and Geoffrey K. Pullum, *The Cambridge Grammar of the English Language*, Cambridge : Cambridge University Press, 2002.

Jakobson, Roman, *Shifters, Verbal Categories and the Russian Verb*, Russian language project, Department of Slavic Languages and Literatures, Harvard University, 1957.

Jespersen, Otto, *A Modern English Grammar on Historical Principles, Part IV Syntax : Third Volume*, London : George Allen & Unwin Ltd., 1954.

Lakoff, George, *Women, Fire, and Dangerous Things*, Chicago : The University of Chicago Press, 1987.

Lakoff, Robin, "Tense and Its Relation to Participants," *Language* 46 (4), 1970, pp. 838–849.

Leech, Geoffrey, Benita Cruickshank and Roz Ivanič, *An A-Z of English Grammar & Usage* (New edition), London : Longman, 2001.

Levinson, Stephen C., *Space in Language and Cognition : Exploration in Cognitive Diversity,* Cambridge : Cambridge University Press, 2003.

Quirk, Randolph, Sidney Greenbaum, Geoffrey Leech and Jan Svartvik, *A Comprehensive Grammar of the English Language,* London : Longman, 1985.

Radden, Günter and René Dirven, *Cognitive English Grammar,* Amsterdam : John Benjamins Publishing Company, 2007.

Rommetveit, Ragnar, *Words, Meaning and Messages,* New York : Academic Press, 1968.

Swan, Michael, *Practical English Usage* (Third edition), Oxford : Oxford University Press, 2005.

Taylor, John R., *Cognitive Grammar,* Oxford : Oxford University Press, 2002.

Taylor, John R., *Ten Lectures on Applied Cognitive Linguistics,* Leiden : Brill, 2018.

— 🔲 *Column* 🔲 —

生き生きとした「語り」の文

　過去の出来事を眼前で起こっているかのように生き生きと描写する際，次の（1）のように，過去形ではなく現在形が使われることがあります（（1）の日本語訳は，安藤〔1986：231〕によります）。いわゆる「歴史的現在（historic present）」と呼ばれる用法です。

（1）　Last week I'm in the sitting-room with the wife, when this chap next
　　　　door staggers past and in a drunken fit throws a brick through our
　　　　window.　　　　　　　　　　　　　　　　　　（Leech 1987：11）
　　　　（先週，妻といっしょに居間にいるとね，隣りの男が千鳥足で通りかかって，酔いにまかせて窓から煉瓦を投げ込むんだぜ）

　リーチ（Leech 1987：11）は，歴史的現在を用いた（1）のような発話は，「口頭による語り（oral narative）の性格が色濃い庶民的なスタイル，すなわち，高級ホテルのラウンジではなく，田舎宿のバーで交わされそうなスタイルである」と述べています。

　（1）では，歴史的現在に加えて，「不定の this（indefinite *this*）」（または，「虚偽の定の this（false definite *this*）」〔Huddleston and Pullum 2002：1401〕）と「語りの when 節（narative *when*-clause）」（Declerck 1997：212）と呼ばれる現象も生き生きとした語りの描写に一役買っていると言えます。以下，この点について，少

し見てみましょう。

「不定の this」は，くだけた会話的な語りの中で事物を新情報として導入する際に現われます。（1）の this chap の this は不定の this です。通例，there 構文（存在文）の意味上の主語は「定（definite）」であってはならないという「定性制約（definiteness restriction）」（Milsark 1979：194）が存在します（ただし，定名詞句が there 構文の意味上の主語に現れる特別な場合もあります〔Huddleston and Pullum 2002：1398-1401, 澤田 2016：19-23など参照〕）。不定の this は a と同様，不定であるがゆえに there 構文の中で使えます。

（2）　There was {a/*the} guy in my class last semester.

(Gernsbacher and Shroyer 1989：536)

（3）　There was this guy in my class last semester.

(Gernsbacher and Shroyer 1989：536)

ただし，不定の this を使う方が不定冠詞 a を使うよりもより臨場感が出ます。

次に，語りの when 節について見てみましょう（Morgan 1975；Green 1976；Bolinger 1977；Declerck 1997；澤田 2014など参照）。次の（4）の when は，通常の when（〜する時）と異なり，and then（〜するとその時）に置き換え可能な意味を表します（Declerck 1997：212）。（4）の when 節は，通常の when 節と異なり，従位節ではなく，等位節となっていると言えるのです（Bolinger 1977：517も参照）。

（4）　I was sitting quietly in the drawing-room when suddenly John came in.
　　　　（客間で静かに座っていると，突然ジョンが入ってきた）

(Declerck 1997：212)

（4）のような when 節は，語りのテクストで現れることから，Declerck（1997）は，語りの when 節と呼んでいます（（4）の when の直前にはコンマを挿入することが可能です）。語りの when 節は，「主節の行為がいつなされたか」という主節に関する「時間指定の機能」（time-specifying function）を持ちません。この点は，通常の when 節と大きく異なる点です（Declerck 1997：212）。

（1）の例の when 節も，語りの when 節であり，話し手は，妻と共に居間にいた最中に突然起こった出来事に驚き，その時の様子を生き生きと語っているのです。

参考文献

安藤貞雄『英語の論理・日本語の論理——対照言語学的研究』大修館書店，1986年。

澤田治美『現代意味解釈講義』開拓社，2014年。

澤田治美『続・現代意味解釈講義』開拓社，2016年。

Bolinger, Dwight, "Another Glance at Main Clause Phenomena," *Language* 53 (3), 1977, pp. 511-519.

Declerck, Renaat, *When-Clauses and Temporal Structure*, London : Routledge, 1997.

Gernsbacher, Morton Ann and Suzanne Shroyer, "The Cataphoric Use of the Indefinite *this* in Spoken Narratives," *Memory & Cognition* 17 (5), 1989, pp. 536-540.

Green, Georgia M., "Main Clause Phenomena in Subordinate Clauses," *Language* 52 (2), 1976, pp. 382-397.

Huddleston, Rodney and Geoffrey K. Pullum (eds.), *The Cambridge Grammar of the English Language*, Cambridge : Cambridge University Press, 2002.

Leech, Geoffrey N., *Meaning and the English Verbs* (Second Edition), London : Longman, 1987.

Milsark, Gary L., *Existential Sentences in English*, New York : Garland Publishing, Inc., 1979.

Morgan, Jerry L., "Some Remarks on the Nature of Sentences," Robin E. Grossman, L. James San and Timothy J. Vance (eds.), *Papers from the Parasession on Functionalism*, Chicago : Chicago Linguistic Society, 1975, pp. 433-449.

第7章 コミュニケーションの世界

小山哲春

この章で学ぶこと

　日常的なコミュニケーションにおいて,私たちは必ずしもことば（記号）を「そのままの意味」で用いるとは限りません。例えば次の例を見てみましょう。

（1）　A：今日学校の帰りにカラオケ行かない？
　　　 B：来週から期末試験だから。

　Aのカラオケへの誘いに対し，Bは「断り」のことばを全く口にしていませんが，それでいてBが誘いを断っているのは明らかです。こうした例はいたるところに観察されますが，いずれの場合も，ことばの「そのままではない意味」が正確に理解され，場合によっては「そのままの意味」で記号が使用される場合よりもはるかに効率的で豊かなコミュニケーションが行われています。本章では，ことば（記号）が本来的に持つ意味そのものではなく，ことばが実際に運用された際に伝達される意味，そしてその伝達の仕組みについて考えます。このような現象を扱う研究領域は言語学では語用論と呼ばれています。語用論が一般的に対象とするのは指示対象同定の問題，あいまい性解消の問題，ことばによる行為の問題，字義的な意味と非字義的な意味（比喩など）の問題，間接発話行為の問題など様々で，本書の第6章でもその一部が解説されています。本章では主に発話解釈（含意の伝達と理解）に焦点を当て，認知言語学的なアプローチでこれを考えることにします。なお，語用論についての基礎的な知識は本書の姉妹編『はじめて学ぶ言語学』の第5章「発話解釈能力をさぐる」に詳しいので，補完的にこちらもお読みください。言語学のゴミ箱などと呼ばれることもあった語用論ですが（Mey 2001），認知語用論的な枠組みでは，これらの現象をヒトの事態認知や社会認知を反映した推論プロセスの観点で捉えようとします。これによって，我々が行っているコミュニケーションの本質的な理解が深まることが大いに期待されます。

キーワード

　語用論，発話解釈，コードモデル，推論モデル，協調の原則，関連性理論，参照点起動推論モデル，社会認知，共同注意，心の理論，伝達意図，指示意図，社

1 推論ゲームとしての発話解釈

コードモデル

そもそも，なぜ私たちはお互いの「言っていること」を理解できるのでしょうか。それは，私たちがお互いの言いたいことを伝達する道具として「ことば」を使えるからであり，すなわち私たちが単語の意味や，単語を並べる際の規則の知識体系を持つからだ，というのが誰もが最初に思いつく説明でしょう。だから，赤ちゃんはちゃんと話せないし，外国語でのコミュニケーションは苦労するんだ，というわけです。このような考え方に基づいたコミュニケーションの説明は「コードモデル」と呼ばれ，有名なところではシャノン&ウィーバー (Shanon & Weaver 1949) の機械モデル（Mechanical Communication Model），あるいはバーロ (Berlo 1960) の SMCR (Sender, Message, Channel, Receiver の略) モデルがあげられます。これらのモデルでは，コミュニケーション過程は以下のように表されます（図7-1）。

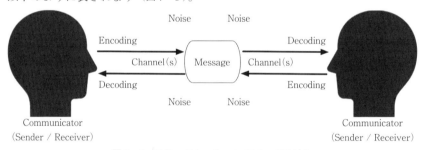

図7-1　コミュニケーションのコードモデル

コードモデルは，我々の発話（Message）を，伝えたい意味を閉じ込めた箱のようなものとして扱います。話し手（sender）は伝達したい内容を特殊な鍵や暗号を使って箱詰めし（encoding），なんらかの経路（channel）を通じてこの箱を聞き手まで送り届けます。言語コミュニケーションの場合，チャンネルは主に聴覚（音声）と視覚（文字）ですが，非言語の場合は触覚，嗅覚，さらには複合的な感覚である空間や時間感覚などもチャンネルとして使用されます。箱を受けとった聞き手（receiver）は，正しい鍵と暗号を用いてこの箱を開け

(decoding), 話し手が伝えたかった意味を取り出す, というものです。

コードモデルの問題点と複数の意味レベル

しかし, 私たちが日常的に行っているコミュニケーションは, コードモデルでは説明のつかない現象に満ち溢れています。例えば, 指示対象の問題（代名詞が具体的に指すものをなぜ理解できるのか）, あいまい性の問題（多義語が用いられた時, 複数の意味をどうやって1つに絞っているのか）, 行為の問題（私たちはことばを使って情報伝達以上の様々な行為を行っているが, これはどのように行われるのか）, 字義的な意味と非字義的な意味の問題（比喩や皮肉, 冗談などはなぜ伝わるのか）, 間接発話行為の問題, そして, 含意の理解などです。このうち, 本章で焦点を当てている発話の解釈（含意の理解）に関して, （1）を含めたいくつかの例を考えてみましょう。

（1） A：今日学校の帰りにカラオケ行かない？
　　　 B：来週から期末試験だから。

（2） （不遜な態度で自分の考えていることを言い当てようとした同僚に対して）
　　　 Decker：Don't enter my house without an invitation.

　　　　　　　　　　　　　　　　　　　　（Law & Order LA：Episode 21）

（3） （聞かれたくない話を自分の娘〔Emily〕が聞いていることに気づいて）
　　　 Lightman：Do me a favor. Why don't you see if you can find me a
　　　　　　　　　 proper cup of tea？
　　　 Emily：　　 (Silent, confused).
　　　 Lightman：Sometime this year would be good.

　　　　　　　　　　　　　　　　　　　 （Lie to me：Season 3 Episode 6）

（4） カツオ：姉さん, 玄関にピストルを持った男が！
　　　 サザエ：なんですって！？
　　　 （サザエが箒を持って玄関へかけつけると, 制服姿の警官が住民台帳を持って立っている。）

　　　　　　　　　　　　　 （『サザエさん』「姉さんの境界線」2013年11月3日放送）

すでに触れたように，これらの例では，実際に伝達されている意味はコード（言語）化されていません。（2）は一種の比喩表現で「勝手に人の心を推し量るな」あるいは「人の気持ちを勝手に推し量るのは失礼だ」といった解釈が妥当でしょうが，これを演算できるようなコードは存在しません。（3）のLightman の最初の発話は「あっちへ行っていろ」という命令と解釈できますが，やはりこれもコード化されていません。（4）の例はもう少し複雑ですが，少なくともサザエさんに伝わった「強盗・押し込み」といった指示対象はコード化されていませんし，当然のことながら（真ではあるが）伝わらなかった「警官」という指示対象もコード化されていません。

　さらに，伝達内容がコード化されていないだけではなく，コード化されている意味と実際の伝達内容が無関係であったり対照的であったりします。（2）の実際のシーンでは前後の文脈に「家」や「招待状」への言及や「誰かが招待状なしで家に入った」という事実は存在せず，よってこの発話の字義どおりの意味「招待状なしで家に入るな！」と，実際の伝達内容である「勝手に人の心を推し量るな」との間には大きなギャップが存在します。（3）のケースも同様であり，実際の発話シーンでは話者（Lightman）がお茶を飲みたがっている様子は全く見えず，紅茶を買ってこなかったとしても非難の対象にはならないでしょう。さらに，"Sometime this year would be good." は，字義どおりに解釈すれば「（今年中なら）いつでもいい」となりますが，実際に伝達される意図「早く行け！（急げ！）」とは正反対の意味がコード化されていることになります。こうした観察から，我々の発話には，コードモデルでは言及されていなかった複数の意味レベルが存在することがわかります。当然，コミュニケーションの当事者である私たちの頭の中ではこのギャップは自然に埋まるわけですが，このギャップがどう埋められるのかを説明することが語用論研究の仕事となります。

　次に，コード化されずに伝達（解釈）された意味は，それがコード化された場合に伝達される字義通りの意味とは，必ずしも等価ではありません。そもそも，言語分析の手段とはいえ，実際に伝達されている意味を改めて言語化（コード化）するという行為は，考えてみればゲーテの詩を論理記号に翻訳するくらい無意味で破壊的です。例えば（3）の最初の発話は，「今は聞かれたくない話をしているので聞かないでくれ」と直接述べるのとは明らかに異なりますし，「しばらく向こうへ行っておいてくれ」とも「ちょっと悪いんだけども，そのあたりで時間を潰してきてくれ？」とも明らかに違います。最初に見た，

「カラオケ行かない？」「明日試験だから」の発話を考えても，「行きたくない」と「明日試験だから」は明らかに等価ではありません。つまり，ある伝達内容を「どのように伝えるのか」（コード化するのか否か，等）という手段の選択そのものが話し手のコミュニケーション上の意図を伝達するのだと考えられるのです。例えば，（4）は解釈の揺れ（曖昧さ）が意図的に悪用されているケースで，「ピストルを持った男」は「警官」「警備員」「強盗」「泥棒」から，少し緩やかに解釈すれば「陸上競技のスターター」まで様々な人物を指示（意味）できますが，ここでは，「警官」という意味の伝達（解釈）は抑制され，「強盗」や「泥棒」といった意味が積極的に伝達（解釈）されています。この後カツオはサザエにこっぴどく叱られるわけですが，ここでポイントになるのは，意味伝達の統制そのものがコミュニケーションの意図（この場合，いたずら，欺瞞）と解釈されている点です。また，（3）の Lightman の 2 番目の発話で伝達されている「嫌味な調子」は，もしこの発話が「早く行け！」という字義通りのものであった場合にはおそらく生じなかったであろうことも明らかでしょう。

　これらの特徴を整理すると，以下のようになります。コミュニケーションにおいては，（a）何かが伝達されるが，伝達内容が必ずしも直接的に言語化されるわけではなく，発話されたメッセージはむしろ複数のレベルの意味を担っている。つまり，発話の意味はコード化されている「文の意味（sentence meaning）」と，必ずしもコード化されていない「話し手の意図（speaker's meaning）」の少なくとも 2 つのレベルで同時に存在する。（b）直接的に言語化されていない伝達内容は，それが直接コード化された場合とは必ずしも等価ではない。（c）内容がどのように伝達されているか（直接コード化されているかされていないか）が非常に重要であり，この選択はコミュニケーションの意図として伝達される。

　ここで，複数の意味のレベルについても整理しておきましょう。語用論研究では，会話において伝達される意味は 3 つのレベルに分けられています。それぞれ，①「コード化されている意味」，②「コード化されてはいないものの，コード化されている意味からの論理的な帰結である意味」（表意），③そして「コード化されておらず，論理的な帰結ではない意味」（推意）です。さらに，③は，命題的な意味（推意）と態度的な意味（推意）に分かれます。

　なお，推意のうち，ここで扱っているような柔軟でその場限りの解釈は「会話における推意（conversational implicature）」と呼ばれ，文脈依存性

(contextual)，却下可能性（cancellable），不定性（indeterminable），分離不可能性（non-detachable），計算可能性（calculable），といった特徴を持ちます。

推論モデル

コミュニケーションとはまさに，手がかりとしての記号（言語，非言語）を利用しての「発話意図」の推論ゲームとでもいうべき性質を帯びています。こうした性質を考慮し，上記で紹介したコードモデルを修正してみれば，以下のようなコミュニケーションの推論モデル（図7-2）が浮かび上がります。

話し手による	(i) コミュニケーションの目的（の存在）
	(ii) 伝達すべきメッセージの構築
	(iii) メッセージ伝達のための発話の構築
	(iv) 発話の物理的信号への変換
	(v) 信号の送信
聞き手による	(vi) 信号の受信
	(vii) 信号を脱記号化（decode）して発話を復元
	(viii) 発話からメッセージを再構築
	(ix) 発話の目的の推論

図7-2　コミュニケーションの推論モデル

出典：Cruse（2011：5）参照。

推論モデルは，コードモデルを内包した形での「発話意図」推論のモデルであると言えます。特に，コードモデルによる意味計算を超えた部分，言い換えれば「字義どおりの意味」と「発話意図」の「ギャップを埋めること」が語用論の目的であり（Sperber & Wilson 2002：3），この推論ゲーム（特に viii と ix）に必要となる人間の認知過程を扱うのが認知語用論の領域であると言えるのです。

次節では，推論モデルによるコミュニケーションの説明として，現代語用論の礎となっているグライス（Grice）の協調の原理と含意伝達の仕組みについて概観し，次いでスペルベル＆ウィルソン（Sperber & Wilson）の関連性理論を取り上げることにします。さらに，より認知言語学なアプローチを採用した分析として参照点構造による発話解釈モデルを考察し，さらに第3節では，発達心理学や進化心理学の知見を取り込んだ，トマセロ（Tomasello）の協調的コミュニケーションモデルについて検討することにします。

② 認知語用論的推論モデル

協調の原理と含意の推論

　グライス（Grice 1975）は，特に一般的な会話において含意（直接はコード化されていない情報）がどのように伝達されるのかを，コミュニケーションの一般原理と推論手続きによって説明しました。① 人は「協調の原理（the Cooperative Principle：CP）」と呼ばれるコミュニケーションに関する行動規範を共有し，②「お互いがこの行動規範を共有している」という間主観的理解を基盤としてお互いの発話の意味を理解（推論）している，というもので，現代の語用論研究の多くがこの CP を基盤としています。具体的には，CP は以下のように提示されます（Grice 1975：45, 47）。

（5）　協調の原理（the Cooperative Principle：CP）
　　　自らが参与する会話においては，自身の発話を行うその時点において，参与者に受け入れられている会話の目的達成に必要とされる貢献をせよ。(Make your contribution such as is required, at the stage at which it occurs, by the accepted purpose of the talk exchange in which you are engaged.)

（6）　CP の下位格率（maxims）
　　　(A)　量の格率（maxim of quantity）：
　　　　　　会話において必要とされている情報量を提供すること。
　　　　　　必要以上の情報量を提供しないこと。
　　　(B)　質の格率（maxim of quality）：
　　　　　　会話において偽だと信じていることを言わないこと。
　　　　　　十分に証拠のないことを言わないこと。
　　　(C)　関係の格率（maxim of relevance）：
　　　　　　関係のあることを言うこと。
　　　(D)　様態の格率（maxim of manner）：
　　　　　　不明瞭，あいまい，不必要に冗長な言い方を避けること。
　　　　　　順序立てて言うこと。

　グライスの理論を理解する上で重要なのは，CP は発話される言語メッセージの表層的形態を束縛する厳密な規則ではなく，あくまでも一般的なコミュニ

ケーション行動，あるいは，より広範な人間のインタラクションの背景にある合理的で効率的な行動原理の想定（期待）である，という点です。この想定により，お互いの行動（言動）の本質的な原理（動機）を探ることが可能となり，文字通りに言われていることとは別の情報が「含意（implicature）」として推定可能となるのです。

　含意が生じるメカニズムとして，グライスは 2 種類のケースをあげています。1 つ目は，あくまで話し手が CP を遵守していると想定することによって自然と類推されるもので，例えば以下のような例が典型的なものです。

（1）　A：今日学校の帰りにカラオケ行かない？
　　　　B：来週から期末試験だから。
（7）　A：I am out of petrol.
　　　　B：There is a garage round the corner.　　　（Grice 1989：32）

　（1）と（7）における B の発話は字義どおりの意味のレベルでは「関係の格率」に違反していますが，B が CP を遵守していると想定した場合，それぞれの発話はこの会話において必要とされている貢献（（1）の場合，カラオケに行くか行かないかの意思表示）を果たしているはずだという期待から，字義通りの意味と矛盾しない形の含意が推論されます。この場合，「来週から期末試験がある」という命題は，様々な世界常識や話者の背景知識を考慮すれば，「カラオケに行く」よりも「カラオケには行かない」という帰結と結びつきやすいので，話し手もそれを意図しているはずだと推論する，というわけです。（7）の例でも同様に，B が CP を遵守しているという前提で，「車のガソリンがない」ことと「角にガソリンスタンドがあること」との結びつきが推論されているのだと考えられます。

　もう 1 つのケースは，話し手が故意に CP を無視（flout）し，これを逆用（exploit）する場合です。この場合，CP の違反が意図的であることを聞き手に明示していることがポイントとなります（そうでなければ，ただの嘘か，とんちんかんな発話になります）。

（8）　A：Wanna grab something to eat？（何か食べる？）
　　　　B：I can eat a horse！（お腹ペコペコだよ！）

　　　　　　　　　　　　　　　　　　　　　　　（筆者と友人の会話）
（9）　A：Detective：I thought you people can indict a ham sandwich.

（あんたたち検事は何でも起訴できるんだろ？）
B：District Atorny：Without a statement, I am missing the ham.
（肝心の供述なしじゃどうしようもない）

（Law and Order：Season 10 Episode 19）

　明らかに，（8）Bや（9）Aは「質の格率」に違反しており（馬は食べられません し，サンドウィッチを起訴することは不可能です），（9）Bは「関連性の 格率」に違反した発話です（供述とハムはどう考えてもつながりません）が， 話者が意図的にこうした違反を行っていることは明らかであり，コード化され た意味を超えた解釈が発動しています。つまり，表面的な意図的逸脱 （flouting）は，会話に貢献するような別の意味を推論させるための発火剤とし て機能するのです。この場合も，本質的な推論動機は最初のケースと同様です。 話し手はやはり根源的なレベルでは CP を遵守しているという想定がはたらき， CP に沿う形での解釈（含意）を見いだすことが可能となるのです。
　しかし，グライスの理論は，「推論」が行われることの妥当性や一般的な手 続き（計算原理）については語られているものの，なぜ特定の含意が選ばれる のか，具体的な推論過程についてはあまり明らかにしていません。

関連性理論

　グライスの含意推論モデルを批判的に発展させたものとして，スペルベル＆ ウィルソンの関連性理論（Relevance Theory：RT）があげられます。RT によ るグライス批判のうち特に重要だと思われるのは，グライスが発話解釈をあま りに合理的で意識的な推論過程として扱っている，という指摘です（Sperber & Wilson 2002）。グライスのモデルが規範的なコミュニケーション原理を前提 としているのに対し，RT はヒトの認知的原理に基づくモデルであり，会話に おける発話解釈は，より一般的な対人行動認知の観点，例えばヒトという種が 持つ「心の理論」といった認知機構に基づいて行われていると考えます。
　RT では，グライスのモデルの中でもとりわけ関連性の格率に焦点を当て， 協調の原則（CP）に代えてむしろ関連性の原則（the principle of relevance）を言 語コミュニケーションの本質的原則として提示します。ここでいう関連性は， 認知効果（cognitive effect）と処理労力（processing effort）の2つの要因によっ て規定されるものです。認知効果（cognitive effect）とは，コミュニケーション の結果として参与者の認知環境に改善（価値のある変化）が施される状態をい

います。最も少ない処理労力で，最も高い認知効果が得られる発話こそが，最適な関連性（optimal relevance）を持つ発話である，ということになるわけです。このような考えのもと，関連性の原則は以下の2つの原則から成り立っています。

　　関連性の原則：
　（10）　関連性の認知原則（the Cognitive Principle of Relevance）：
　　　　　　人間の認知は，関連性の最大化を志向する
　（11）　関連性の伝達原則（The Communicative Principle of Relevance）：
　　　　　　すべての意図明示的コミュニケーションは，それ自体が最適の関連性（optimal relevance）を有しているという見込み（presumption）を伝達する

（Sperber & Wilson 1995：260）

　すなわち，人間のコミュニケーションにおいて何かが意図的に言われたと認識された時，その発話は，人間の認知的特質によって，最適の関連性を持ったものとして期待され，そのように処理される，ということです。

　RT では，ある発話において伝達される意味を，さらに表意（explicature）と推意（implicature）に分類します。表意は，コード化された字義どおりの意味と，コード化されてはいないものの発話から論理的に帰結される想定の両方を含みます（グライスの枠組みでは後者も「含意（implicature）」として扱われているので注意が必要です）。推意は，当該の発話の論理形式の延長上にはないような想定であり，その推論過程は「前提推意（implicated premise）」から「帰結推意（implicated conclusion）」へと至る論理的演算の結果として記述されます。ここでは推意の生成に焦点を当て，例えば（1）の発話における発話意味の推論過程を考えてみましょう。

　（1）　A：今日学校の帰りにカラオケ行かない？
　　　　　B：来週から期末試験だから。

　（1）Bの発話の解釈は，例えば以下のような手順として記述されます：

　〈1〉　Bの発話は，何らかの情報意図を持った発話であると解釈される。
　〈2〉　関連性の伝達原則により，Bは最適関連性を持つ発話をしていると想定され，Aはこれを満たすような解釈に到達するための推論を開始す

る。

〈3〉　「来週から期末試験だから」という発話は，例えば「期末試験の1週間程度前からは，外出を控えて勉強すべきである」という一般的な想定を相互顕在（mutually manifest）化しようとしている，と解釈される。この想定は，「来週から期末試験だから」の論理的拡張ではなく，あくまで推意（implicature）である。

〈4〉　〈3〉で顕在化した推意が前提として用いられ，その帰結として，この会話において最適関連性を達成するような含意を産み出す。例えば「カラオケには行かない」という拒絶回答。

参照点起動推論モデル

　ここまで，発話解釈においてコード化された意味（字義どおりの意味）が手がかりとなって発話意図の推論が行われることを見てきましたが，この推論に用いられる認知構造は参照点構造そのものであるともいえます。ここでは，認知言語学における「参照点起動の推論モデル」（山梨 2000, 2001）を適用し，発

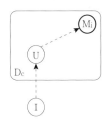

図7-3a　参照点起動推論モデル：字義通りの発話解釈

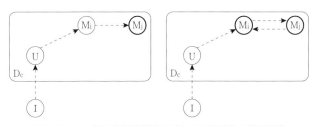

図7-3b/c　参照点起動推論モデル：語用論的な発話解釈

出典：山梨（2001：183），小山・甲田・山本（2016：77）を参照。
注：I＝解釈者（Interpreter）；U＝当該の発話（Utterance）；M_i/M_j＝
　解釈のターゲットとしての意味；D_c＝規定された領域は所定の文脈において当該の発話が潜在的に規定する解釈のターゲットの候補のドメイン（Domain of Candidates）；破線矢印＝解釈主体から当該の意味にいたるメンタル・パス（Mental Path）。

話解釈（推論）過程に一般的な認知能力がどのように寄与しているのかを見て
みましょう。

　参照点起動推論モデルでは，発話解釈過程は，コード化された意味がそのま
ま解釈されるプロセスと，これを手がかり（参照点）として発話の意味が複合
的に解釈されるプロセスとに区分され，前者は図 7 - 3 a のように，後者は例
えば図 7 - 3 b，あるいは図 7 - 3 c のように規定されます。

　これらのモデルを使用してもう一度以下の発話を検討してみましょう。

(12)　A：今日学校の帰りにカラオケ行かない？
　　　B： a．行かない。
　　　　　 b．来週から期末試験だから。

　例えば (12) Ba の発話では，「カラオケには行かない」という意図がそのま
まコード化されており，図 7 - 3 a のように表されます。これに対し，（1）Bb
では，コード化された意味「来週から期末試験が始まる（M_i）」が，別の意味
（（M_j）＝「カラオケには行かない」）を起動するための手がかりとして機能し，
相対的に背景化されていると考えられます（図 7 - 3b）。

　参照点起動の推論モデルは，特に記述的アプローチとして非常に優れたもの
です。実際の会話において，ある発話に関する我々の推論結果は，グライスの
含意推論モデルや関連性理論が規定するほど明確なものでない場合がしばしば
あります。参照点となる意味から想起される推意は無限ではないとしても複数
存在し，しかも排他的ではなく同時並列的に前景化される場合も少なくありま
せん。関連性理論では「最適な関連性」の達成がコミュニケーションの原理と
して提示されましたが，実際には以下の複数の推意が最適な解釈としてせめぎ
合うようなことも，（理論的にも実際にも）十分にあり得ます。

(13)　A：今日学校の帰りにカラオケ行かない？
　　　B：来週から期末試験だから。
　　　　　字義通りの意味（表意）M_i：来週から期末試験が始まる。
　　　　　推意M_j．試験前は外出しないものである。
　　　　　推意M_k．カラオケには行かない。
　　　　　推意M_l．試験前だしあなたもカラオケに行かずに勉強した方が
　　　　　　　　　いい。
　　　　　推意M_m．誘いを断るのは友達として適切ではない（申し訳ない）。

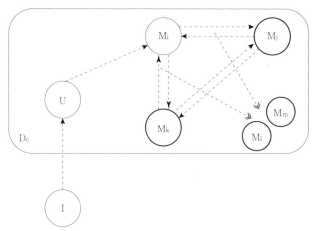

図7-4 複数以上の意味解釈のせめぎ合いとしての発話理解
出典：小山・甲田・山本（2016：79）。

　これを正確に例示することは難しいものの，参照点起動モデルでは，これを
むしろ複数以上の可能な意味解釈間のせめぎ合いと前景化／背景化の結果と捉
えるのです（図7-4）。
　従来のモデルが，「合理的」な話者を念頭においた演算的推論モデルであっ
たのに対し，参照点起動推論モデルは，動的でゲシュタルト的な発話解釈過程
をより正確に捉えていると言えるかもしれません。

③　社会認知語用論

　ここまで，人の一般的認知傾向としての発話解釈（推論）のモデルを見てき
ました。しかし，これらのモデルには疑問が残されます。そもそもなぜ「協調
の原則」や「関連性の原則」が存在するのでしょうか？　本章の最後に，近年
関心の高まっている「社会認知」もしくは「社会脳」と呼ばれるタイプの認知
機構に焦点を当て，この観点からの認知語用論的枠組みについて考えます。人
のコミュニケーション成立の背景には，私たちの行動をもっと深いところで動
機づけている，ヒトという種としての認知原理が存在するようです。こうした
考えに基づき，社会認知論的な発話解釈モデルは，ことばによる発話解釈過程
は言語の記号意味論的側面に支えられているのではなく，むしろ，言語コミュ
ニケーションと非言語コミュニケーション，さらにはコミュニケーション（意

味のやりとり）に限定されないヒトのインタラクション全般における「意図理解」の特殊なケースである，という考え方をとります。そもそも，ことばによる発話を解釈する場合と，例えば非言語メッセージを解釈する場合とでは，私たちの推論過程に何か違いがあるのでしょうか？　トマセロは，人間の言語コミュニケーションは，それを行う人間の「意図理解（intentional understanding）」と「共通の概念背景（common conceptual ground）」の非言語的インフラ（nonlinguistic infrastructure）を基盤として成り立っていると述べています（Tomasello 2008：58）。すなわち，私たちのコミュニケーション（発話解釈）を支える根底原理は，驚くなかれ記号（言語）原理ではない，と断言しているのです。

ジェスチャーの解釈

　ここでは，最も原始的で普遍的（Kita 2003；Wilkins 2003）なジェスチャーであると考えられる指さし（pointing）を取りあげ，この解釈について考えてみることにしましょう（発達における指さしに関しては，第9章第1，2節も参照）。指さしは生後1年未満から観察されますが，他者の指さしを追視したり理解するようにはそこからさらに1〜2カ月を要します（Masataka 2003）。他者が何を指さしているのか（指示対象）を瞬時に理解し，さらになぜ指さしが行われたのか（意図）を読み取ることができるのは，習慣的な意味を持つ言語記号の理解よりもはるかに難しい作業であり，考えてみれば驚くべき能力です。大人になっても，私たちは頻繁に指さしジェスチャーを用いますが，指さしによるコミュニケーションにおいては，何がどのように解釈されるのでしょうか？　以下の例を考えてみましょう。

(14)　大学での講義中に，教室に遅れて入ってきた学生と目があった講義中の教員が，最前列の机の上に置いてあるプリントの束を指さす。

　この教員が指さしによって「伝達」しようとしているのは，おそらく「そこに配布物があり，すでに他の学生には配布してあるので，自分で取りなさい」といった内容だと思われますが，トマセロ（Tomasello 2008）はこうした指さしの意味を解釈するためには，「受け手の注意をある対象に向けたい」という指示意図（referential intention）と，「そのようにする理由を受け手に理解させたい」という社会意図（social intention）という2つの意図を，受け手は順を追って理解する必要があるとしています。

(15)　指示意図：机の上のプリントの束に注目せよ。
　　　社会意図：プリントを自ら取得して授業に使用せよ。

　この2種類の意図の理解にはヒトという種が持つ特殊な認知機構が関連しています。前者の「指示意図」の理解には「共同注意（joint attention）」と呼ばれる社会的な認知機構が関わり，「社会意図」の理解には信念や意図といった他者の心的状態にアクセスするための「心の理論機構（Theory of Mind Mechanism）」という認知機構が重要な役割を果たしていると考えられます（共同注意や心の理論に関しては，それぞれ第9章1，2節も参照）。

共同注意と伝達意図の理解

　「共同注意（joint attention）」とは，2人の人間が，お互いの注意が同じ対象に向けられていることをお互いに知っている状態であり，きわめて社会的な認知であると考えられます。他の個体の視線を追従して，結果として同じ対象物を共通して見る，という行動はヒトにもヒト以外の動物にも頻繁に見られますが，共同注意の特徴は「2人が同一の事物に注意を払っていることが2人にとって自明であり，お互いがその事実を理解しているという意味で，心の出逢いが生じている」という点にあります（Eilan 2005：4-5）。別の言い方をすれば，共同注意は「私─事物─あなた」という3項関係的な社会的認知の構築です（3項関係に関しては第9章も参照のこと）。自己と物体との関わりと，自己と他人との関わりを同時に協調させるという意味で複雑であり，例えば他の霊長類にも見られないヒト特有の高度な認知の能力なのです（友永 2009）。
　(14)の指さしは，単に「プリントの束」という意味として理解されるのではなく，「プリントの束に注目せよ」（つまり，共同注意フレームを構築せよ）という「伝達意図」，すなわち自分の注意状態に対する相手の意図的な働きかけとして理解されます。つまり，指さしの第一義的な機能は「伝達意図」の顕在化であり，いわば「コミュニケーションモード」への移行指示であるといえます。このコミュニケーションモードにおいて，特定の対象物である「プリントの束」へ共同注意を構築しようとするのがここでの「指示意図」です。

心の理論機構と発話理解

　指示意図の理解は共同注意の構築が可能であれば0歳児にも可能ですが，社会的意図の理解は，他者の「思考」そのものにアクセスする能力を必要としま

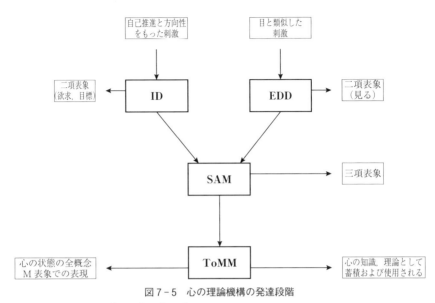

図7-5　心の理論機構の発達段階

出典：Baron-Cohen（1995［2002］：67）.

注：ID = Intention Detector（意図検出器）；EDD = Eye Direction Detector（視線検出器）；SAM
＝ Shared Attention Mechanism（共有注意機構）；ToMM = Theory of Mind Mechanism（心の
理論機構）

す。関連性理論のスペルベル＆ウィルソンも明言している通り，この「心を読
む（mind reading）能力」こそが，相手の記号使用の背景にある意図を理解す
る，まさに語用論的能力とも呼べるものです。いわば語用論能力とは他者の行
為の背景にある意図や動機を推論する作業であり，こうした能力を支えている
認知機構として「心の理論機構（Theory of Mind Mechanism：ToMM)」
（Baron-Cohen, 1995）があげられます。「心の理論」とは，他の個体の「心」，
すなわち他者の行動の背景にある目的，意図，知識，信念，思考などに関する
理解を指します。重要なのは，他者にも「心」があるということだけでなく，
他者の「心」が自分の「心」とは異なる可能性について，さらに，他者の
「心」が現実とは対応していない（誤った信念を持っている）可能性などにつ
いても私たちが理解している点です。「心の理論」機構の発達により，私たち
は他者のコミュニケーション行動（発話）の背景にはその話し手独自の目的，
意図，信念その他が存在することを理解し，そうした理解こそが発話解釈（推
論）の強い動機づけとなっているのです。なお，心の理論は４歳頃までにその
基礎部分（一次の心の理論：[[他者AはXという信念を持つ] という理解])

が発達し，その後9歳頃にかけてさらに複雑な形での理解（二次の心の理論：
[[[他者AがXという信念を持つ］とBは考えている］という理解]）を達成す
ると言われています（Perner & Wimmer 1985，ほか）。上記図7-5では，共同
注意のメカニズムの成立と，これを基盤とした心の理論機構の発達の関係が図
示されています（ここでは，共同注意は Shared Attention Mechanisim：
SAM と表現されています）。

　(14)の例に戻って考えてみましょう。この「社会意図」(＝プリントを取得
して授業で使用せよ）は，指示対象である「プリントの束」そのものだけから
想起される意味ではなく，むしろ，相手が「プリントの束への共同注意」を要
求する背景にある目的，意図へのアクセス（メンタライジング）が行われた結
果，あくまでも「相手」の心の状態（意図）として想定されるものです。つま
りここには記号論的な演算は介在せず，コンテクストと，きっかけとしての記
号使用，そして相手の動機状態へのメンタライズの結果としての発話解釈過程
が観察できます。

社会的動機と協調的推論——協調的コミュニケーション

　上で「社会的意図」の理解について観察しましたが，トマセロ（Tomasello
2008）は，こうした推論が社会的規範に依存した形での他者の心的状態に関す
るヒューリスティックに依存していると考え，これを「協調的推論
(cooperative reasoning)」と呼んでいます。言い換えれば，私たちは他者の発話
を話し手の「適切な意図（appropriate intention)」に帰属して説明する傾向を持
つといえるのです（Goody 1995：27）。トマセロは，私たちが根源的に持つ適切
なコミュニケーション動機として，要求（requesting)，情報提供（informing)，
共有（sharing）の3つをあげています。すなわち，誰かがコミュニケーション
を図ろうとしている場合，その根源的な動機は，自分に何かをさせようとして
いる，自分に何かを提供しようとしている，自分と何かを共有しようとしてい
る，あるいはこれらの組み合わせとして理解される傾向にあるということにな
ります。もちろん，特定の場面における特定の発話の背景にある動機はもっと
具体的でもっと個人的ですが（トマセロはこれを個人的動機と呼んでいます)，
まず要求，提供，共有という根源的動機の達成という観点で捉え直すことで，
無限に存在し得る個人的動機の推論が，より妥当で効率的なやり方で行われる
のだと考えられます。トマセロは，こうして行われるコミュニケーション（推
論）を以下のように記述しています。

(16)　コミュニケーション過程と協調的推論
　〈1〉　話し手には（コミュニケーション上の，あるいは人生の）個人
　　　　的目的や価値が存在する（個人目的）。
　〈2〉　この個人的目的は，相手が（a）私を助ける，（b）私が提供す
　　　　る情報を受け取る，あるいは（c）私と情報，態度を共有する，
　　　　といったやり方で達成可能である（社会動機）。
　〈3〉　上記の社会動機は相手と「コミュニケーション」を行うことに
　　　　よって達成されると考えるので，"for you" 信号（アイコンタ
　　　　クトその他）によって，共同注意の構築という形で相手にこれ
　　　　を明示する（コミュニケーション意図・伝達意図）。
　〈4〉　伝達意図が明白になったら，外界の指示的な対象物に注意を向
　　　　けさせる（指示意図）。
　〈5〉　人は，話し手がなぜコミュニケーションを取りたがっているか
　　　　を推論するように動機づけられているので（協調規範），指示
　　　　意図の背景的な目的，意図，動機を推論させることができる
　　　　（社会意図）。

（Tomasello 2008：97）

言語発話解釈への応用

　このような「伝達意図の理解」→「指示意図の理解」→「社会意図の理解」
という解釈過程は発話解釈にもそのまま適用できます。もう一度（3）と（4）の
発話解釈について考えてみましょう。

(17)　伝達意図：コミュニケーションを取ろうとしていることに気づけ。
　　　指示意図：この言語表現に注目せよ。
　　　社会意図：この言語表現を用いている理由を推論せよ。

（1）　A：今日学校の帰りにカラオケ行かない？
　　　B：来週から期末試験だから。

（3）'　Do me a favor. Why don't you see if you can find me a proper cup of
　　　tea？

（4）′ カツオ：姉さん，玄関にピストルを持った男が！
　　　 サザエ：なんですって！？

　（1）では，「指示意図」として「来週から期末試験がある」という表現を対
象とした共同注意が構築され，続いてこの背景にある「社会意図」が推論され
ます。カラオケに行くか行かないかが話題になっている文脈で「期末試験」へ
の共同注意を促す理由をメンタライズすれば（単に「期末試験」から想起でき
る事柄を類推するのではない点に注意），そしてこれは同時に「カラオケに行
くか行かないかという直接的な情報に共同注意を促さない」理由のメンタライ
ジングと重なり，例えば「Bは，カラオケに行きたくないわけではなく，「行
けない」と主張しているのであり，しかもこれを「申し訳なく思っている」」
といった複合的な解釈が浮かび上がるのだと考えられます。
　（4）は「社会意図」の誤誘導の例だと捉えられます。すなわち，「指示意図」
として家庭内で相手が「ピストルを持った男」に共同注意を促すような社会的
動機は（もちろん相手次第ですが）かなり限定されるわけです。ここで強調し
ておかなければならないのは，サザエの誤解は，言語記号によるものではなく，
ことばの運用の背景にある心の状態のメンタライジングの結果である，という
ことです。
　このように，発話の解釈は，必ずしも従来の語用論研究が示唆してきたよう
に論理的演算の帰結として1つの命題を特定する作業である必要はないし，実
際に私たちはそのようなことはしていないとも考えられます。関連性理論では，
発話解釈（推論）は認知環境への改善と最適関連性というシステムによって自
動的に計算されるものとして扱われていますが，トマセロの協調コミュニケー
ションモデルは，これを社会的な動機に基づく社会的（協調的）推論として捉
え直したものであり，今後の認知語用論研究の1つの方向として，非常に重要
な意義を持っていると考えられます。

認知語用論の方向性

　実際のことばの解釈は，ことばの意味論的知識や統語論的知識をはるかに超
える，私たちの社会的認知機構を必要とします。繰り返しとなりますが，重要
なのはコミュニケーションの達成が必ずしも言語能力を前提にしていないとい
う主張であり，トマセロ（Tomasello 2008ほか）だけでなく，スペルベル
（Sperber 2000）などもこの点を強調しています。つまり，人間のコミュニケー

ションを可能にしているのは，他者の心的状態に関する「メタ的表示能力（metarepresentational ability）」であり，この能力に基づいた推論（inference）によって他者の行為の背景にある意図や動機が復元される過程こそが，発話解釈を含めたコミュニケーション成立の基盤的メカニズムだといえるのです。認知語用論の進むべき方向は，記号（ことば）の使用によって「意味されなくとも何かが伝達されることは可能である」ことを受け入れ（Sperber & Wilson 1995 [1986]：57），記号の意味や，論理的推論を超えた，ヒトの一般的な認知機構としての対人行動理解のモデルを構築していくことでしょう。

練習問題

1．次のBの発話の「意味」を，複数のレベル（コード化された意味，表意，推意，指示意図，社会意図，根源的動機，等）で記述してください（重複しても構いません）。特に「推意」に関しては，命題的な推意と態度的な推意に分けて記述してみてください。
　　A：明日友達の誕生日パーティーをやるんだけど，あなたも来ない？
　　B：人が多いところ嫌いなんだ。
2．次の会話はなぜ噛み合っていないのでしょうか？　認知語用論的な観点で説明して下さい。
　　先生：やる気がないのなら帰れ！
　　生徒：分かりました（荷物をまとめて帰ろうとする）。
　　先生：本当に帰る奴があるか！
3．次のジェスチャーはどのような意味で解釈されるのか，なぜそのように解釈されるのか，解釈過程を説明してください。また，同じ内容が言語化された場合の解釈過程の類似性，相違点についても考えてみて下さい。
　　「公的な場所（レストラン等）で友人との食事中，友人がこちらの目を見ながら，少し顎をあげて自身の口元（口角の1センチほど横あたり）を人差し指で何回かつついて見せた。」

読書案内

① Cruse, D. Alan, *Meaning in Language : An Introduction to Semantics and Pragmatics* (3rd ed.), Oxford, UK : Oxford University Press, 2011.（片岡宏仁訳『言語における意味――意味論と語用論』東京電機大学出版局，2012年）
　　＊"Meaning makes little sense except in the context of communication" で始まる本書は，「発話の意味」を考える上での大切な基礎となる記号論（semiotics），意味論（semantics），語用論（pragmatics）それぞれの観点での「意味」について網羅

的に概説した良書です。特に第17章「Implicature」に，「会話の含意の理論」（グ
ライス），「ポライトネス理論」（リーチ），「関連性理論」（スペルベル＆ウィルソ
ン）それぞれの詳細がわかりやすく整理されています。

② Recanati, Francois, *Literal Meaning,* Cambridge, U. K.: Cambridge University
Press, 2004.（今井邦彦訳『ことばの意味とは何か——字義主義からコンテクスト主
義へ』新曜社，2006年）
　＊関連性理論寄りの視点から，いわゆる字義主義に対してコンテクスト主義を主張し，
　ことばの意味の解釈にコンテクストがどのように関わるかを深く掘り下げて考察し
　た1冊です。また，字義的意味，非字義的意味の非常に緻密な分類が行われていま
　す。

③ Tomasello, Michael. *The Cultural Origins of Human Cognition,* Cambridge, MA:
Harvard University Press, 1999.（大堀壽夫・中澤恒子・西村義樹・本多啓訳『ここ
ろと言葉の起源を探る——文化と認知』勁草書房，2006年）
　＊他者を意図的主体として認識し，その行動の背景にある意図性を推察する，という
　ヒト特有の認知能力の進化と発達を論じた研究書です。本章でも扱った，他者の発
　話を理解する語用論能力の基盤である社会認知能力について深く学ぶことができま
　す。

参考文献

小山哲春・甲田直美・山本雅子『認知語用論』（山梨正明・吉村公宏・堀江薫・籾山洋
　　介編　認知日本語学講座第5巻）くろしお出版，2016年。
友永雅己「目はこころの窓——視線認知の比較認知発達」開一夫・長谷川寿一編『ソー
　　シャルブレインズ——自己と他者を認知する脳』東京大学出版会，2009年，
　　131-160頁。
山梨正明『認知言語学原理』くろしお出版，2000年。
山梨正明「認知語用論」小泉保編『入門語用論研究——理論と応用』研究社，2001年，
　　179-194頁。
Baron-Cohen, Simon, *Mindblindness : An Essay on Autism and Theory of Mind,*
　　Learning, Development, and Conceptual Change, Cambridge, Mass.: MIT Press,
　　1995.
Berlo, David K., *The Process of Communication ; an Introduction to Theory and
　　Practice,* New York: Holt, 1960.
Carston, Robyn, *Thoughts and Utterances: The Pragmatics of Explicit
　　Communication,* Oxford: Blackwell, 2002.（内田聖二・西山佑司・武内道子・山崎
　　英一・松井智子訳『思考と発話——明示的伝達の語用論』研究社，2008年）
Cruse, D. Alan, *Meaning in Language : An Introduction to Semantics and Pragmatic*

(3rd ed.), Oxford, New York : Oxford University Press, 2011. (片岡宏仁訳『言語における意味——意味論と語用論』東京電機大学出版局，2012年)

Eilan, Naomi, "Joint Attention, Communication, and Mind," N. Eilan, C. Hoerl, T. McCormack, and J. Roessler (eds.), *Joint Attention : Communication and Other Minds : Issues in Philosophy and Psychology*, Oxford : Oxford University Press, 2005, pp. 1-33.

Goody, Esther, "Introduction : Some Implications of a Social Origin of Intelligence." E. Goody (ed.), *Social Intelligence and Interaction : Expressions and Implications of the Social Bias in Human Intelligence*, New York : Cambridge University Press, 1995, pp. 1-36.

Grice, Paul H., "Logic and conversation," P. Cole and J. L. Morgan (eds.), *Syntax and Semantics 3 : Speech Acts*, New York : Academic Press, 1975, pp. 41-58.

Grice, Paul H., *Studies in the Way of Words*, Cambridge, MA : Harvard University Press, 1989.

Horn, Laurence, "Toward a New Taxonomy for Pragmatic Inference : Q-based and R-based Implicature," D. Schiffrin (ed.), *Meaning, Form, and Use in Context : Linguistic Applications*, Washington, DC : Georgetown University Press, 1984, pp. 11-42.

Kita, Sotaro, "Pointing : Foundational Building Block of Human Communication," S. Kita (ed.), *Pointing : Where Language, Culture, and Cognition Meet*, Mahwah, NJ : Lawrence Erlbaum Associates, 2003, pp. 1-8.

Masataka, Nobuo, "From Index-finger Extension to Index-finger Pointing : Ontogenesis of Pointing in Preverbal Infants," S. Kita (ed.), *Pointing : Where Language, Culture, and Cognition Meet*, Mahwah, NJ : Lawrence Erlbaum Associates, 2003, pp. 69-84.

Mey, Jacob, *Pragmatics : An Introduction* (2nd ed.), Oxford, UK : Blackwell, 2001 [1993]. (小山亘訳『批判的社会語用論入門——社会と文化の言語』三元社，2005年)

Perner, Josef and Heinz Wimmer, "'John thinks that Mary thinks that ...'--Attribution of second-order beliefs by 5- to 10-year-old children," *Journal of Experimental Child Psychology*, 39, 1985, pp. 437-471.

Shannon, C. E. and Weaver, W., *The Mathematical Theory of Communication*, Urbana, Illinois : University of Illinois Press, 1949.

Sperber, Dan, "Metarepresentations in an Evolutionary Perspective," D. Sperber (ed.), *Metarepresentations: A Multidisciplinary Perspective*, Oxford : Oxford University Press, 2000, pp. 117-138.

Sperber, Dan and Deirdre Wilson, *Relevance : Communication and Cognition*, Oxford :

Blackwell, 1986/1995.

Sperber, Dan and Deirdre Wilson, "Pragmatics, Modularity and Mind-reading," *Mind & Language,* Vol.17, 2002, pp. 3-23.

Tomasello, Michael, "Joint Attention as Social Cognition," C. Moore and P. J. Dunham (eds.), *Joint Attention : It's Origins and Role in Development,* Hillsdale, NJ : Erlbaum, 1995, pp. 103-130.（山野留美子訳「社会的認知としての共同注意」大神英裕監訳『ジョイント・アテンション——心の起源とその発達を探る』ナカニシヤ出版, 1999年）

Tomasello, Michael, *The Cultural Origins of Human Cognition,* Cambridge, MA : Harvard University Press, 1999.（大堀壽夫・中澤恒子・西村義樹・本多啓訳『こころと言葉の起源を探る——文化と認知』勁草書房, 2006年）

Tomasello, Michael, *Constructing a Language : A Usage-Based Theory of Language Acquisition,* Cambridge, Mass : Harvard University Press, 2003.（辻幸夫・野村益寛・出原健一・菅井三実・鍋島弘治朗・森吉直子訳『ことばをつくる』慶応義塾大学出版会, 2008年）

Tomasello, Michael, *Origins of Human Communication,* Cambridge, MA : The MIT Press, 2008.

Trevarthen, Colwyn, "Communication and Cooperation in Early Infancy : A Description of Primary Intersubjectivity," Bullowa, M. (ed.), *Before Speech : The Beginnings of Interpersonal Communication,* Cambridge, UK : Cambridge University Press, 1979.（鯨岡峻訳「早期乳幼児における母子間のコミュニケーションと協応」『母子のあいだ——初期コミュニケーションの発達』ミネルヴァ書房, 1989年, 69-101頁）

Wilkins, David, "Why Pointing with the Index Finger is not a Universal (in sociocultural and semiotic terms)," S. Kita (ed.), *Pointing : Where Language, Culture, and Cognition Meet,* Mahwah, NJ : Lawrence Erlbaum Association, 2003, pp. 171-216.

🔲 *Column* 🔲

含意と欺瞞

　私たちのコミュニケーションの成立はその大部分を含意（推意）の伝達に頼っていますが、そもそも含意（推意）は不確かなものであり、その不確かさゆえに、場合によっては誤解を生み、また悪用されることもあります。ここでは、含意が意図的に操作されているケースを考えてみましょう。

　例えば、最近はやりの「特定保健食品」のラベルを見ていると、何やら健康に良さそう（！）な文句が並んでいます。スーパーの商品棚で手に取った商品のラベルに次のような文言があったとして、あなたならどのように「解釈」しますか？

「（この商品は）脂肪の吸収を抑え，排出を増加させる」

　なんとなく胡散臭さを感じつつも，「食事中にこの飲料を飲めば，脂肪の吸収が<u>かなり</u>抑えられるので，食事に脂肪が含まれていても気にする必要がない」といった解釈をしていませんか？　そんなこと，本当に「書いて」ありますか？　こうした解釈は明らかに行き過ぎた「推論」であり，しかも，メッセージの送り手に「都合の良い」含意となっています。メッセージの受け取り手の含意を意図的に誘導している例だと言えるでしょう（ただし，嘘をついたり情報を隠蔽しているわけではなく，実際に商品のホームページを覗いてみると，この商品による中性脂肪上昇抑制率が最大で10％程度しかないことが，きちんと明示されています）。

　また，以下のような例では，悪意ではなくむしろ善意（配慮）によって受け取り手の含意推論が誘導されていると考えられます。

（全く嬉しくない，むしろ気に入らない品物を親しい友人からプレゼントされて）
　A：気に入ってくれた？
　B：ありがとう，嬉しかったよ。

　多くの人が「Bはプレゼントを気に入ってくれた」と解釈してしまいがちですが，Bの発話を注意深く観察すれば，この推論はそれほど妥当ではない（本当は，プレゼントはあまり気に入っていない）ことはすぐにわかりますね。では，なぜ私たちはこのような都合の良い解釈をしてしまうのでしょうか？　ここで（冷静になって！）実際にはどのような含意が論理的に推論可能（妥当）なのかを考えてみましょう。

「脂肪の吸収を抑える」
　含意A：脂肪の吸収が，この飲料を飲まない場合と比較すれば，統計的・医学的に非常に意味のある程度まで抑制される。それゆえ，この飲料を飲んでいれば脂肪量を気にする必要はない。
　含意B：脂肪の吸収が，この飲料を飲まない場合と比べれば相対的には抑えられるものの，その差についてはここで言及できるほど統計的・医学的に意味のある程度ではない。それゆえ，この飲料を飲んでいるからといって脂肪量を気にしなくてよいわけではない。

「ありがとう，嬉しかったよ。」
　含意A：気に入ったプレゼントを貰って嬉しかった。
　含意B：プレゼントの中身はともかくも，気遣いが嬉しかった。

　一見すると相反する含意の生成に関しては，Horn の Q-Principle/R-Principle という概念が有効です。この2原則は，Grice の量，関係，様態の格率を再編した

もので，以下のように規定され，それぞれの原理によって異なった種類の含意が生成されると説明されます。

［コミュニケーションの原理］
Q-Principle：できる限りのことを言う［Say as much as you can］
R-Principle：必要以上は言わない［Say no more than you must］
［含意の種類］
Q-based Implicature：上限含意（what is not said is NOT implicated）
R-based Implicature：下限含意（what is not said can be implicated）

　上記の例では，含意Aは R-based Implicature，含意Bは Q-based Implicature であるということになります。しかし，同じ言語形式に対してどのようにして Q-/R-based implicature の選択が行われるのでしょうか？　上記のような場合では，話者の社会的動機に関する好意（肯定）的読み込みが行われた結果であると考えられます。コミュニケーション参与者を，他者を欺く存在としてではなく，広告とは「良いもの」を宣伝する行為であり消費者に対して誠意を持って商品の利点を伝達している，という前提に立てば R-based Implicautre が生成されますし，他者はそれほど誠実ではなく，言われている以上のことを読み込むのは危険だと判断すれば，Q-based Implicature が派生することになります。

　このように，含意（推意）の生成には，コミュニケーションにおける対人的な社会動機や相手への態度までもが複雑に絡みあっています。

第8章 認知類型の世界

中野研一郎

この章で学ぶこと

　分類の仕方等で異なるので，正確にはわかりませんが，世界にはおよそ6500〜7500の言語が存在するとされています。その中には，今世紀中に消滅すると危惧されている言語も数多くあります。各言語は，それぞれ固有の形式・文法を持っており，形式・文法によって言語を分類するのが，言語類型論（linguistic typology）と呼ばれる学問分野です。言語を分類する際には，「格（case）」とか，「主語（subject）／目的語（object）」とか，「自動詞（intransitive verb）／他動詞（transitive verb）」といった文法カテゴリが，基準として用いられます。日本語は格助詞とされる「を」があることによって，「対格言語」と分類されています。また，上記カテゴリによる「語順（word order）」を基準にすると，英語はS（主語）V（動詞）O（目的語）言語，日本語は SOV 言語と分類されています。こうした分類の仕方は一見するともっともらしく思えますが，実は英語であっても日本語であっても，上記のような文法カテゴリによってうまく記述・説明できない言語現象が，数多く存在しています。言語は謎に満ちており，興味が尽きないものだと思います。

　この章においては，日本語と英語の言語現象を比較対照することによって，上記の「格」や「主語／目的語」・「自動詞／他動詞」からなる「語順」や「時制」といった文法カテゴリが，言語を分類する上で普遍的な基準になりえないことを見ていきます。また，世界中の言語現象を記述・説明するためには，従来の言語学とは異なるパースペクティブ，認知言語類型論（cognitive linguistic typology）という学問分野が必要であることを確認していきます。

キーワード

　認知モード（cognitive mode），解釈・把握（construal），類像性（iconicity），創発（emergence），文法カテゴリ（grammatical category），認知言語類型論（cognitive linguistic typology）

1 認知言語類型論とは

　認知言語類型論（cognitive linguistic typology）の目標は，世界中の言語がなぜその言語固有の形式・文法を持っているのかを，統一的なパースペクティブで記述・説明することにあります。なかなか壮大な企てなのですが，一定の見通しがあって，記述・説明の道具立てとして，認知モード（cognitive mode）と事態把握・世界解釈（event construal），および，類像性（iconicity）といったものを用います。みなさんにとっては初めて聞く用語でしょうから，戸惑うかもしれませんね。読み進むにつれてだんだん慣れていきますから，安心してください。また，認知言語類型論の原理は，簡単にまとめると，「言語の形式・文法は，その言語を用いている認知主体（言語使用者）の認知モードを介した事態把握・世界解釈が，類像的に創発したものである」となります。これも最初は何のことを言っているのかわからないかもしれませんが，だんだん腑に落ちてきます。具体事例の分析を通して，認知言語類型論の世界に入っていくことにしましょう。そこでは，ブレイク・スルーとかパラダイム・シフトと呼ばれていることを体験することになります。

2 日本語の「形容詞」と英語の 'adjective（形容詞）'

　授業で「形容詞って何ですか」と尋ねると，「ものや事柄の性質や状態を表している」という答えが返ってきます。そうですね，『広辞苑』の形容詞の定義も見てみましょう。

けいよう－し【形容詞】
（adjective）品詞の一つ。事物の性質・状態・心情等を表す語。名詞を修飾する機能（限定用法）と述語の中心となる機能（叙述用法）とがある。文語では，「長し」などのク活用，「哀し」などのシク活用がある。口語では活用の種類は一つ。　　　　　　　　　　（『広辞苑』on CD-ROM 第六版，岩波書店）

　また，ディクソン（Dixon）という学者は，'adjective（形容詞）' を表 8 - 1 のように分類しています。
　明快ですね。次元（dimension）／時間性（age）／心的判断（value）／色（color・colour）／物理的特性（physical property）／心的性質・状態（human

154

表8-1　意味タイプに従った 'adjective（形容詞）' の分類

1.　DIMENSION（次元）	'big', 'small', 'tall', 'short', 'wide', 'deep', etc.
2.　AGE（時間性）	'new', 'young', 'old', etc.
3.　VALUE（心的判断）	'good', 'bad', 'lovely', 'atrocious', 'perfect', 'proper (/real)', etc. (And also words such as 'odd', 'strange', 'curious', 'crucial', 'important', 'lucky'.)
4.　COLOUR（色）	'black', 'white', 'red', etc.
5.　PHYSICAL PROPERTY（物理的特性）	'hard', 'soft', 'heavy', 'wet', 'rough', 'strong', 'clean', 'hot', 'sour', etc.
6.　HUMAN PROPENSITY（心的性質・状態）	'jealous', 'happy', 'kind', 'clever', 'generous', 'cruel', 'proud', 'ashamed', 'eager', etc.
7.　SPEED（速度）	'fast', 'quick', 'slow', etc.
8.　DIFFICULTY（困難度）	'easy', 'difficult', 'tough', 'hard', 'simple', etc.
9.　SIMILARITY（類似度）	'like', 'unlike', 'similar', 'different (/strange)', 'other', etc.
10.　QUALIFICATION（認定度）	'definite', 'true', 'probable', 'possible', 'likely', 'usual', 'normal', 'common', 'correct', 'appropriate', 'sensible', etc.
11.　QUANTIFICATION（数量の程度）	'all (/whole)', 'many', 'some', 'few', 'only', 'enough', etc.
12.　POSITION（位置状態）	'high', 'low', 'near', 'far/distant', 'right', 'left (/strange)', 'northern', etc.
13.　CARDINAL NUMBERS.（基数）	(In some languages these constitute a separate word class.) And 'first', 'last' (together with other ordinal numbers).

出典：Dixon（2004：3-5）。

propensity）／速度（speed）／困難度（difficulty）／類似度（similarity）／認定度（qualification）／数量の程度（quantification）／位置状態（position）／基数（cardinal numbers）を基準にすることによって，'adjective（形容詞）' を分類しているのです。広辞苑の定義を見ても，ディクソンの分類例を見ても，形容詞がモノ・人やコトの性質や状態を表しているのは間違いなさそうに思えます。そうした前提で，形容詞を使った英語の次の事例を，日本語に置き換えてみることにします。

（1）　"Ken is sad./ Ken is happy./ Ken is ashamed of his behavior./ Ken is glad."

　　「*ケンは悲しい。/*ケンは楽しい。/*ケンは自分の行為が恥ずかし

い。/＊ケンは嬉しい。」

　何か気が付くことがあったでしょうか？　実は日本語において，「＊ケンは
悲しい。/＊ケンは楽しい。/＊ケンは自分の行為が恥ずかしい。/＊ケンは嬉し
い」とは，言えないのです（「非文」と呼ばれ，文に付いている＊印がそれを
表しています）。「ケンは悲しそう。/ケンは楽しそう。/ケンは自分の行為を恥
じている。/ケンは嬉しそう」等と，形容詞の末尾に「～そう」を付けたり動
詞化すると文法的に正しい文と認められますが，英語で３人称単数と呼ばれて
いる「ケン」に対して，そのまま「悲しい，楽しい，恥ずかしい，嬉しい」を
使うことはできないのです（３人称複数形に対しても同じです）。３人称単数
以外の２人称の「あなた」を使った場合はどうでしょうか？　「＊あなたは悲
しい。/＊あなたは楽しい。/＊あなたは自分の行為が恥ずかしい。/＊あなたは
嬉しい」も，やはり文法的に正しい文とは認められません（２人称複数形に対
しても同じです）。それでは，３人称や２人称ではなく，１人称と呼ばれてい
る「私」を用いた場合はどうでしょうか？　「私は悲しい。/私は楽しい。/私
は自分の行為が恥ずかしい。/私は嬉しい」。これらの使い方に違和感はなく，
文法的に正しい文として認められます（１人称複数形に対しても使えます）。
不思議に思いませんか？　何が理由となっているのでしょう？

　　ここで，ちょっと角度を変えて，日本語の「形容詞」と言われるものをあげ
てみることにします。「重い・軽い・寒い・暑い・冷たい・熱い・悲しい・嬉
しい・楽しい・淋しい・腹立たしい・妬ましい」等が，例としてあげられます。
これらの例で気が付くことは，日本語で「形容詞」と呼ばれているものは，語
末が/i/か/shi-i/で終わっていることです。つまり，現代日本語で「形容詞」
の特徴は，語末が/i/か/shi-i/になっており，しかもそれが活用されることな
のです。高校の古典の授業で，日本語古語の形容詞は，語末がク活用（語末イ
形容詞）のものとシク活用（語末シイ形容詞）のものがあると習ったと思いま
す。かつて大野晋という学者は，日本語の「形容詞」にはク活用として，

（２）　あかく（赤），あさく（浅），あつく（暑），あはく（淡），あやふく
　　　　（危），あらく（荒），あをく（青），いたく（痛），うすく（薄），うと
　　　　く（疎），おそく（遅），おほく（多），おもく（重），かしこく（賢），
　　　　かたく（固），からく（辛），かるく（軽），きよく（清），くさく
　　　　（臭），くらく（暗），くろく（黒），こく（濃い），こはく（強）

……等があり，また，シク活用として，

（3）　あさましく（浅），あしく（悪），あたらしく（惜），あやしく（怪），
　　　　あわただしく（慌），いそがしく（忙），いちじるしく（著），いとほ
　　　　しく（可憐），いとはしく（厭），うれしく（嬉），おそろしく（恐），
　　　　かなしく（悲），きびしく（厳），くちをしく（口惜し），くわしく
　　　　（詳），くやしく（悔），こひしく（恋），さかしく（賢），したしく
　　　　（親），すずしく（涼）

……等があるとしました（大野 1978：82-85）。

　その上で，ク活用の「（語末イ）形容詞」は，明―暗，浅―深，厚―薄，安
―危，近―遠，遅―速，多―少，重―軽，白―黒，濃―淡，強―弱 等の対の
関係をもって物の属性・状態を表し，シク活用の「（語末シイ）形容詞」は情
意を表すと指摘しています。同時に，物の属性・状態を表すク活用の「（語末
イ）形容詞」は，日本語の古語である「やまとことば」の語彙全体においては，
数が少ないことを指摘しているのです（大野 1978：82-85）。

　ここまでの話で何か気が付くことはないでしょうか？　ここまでで推測でき
ることは，日本語の語末シイ（古語ではシク活用）の「形容詞」は，3人称・
2人称を用いる対象には使えないことなのです。この推測に対しては，反例を
出せるかもしれませんね。例えば，「悲しい思い・楽しい話・恥ずかしい思い
出・嬉しいニュース等はどうなるのか？」という問いのようにです。この問題
を考えるために，語末シイ形の形容詞が「女」という名詞を修飾している事例，
また，「君」という2人称に対して用いられている事例を見てみましょう。大
瀧詠一と山下達郎が作曲した曲に使われている，松本隆という作詞家の詞を見
てみることにします。

（4）　キャンドルを暗くして　スローな曲がかかると…
　　　　かたちのない優しさ　それよりも見せかけの魅力を選んだ
　　　　OH! KAREN 誰より君を愛していた　心と知りながら捨てる
　　　　OH! KAREN 振られたぼくより哀しい　そうさ哀しい女だね君は
　　　　　　　　　　（「恋するカレン」詞：松本隆，曲・歌：大瀧詠一）
（5）　指に光る指環　そんな小さな宝石で　未来ごと売り渡す君が哀しい
　　　　　　　　　　（「硝子の少年」詞：松本隆，曲：山下達郎，歌：KinKi Kids）

　これらの曲においては，「哀しい」という語末シイ形容詞が「女」という名

詞を修飾していても，「君が」という2人称の対象を受けていても，違和感はありません。自然な感じがします。このことをどう判断すれば良いのでしょうか？　見抜いてみてください。答えは，この歌を歌っている主人公を振って，お金を持っていると考えられる新しい彼氏に乗り換えた女性たち本人は，必ずしも哀しがってはいないことにあります。身も蓋もない話ですが，むしろ現実的には，お金を持っている新しい彼氏を捕まえられて，女性たちは喜んでいたり，幸運と思っているかもしれません。それでは，「哀しい女」とか，「君が哀しい」と歌われている「女・君」とは誰のことを指しているのでしょう？　気がつきましたか？　そうです，主人公の外側に存在する「女」や「君」ではなくて，主人公の内側に存在する「女」や「君」のことなのです。主人公から離れて客観的に捉えられている（認知言語学ではこれを「客体化」と呼びます）「女」や「君」ではなくて，主人公の内側で主観的に捉えられている（認知言語学ではこれを「主体化」と呼びます）「女」や「君」なのです。ちょっとびっくりする事実ではありませんか？　日本語の語末シイ形容詞は，話し手・書き手（認知言語学では読み手・聞き手と共にこれらを「認知主体」と呼びます）の中で「主体化」されている対象に用いられるものなのです。つまり，日本語の語末シイ形容詞は，認知主体の中で「主体化」された対象にしか適用できない品詞カテゴリなのです。「*ケンは悲しい。／*ケンは楽しい。／*ケンは自分の行為が恥ずかしい。／*ケンは嬉しい」は日本語として言えませんが，「ケンは優しい。／ケンは冷たい。／ケンは面白い」は日本語として言えます。なぜならば上記の表現において，ケンは話者（主体）との関係においてすでに「主体化」されているからです。話者（主体）はケンとの付き合いの中で，すでに彼を「主体化」して捉えているのです。その為に「君は自分の行為が恥ずかしくはないのか？」は言えるのです。

　言語学者ではありませんが，この事実に気が付いていた日本の哲学者がいます。西田幾多郎という哲学者です。少しわかりづらい文ですが，読んでみる価値はあります。

（6）　純粋経験の状態では主観と客観とは全く一致してゐるのである，否，いまだ両者の分裂がないのである。例へば自分が物を知覚して居る時の精神状態のように，唯ある性質をもつた経験があるのみである。見てゐる自分もなければ見られる物もない。　　　　　　（西田 1953：188）

他にも日本語の論理をわかりやすく明快に語った文学者がいます。川端康成

という作家です。日本語の論理に対して，鋭敏な感性を持った作家でした。

（7）　例えば，野に一輪の白百合が咲いている。この百合の見方は三通りし
　　　　かない。百合を認めた時の気持ちは三通りしかない。百合の内に私が
　　　　あるのか。私の内に百合があるのか。または，百合と私が別々にある
　　　　のか。……百合と私とが別々にあると考えて百合を描くのは，自然主
　　　　義的な書き方である。古い客観主義である。これまでの文芸の表現は，
　　　　すべてこれだったと云っていい。ところが，主観の力はそれで満足し
　　　　なくなった。百合の内に私がある。私の内に百合がある。この二つは
　　　　結局同じである。そして，この気持ちで物を書き現さうとするところ
　　　　に，新主観主義的表現の根據があるのである。（川端 1982：176-177）

　この日本語の「形容詞」の話は，日本語における「名詞」とは何かの話につ
ながっていくものですが，長くなるので今回は控えます。英語の 'noun（名
詞）' と日本語の「名詞」も，その創発（「概念（意味）」が「形式（文法）」と
して具現化すること）に関わっての認知メカニズムが異なります。興味があれ
ば考えてみてください。
　さてここまでの話から，日本語の語末シイ「形容詞」は，英語（近代ヨー
ロッパ標準諸語の１つ）の 'adjective（形容詞）' と互換性がないことが論証
されたと思います。残りは，「明るい―暗い，浅い―深い，厚い―薄い，安い
―危ない，近い―遠い，遅い―速い，多い―少ない，重い―軽い，白い―黒い，
濃い―薄い・淡い，強い―弱い」等の，大野が指摘する語末イの「形容詞」に
なります。これらも事例を通して考えてみることにしましょう。

（8）　「今朝は少し肌寒い。」
　　　　"It is a little chilly this morning ／ "I'm feeling a bit chilly this
　　　　morning."

　日本語文・英文とも適正な文ですね。英語文においては状況が it によって
主語化され，be 動詞の is の使用と形容詞の chilly，副詞の this morning の使
用によって，この発話によって表される状況が，「客観的・客体的」に構文・
文法として創発しています。また，認知の主体者（概念化者）の方が「客観
的・客体的」に構文・文法として創発する場合には，主語には I が選出され，
am feeling という現在進行形の構文による事態把握の創発が図られることにな
ります。

日本語文の方はどうでしょうか？　助詞とされる「は」（「提題の助詞」とか呼ばれます）の使用によって「今朝」という日が主題化され，「肌寒い」という事態判断がなされています。日本語文・英語文共に，同じことを表しているように思えますね。ただよく見てみると，日本語の「今朝は肌寒い」において，「は」は動詞ではありませんので，動詞の無い文だとわかります。また，動詞（verb）が無い文に主語（subject）という概念は存在しないとすると，日本語の「今朝は肌寒い」の文は，主語と動詞が無い文になります。英語においては，文は主語と動詞により構成されるものと定義されますから，日本語の「今朝は肌寒い」は，英語の定義で言えば，文ではなく句になります。おかしいですね。私たち日本人にとって「今朝は肌寒い」は，ごく普通に使う文法的に正しい日本語文だと思います。日本人にとっては，先ほどの事例から「今朝は」を省いて，「肌寒いね」としても，文としての成立（「一語文」）を認めることができるでしょう。日本語において，なぜ「肌寒いね」という表現を文として見なすことができるのでしょうか？　また，なぜ日本語文の「今朝は肌寒い」という文に対して英語では，"It is a little chilly this morning." と "I'm feeling a bit chilly this morning." という 2 文を提示することができるのでしょうか？

　答えは，先ほどの語末シイ「形容詞」と同じ認知のメカニズムが働いているからなのです。日本語の「今朝は肌寒い」という構文で創発している事態把握においては，語り手・書き手（認知主体）が，環境・状況と自分とを分離させて捉えていないのです。日本語で「肌寒いね」と表す場合，この表現は環境・状況も寒いし，語り手・書き手である自分自身も寒く感じていることを表しています。日本語の論理においては，環境・状況と認知主体とが，分離した状態で捉えられているわけではないのです。だから，「肌寒いね」が一語文として成り立ちます。先ほどの川端康成が述べていることと，同じことなのです。

　日本語においては，状況・環境と認知主体自身が一体化されて捉えられます。つまり，日本語で「形容詞」と呼ばれてきた文法カテゴリは，これまで誰も論証することがなかったのですが，モノやコトの客観的性質や状態を表している英語の 'adjective（形容詞）' と同じものではなかったのです。その理由は，ものごとの捉え方（認知言語学ではこれを「事態把握」とか「世界解釈」，もしくは「認知モード（cognitive mode）」と呼んでいます）が，英語と日本語では異なっていたからです。

　言語の一番基礎となる語彙レベルで，日本語と英語において互換が成立しないという事実は，合理的に推論していけば，英語の他の文法カテゴリ（「主語

（subject）／目的語（object）」・「自動詞（intransitive verb）／他動詞（transitive verb）」・「格（case）」・「時制（tense）」・「態（voice）」等）も，日本語には妥当しないという結論につながっていくかもしれませんね。これまで学校で学んできたことと，全く異なる世界が見えるようになるかもしれません。

③ 英語の「認知モード」と日本語の「認知モード」

英語は「時間」をどのように捉えているのか

英語で‘adjective（形容詞）’，日本語で「形容詞」と呼ばれているものが，実は互換性を持たないという事実は，どうして生まれてきたのでしょうか？それは，英語のモノ・コトの捉え方（事態把握・世界解釈）が，日本語の捉え方とは異なっていたからです。つまり「認知モード（cognitive mode）」が，英語と日本語では異なっているからです。

認知言語学という学問分野を切り拓いてきた学者に，ロナルド・W・ラネカー（Ronald W. Langacker）という学者がいます。彼は人間が持つ認知のあり方を，次のような図式で表しました。

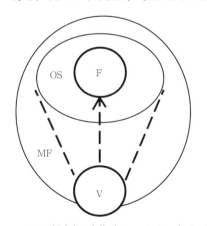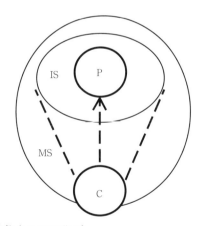

V(S)＝観察者／主体（viewer/subject），C＝概念化者（conceptualizer），
MF＝最大視界（maximal field of view），MS＝最大範囲（maximal scope），
OS＝直接領域（onstage region），IS＝直接範囲（immediate scope），
F＝注意の焦点（focus），↑＝知覚関係（perceptual relationship），P＝概念化対象（profile）

図8-1　Langacker の基本認知図式：「視覚構図」と「事態把握図」の相似
出典：Langacker（2000：205）.

図8-1右側に示した認知図式（単純には，このように図式によって表される認知のあり方が「認知モード」と呼ばれます）は，人間の概念化（事態把握・世界解釈）が，モノ・コトを目で観察するのと同等関係にあるということを表しています。つまり，英語でものごとを考えているラネカー（近代ヨーロッパ標準語話者）にとっては，規範的な概念化（世界解釈）とは，自身から分離したモノ・コトを，距離を持って視覚的に観察する（「客観的」に捉える）ことと同じなのです。そこにおいては，観察者（V）と注意の焦点（F）の間の空間的距離と同じように，概念化者・認知主体（C・S）と概念化対象・認知対象（P・O）の間に，認知空間上の距離が存在しています。事実，英語のこの概念化のあり方（世界解釈）は，英語という言語の代表的な構文・文法に「類像性（iconicity）」を介して繰り返し現れてきます。「類像性」とは，特定の「認知モード」による世界解釈（概念化）が，特定の形態で文法カテゴリとして創発していることを指します。つまり，特定の「認知モード」による概念化の様態が，特定の文法カテゴリになっているのです。
　'adjective（形容詞）' 以外に，英語の「客観的・客体的な認知モード（図8-1）」による事態把握のあり方が，「類像性（iconicity）」を介して創発している別の文法カテゴリの典型例が，「時制（tense）」と呼ばれるものです。英語において「時制」は動詞で示され，動詞の長さが認知空間における時間軸上での距離（遠さ・過去）を表しています。つまり英語においては規則動詞の場合，

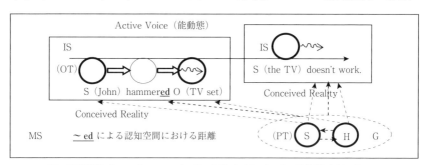

IS＝直接範囲（immediate scope），S＝主語（subject），O＝目的語（object），
OT＝客観・客体的時間（Objective Time），PT＝現在時（Present Time），
MS＝最大範囲（maximal scope），S＝話し手（speaker），H＝聞き手（hearer），
G＝場（ground），Conceived Reality＝知覚された現実

図8-2　Iconicity（類像性）を介した「時間的客観・客体性（'objectivity'）」の創発：
　　　　認知空間上の距離（「時制（'tense'）」）

出典：中野（2017：96 一部改変）。

語末に 'ed' を付加することによって，ことばを変えるなら規則動詞に 'ed' という長さを加えることによって，過去は現在よりも遠くに位置するものと解釈しているのです。「概念化者（conceptualizer）」と「概念化対象（profile）」の間には認知空間上の距離が存在しており，その距離（遠さ）が「時制」と呼ばれる文法カテゴリにおいて「動詞」の長化を動機づけています。そのことを図示しているのが，認知図式 8 - 2 です。

認知図式 8 - 2 は，動詞末に 'ed' が付加（動詞形態が長化）されることで，過去とは認知空間上での遠くのできごととして解釈されていることを表しています。つまり，過去とは現在から遠くに存在しているできごと（事象）として解釈されているのです。したがってこの解釈が拡張されると，現時点でありえないことは，現在から認知次元的に距離のあるもの（仮定法過去形）として，過去の時点でありえないことは，過去の時点よりもさらに認知次元的に距離のあるもの（仮定法過去完了形）として表されるのです（認知図式 8 - 3）。

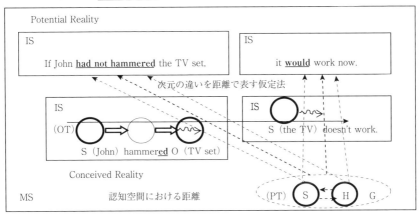

図 8 - 3　Iconicity（類像性）を介した「時間的客観・客体性（'objectivity'）」の創発：認知空間上の距離（「時制（'tense'）」と「仮定法（'subjunctive mood'）」）

＊Potential Reality＝可能性に留まる現実
出典：中野（2017：97 一部改変）。

なかなか良くできた，合理的な言語論理だと思いませんか？　英語における 'tense（時制）' という文法カテゴリが，どのような事態把握・世界解釈によって生まれているのかが良くわかります。時制というのは，認知空間的な距離を時間軸上に移し替えることで生まれている文法カテゴリなのですね。

認知図式 8 - 1 で，認知主体と認知の対象との間に認知空間上の距離がありました。主体と対象との間に認知空間上の距離があるからこそ，英語の形容詞

（adjective）というのは，モノやコトの「客観的」な性質・状態を表すことができたのでした。同じように，この認知空間上の距離が英語の基本動詞の語末に‘〜ed’という長さとして付加されることで，英語は過去を時制（tense）として表すことができているのです。認知図式8-1の「客観・客体的」な事態把握・世界解釈のあり方が，英語の形容詞や時制という文法カテゴリに，「類像的（iconic）」に反映されているのです。

　それでは，日本語も英語と同じように，認知空間上の距離を時間軸上に移し替えることで，過去というものを表しているのでしょうか？　みなさんと確認したように，日本語の「形容詞」は英語の形容詞（adjective）とは違うものでした。日本語の「形容詞」は，主体と対象との間に，認知的距離を設けない状態での把握の仕方が，言語形式として創発しているものでした。日本語において過去はどのように表されているのかという問いかけは，ことばを変えるならば，日本語に「時制（tense）」という文法カテゴリが存在するのかという問いと同じになります。事例を見ることにしましょう。

日本語は「時間」をどのように捉えているのか
　現代日本語の「時制化された過去（‘tensed past’）」は，「た/ta/」によって表されるとされています。

（9）　a．昨夜はひどく雨が降りました。
　　　b．卓也は結局，絵を仕上げることができませんでした。
　　　c．祇園の日本料理店「いふき」さんには，もう行かはりましたか。
　　　d．その論文の片隅に，とても重要なことが書かれていました。
　　　e．最初に教室に着いた人が，窓を開けておいてください。

　一見すると何の問題もなく，過去を表している気がしますね。でも，もう少し事例を探してみると，次のようなものも見つかります。

（10）　a．（相撲で）「はっけよい，残った，残った」
　　　　b．（2時間歩いて）「やっと，着いた」
　　　　c．（探し物をしていて）「あっ，ここにあった」
　　　　d．（市場の魚屋さんで）「さあさ，買った，買った」
　　　　e．（日程を確認していて）「あ，明日，現代文のテストだった」

（10）a，dの「た/ta/」は，「残る」・「買う」ことが今起こっていて，その

ことが未来まで続くようにという，話し手の期待を表しています。(10) b，c は，「着く」・「ある」ことが，話し手によって確認されていることを表しています。(10) e も，「テスト」というイベントの未来時における発生が，話し手によって確認されていることを表しています。これらの事例を観察すれば，日本語の「た/ta/」は「時制化された過去」という文法カテゴリを表しているのではないことに気が付きます。同じ認識を，森田（1995）は次のような事例で説明しています。

(11) 「火星に衛星はあったっけ」（確認）
「じゃ，頼んだよ」（確述・念押し）
「あの人は以前からここに居ました。間違いはありません」（確述）
「どうも有難うございました」（確述）
「社長，お車が参りました」（確述）
「台風が来るから早く帰ったほうがいい」（強調）
「そうだ，今日は家内の誕生日だった」（想起）
「あ，ここに在った」（発見）
「なあんだ，夢だったのか」（発見）
「やっぱり君だったのか」（予想の的中）
「まあ，呆れた」（驚愕・驚嘆）
「こりゃ，驚いた」（驚愕・驚嘆）

いずれも，時制とは関係の無いところでの「た」である。括弧の中に記した説明は，その「た」の文脈的意味であり，「た」が表わす表現意図と言い換えてもよい（森田 1995：305-306，下線部強調原文のまま，太字強調本章筆者）。

森田が用いる事例や説明においても，日本語の「た/ta/」が「時制化された過去」を表していないことがわかります。英語の'tense（時制）'で確認したように，時制という文法カテゴリは，認知空間上の距離を時間軸上に移し替えることで創発しているものでした。日本語の「た/ta/」は事例からわかるように，認知空間上の距離を時間軸上に移し替えているものではありません。英語と異なった時間論理が現れているのです。それでは，どのように論理が働いているのでしょうか？　わからないときは，起源を探ってみましょう。この場合は，日本語の「た/ta/」の出自を探ってみることです。

「過去」を表す助動詞とされている「たり/tari/」の定義は，『広辞苑』によれば次のようになっています。

たり【助動】

❷（テアリの約）（活用はラ変型。［活用］たら／たり／たり／たる／たれ／
たれ）動詞型活用の語の連用形に付いて，ある動作がなされて，その結果が
今もあることを示す。平安末期から，動詞に付いた場合は単にその事態が
あったことを表すだけになった。時の助動詞の中で，平安時代までは使い分
けた「き」「けり」「つ」「ぬ」「り」が徐々に衰えて行き，「たり」だけが
残って現代語の「た」になる。
①動作・作用が完了し，その結果が現在もある意を表す。…てある。…てい
る。…た。万葉集17「羽咋はくいの海朝凪ぎしたり船楫もがも」。竹取物語
「門たたきて，くらもちの皇子おはしたりと告ぐ」。天草本平家物語「重盛が
首の刎ねられたらうずるを見て仕れ」。歌舞伎，鳴神「生まれてはじめての
んだれば，腹の内がひつくり返る」
②動作・作用が確かにあったと認める意を表す。…た。源氏物語若紫「さて
心安くてしもえ　　置きたらじをや」。天草本平家物語「あはれ，その人が
亡びたらば，その国は明かうず」

（『広辞苑』on CD-ROM 第六版，岩波書店，下線部強調本章筆者）

　現代日本語で「時制化された過去（tensed past）」を表すとされる「た/ta/」
は，江戸時代までは「たり/tari/」でした。「たり/tari/」は「てあり/te-ari/」
が音変化したものです。『広辞苑』でも次のように述べていましたね。「ある動
作がなされて，その結果が今もあることを示す。動作・作用が完了し，その結
果が現在もある意を表す。動作・作用が確かにあったと認める意を表す」。こ
こでの本質は何でしょうか？　「たり/tari/」の元の「てあり/te-ari/」を構成
している「あり/ari/」が示しているのは，「在る」です。すなわち時で言えば
「イマ」を表しています。また，「てあり/te-ari/」を構成している「て/te/」
が示しているのは，コトの生起が確定していること，表現を変えれば，認知主
体がコトの生起に対して心的に確信を持っていることなのです。心的な確信と
いう助長な表現を用いていますが，心に思い起こして確信を持ったことに対し
て，「てあり/te-ari/」→「たり/tari/」→「た/ta/」が使われているのです。
したがって，コトが目の前で起こっている場合(10)a・b・c・dにでも，過
去のことを自分の中で思い起こした場合(9)a・b・dにでも，未来のことを
自分の中に取り込んだ場合(9)eにでも，完了・確認(9)c，(10)e・確
述・強調・想起・発見・驚愕等を表すものとして，日本語では「た/ta/」が用

いられるのです。大事なのは，日本語の「た/ta/」は英語で言う「過去時制
(past tense)」ではないことです。「時制化された過去」とは，みなさんと確認
したように，認知空間上の距離を時間軸に移し替えることで創発する文法カテ
ゴリのことでした。日本語は，認知空間上の距離を時間軸に移し替えることな
どしていません。しているのは，コト（言語学では事象と呼びます）の生起を，
イマを生きている自分の意識の中に取り込んで，それに対して心的な確信を得
られるかどうかで判断をしているのです。つまり日本語の時間にはイマしかな
く，日本語においての完了とか過去は，認知主体が事象を意識の中に取り込ん
で，その生起に対しての心的確信（「主体化された事象」）として在るのです。
「客観化・客体化」されたコトではなく，「主体化」されたコトとしての表現な
のです。日本語は英語と違って，言語論理の中核においてモノ・コトを「客体
化」するのではなく，「主体化」して捉えているのです。

練習問題

1．日本語の「認知モード」とはどのようなものか，認知図式を書いてみましょう。
2．英語の「主語（subject）」とは，どのような事態把握のあり方から創発している文
法カテゴリなのか，考えてみましょう。
3．日本語の「れる/reru/・られる/rareru/」は，英語の「受動態（passive voice）」
と互換性を持つものなのか，考えてみましょう。

読書案内

① 中村芳久編『認知文法論Ⅱ』大修館書店，2004年。
  ＊第1章「主観性の言語学——主観性と文法構造・構文」が，認知モードによる事態
  把握・世界解釈がどのように言語形式・文法に反映されるかを述べています。
② 熊倉千之『日本語の深層——〈話者のイマ・ココ〉を生きることば』筑摩書房，
  2011年。
  ＊日本語における「主体化」の論理が，中古・近代・現代等の日本文学作品を例に挙
  げて，わかりやすく解説されています。
③ 中野研一郎『認知言語類型論原理——「主体化」と「客体化」の認知メカニズム』
  京都大学学術出版会，2017年。
  ＊各言語の文法カテゴリとは，その言語に用いられている「認知モード」による事態
  把握が「類像的」に創発しているものであることが解明されています。日本語文法
  の全体像を捉えることができます。

参考文献

大野晋『日本語の文法を考える』岩波新書，1978年。

川端康成「新進作家の新傾向解説」『川端康成全集』第30巻，新潮社，1982年，172-183頁。

中野研一郎『認知言語類型論原理──「主体化」と「客体化」の認知メカニズム』京都大学学術出版会，2017年。

西田幾多郎『哲学概論』岩波書店，1953（再版2004）年。

森田良行『日本語の視点──ことばを創る日本人の発想』創拓社，1995年。

Dixon, Robert Malcolm Ward, "Adjective Classes in Typological Perspective," Robert Malcolm Ward Dixon and Alexandra Y. Aikhenvald (eds.), *Adjective Classes A Cross-linguistic Typology,* Oxford University Press, 2004.

Langacker, Ronald W., *Grammar and Conceptualization,* Mouton de Gruyter, 2000.

── 🏠 *Column* 🏠 ──

パラダイムの問題──言語学と哲学の関係

　日本語の文法に関して，どうしてこのような混乱が生じているのでしょうか？日本語が英語に比べておかしな言語であるからでしょうか？　そんなはずはないですよね。日本語は細やかな想いを表すことや，他者の存在を前提にした表現の工夫の多さなど，多くの良さを持った言語だと思います。この言語は有用で，あの言語は有用でないなどといった，商取引のターム（用語）による価値判断ができるようなものではないはずです。

　私たちが合理的推論をしていると思っていても，その推論が袋小路に入ってしまう場合，考えなければならないことは，私たちの推論を規定し形づくっているもの，すなわち物事を考える上でのパラダイムが間違っているのではないかということなのです。なんだか，哲学の話のようになってきましたね。実は，現代哲学の中心課題とは，リチャード・ローティ（Richard Rorty, 1967）という哲学者も指摘していたように，言語の問題なのです。ここでいうパラダイムの間違いとは，日本語を含む世界中の言語が，英語を代表とする近代ヨーロッパ標準諸語と同じ論理で成り立っている，表現を変えると，世界中の言語が近代ヨーロッパ標準諸語と同じ事態把握・世界解釈をしているという思い込みです。明確に言えば，全ての言語は事象を客観的・客体的に表しているという思い込みです。どうでしょう，みなさんの同意を得られる話でしょうか？

　明治の時期，日本は西洋からいろいろな文物を大急ぎで大量に取り入れました。近代史の中で，国が国として生き残るために必要なことであったと思います。世界史において生き残りを賭けた西洋的な近代化を推し進める中で，英語を含む近代ヨー

ロッパ標準諸語に触れた日本の言語学者たちは，これらの言語にある文法カテゴリは，日本語にも妥当すると考えました。近代ヨーロッパ標準諸語の文法カテゴリとは，「格（case）」とか，「主語（subject）」とか，「時制（tense）」，「態（voice）」といったものです。これらの文法カテゴリが日本語になければ，日本語は二等言語だという脅迫観念みたいなものがあったのかもしれません（今でもあると思いますけど）。私たちは人のことを笑える立場にはありません。自分たちがあるパラダイム内で思考している場合，自分たちの思考を形づくっているパラダイム自体を意識化するのは，原理的にかなり困難だからです。ただ，この壁を打ち破れたとき，つまり異なるパラダイムへと出られたとき，世界が昨日までと違って見えるようになるのは確かです。認知言語学・認知言語類型論という学問分野は，この異なる世界への扉として存在しています。

参考文献

Rorty, Richard, *Linguistic Turn: Recent Essays in Philosophical Method*, The University of Chicago Press, 1967 (1992).

第9章 言語習得の世界

深田　智

この章で学ぶこと

　生まれたばかりの赤ちゃんは話すことができません。おそらく，大人が自分の
ほうに顔を向けて発する音が，意味を持つことばであることさえわかっていませ
ん。でも，赤ちゃんは，この世に生まれ出た瞬間から（一説ではそのちょっと前
から）ことばの海に投げ出されます。毎日たくさんのことばが自分に向かって発
せられ，自分以外の誰かが別の誰かに向かって発することばにも毎日触れること
になります。家族がテレビやビデオ，CDプレイヤーをつけていれば，そこから
もことばが流れてきます。ことばを介した日々の生活の中で，赤ちゃんは，こと
ばには意味があることを知り，ことばが自分の感じたことや思いを伝えるための
表現手段の1つであることを知ります。そしていつの間にか，大人と同じように
ことばを使えるようになるのです。

　本章では，赤ちゃんがことばを習得していく過程を，運動機能の発達や認知発
達，あるいは社会性の発達と関連づけながら紐解いてみようと思います。どのよ
うなことばがどのような段階で現れるのかを具体的に示しながら，ことばを使え
るようになるには言語以外のどのような発達が必要となるのか，また，誕生直後
から開始される環境あるいは他者とのインタラクションの中で，赤ちゃんは世界
をどのように捉えるようになるのか，そしてそれはどのように変化していくのか，
そのこととことばの習得はどのような関係にあるのか，などといった問題を明ら
かにしていきます。

キーワード

　感覚運動経験，イメージ・スキーマ，3項関係，共同注意，伝達意図の理解，
役割交替模倣，ジェスチャー，心の理論

1　ことばが生まれるまでの発達的基盤

赤ちゃんが意味のあることばを使い始めるようになるのは，ふつう1歳前後

だと言われています（やまだ 1987 : 81）。ことばを使えるようになるためには，まず，自分の思いを伝えたい，自分が注意を向けている何かを他者と共有したいという強い思いがなくてはなりません。しかしそれだけでは，その子なりの伝達方法が生み出されるだけで終わってしまいます。言語という社会・文化的に共有された伝達手段を獲得するためには，他者が自分とインタラクトする際に用いる音声（ことば）がそのような思いを伝える伝達手段の1つであることを知り，また1つひとつのことばには意味があることも理解する必要があります。ことばの意味がどう獲得されるのか，これはそもそも，ことばの意味とは何かという点から考えても非常に難しい問題ですが，少なくともその一部は，あることばを発した人——子どもにとってはたいていの場合養育者となります——が，そのことばを発した時に，何に注意を向け，それにどう対応したかを観察することで獲得されると考えられます。つまり，子どもがことばを獲得していくには，子どもの伝えたいという思いだけでなく，子どもが，他者と他者が注意を向けている対象の双方に興味を持ち，それをそこで用いられた音声（ことば）と関連づけて理解していく力が必要であるというわけです。

　しかし，これでもまだ子どもがことばを使えるようにはなりません。子どもが言語を習得するためには，子どもと向き合い，子どもの伝えたいという思いを汲んで，子どもとその子どもが注意を向けている対象の双方に注意を向け，ことばと行動で応じていく他者（養育者）が必要です。

　このような，子ども（自分）と養育者（他者）と対象という3つの関係，すなわち，3項関係は，生後9～14カ月頃に形成されると言われています（表9-1参照。3項関係に関しては第7章3節も参照）。それ以前には，まず，子ども（自分）と養育者（他者）との2項関係が生後0～4カ月頃に形成され，それに続いて，子ども（自分）とモノとの2項関係が生後5～9カ月頃に形成されます。3項関係は，この2つの2項関係の結合体として形成されます。以下では，3項関係の成立以前に，具体的にどのような運動機能の発達や認知的な発達が見られるか，また，3項関係の成立は，どのような意味で言語習得の基盤となっているかを，やまだ（1987）やトマセロ（Tomasello 1999），マンドラー（Mandler 1991, 2004, 2005）を中心に論じていきます。

他者との関係

　生後0～4カ月頃は，他者との通じ合いが中心となる時期です。赤ちゃんは，生まれて間もない段階から，他者，とりわけ養育者と，ことば（音声）による

やりとりだけでなく，見つめ合い，触れ合う，といった身体的な相互交渉を行います。これは「原会話（protoconversation）」と呼ばれ，そこには明確な「やり」「とり」，すなわちターンテイキング構造が見られます（Tomasello 1999：59）。

　また，この頃の赤ちゃんは，大人のかけることば（音声）のリズムに合わせて身体を動かすだけでなく，大人の体の動き，特に口や頭の動きをまねたりすることもあると言われています。これは，原始模倣あるいは新生児模倣と呼ばれています。生まれて間もない赤ちゃんであっても，情動を媒介として，他者と声や身体を通してリズムを合わせる様子が見られるというわけです。このことは，人が，生まれつき，同種の存在である他者に特別の関心を抱き，互いに共鳴・共感・響存したいと願う，きわめて社会性の強い存在であることを示唆しています（やまだ 1987）。やまだ（1987：55-75）は，この他者との情動的な通じ合いを「うたう」関係と呼んでいます（表9-1参照）。言葉による他者との相互交渉は，この情動的な通じ合いの延長線上にあるというわけです。

モノとの関係

　生後0〜4カ月頃に見られる自分と目の前の他者との2人だけの関わり合いの時期を経て，生後5〜9カ月頃には，モノとの積極的な関係，すなわち，モノを「見て取る」関係が見られるようになります（やまだ 1987）。モノを見ることとモノを取ること，および，この両者の協応は，次のように発達していきます。

　まず，見る能力に関してですが，生まれたばかりの赤ちゃんの視力は0.01〜0.02程度しかありません。しかし生後1カ月くらいには，明暗がわかるようになり，動くものを目で追ったり，視覚的注意を引きやすい対象を選んでそれを凝視したりすることはできるようになります。そして，少なくとも生後4カ月頃までには，モノの様々な特徴に応じた注視ができるようになり，生後6カ月頃までには，大人と同じくらい明瞭にモノが見えるようになると言われています。

　一方，「取ること」に関して言えば，新生児は，手に触れるモノを反射的につかむことはできますが，この反応はすぐに消失してしまいます。自分の手（というモノ）を視野の中にとどめておけるようになるのは生後2カ月頃から，目で見たモノに手を伸ばしたり手でつかんだモノを視野の中に運んだりするようになるのは生後3カ月頃からで，目で見たモノを手でつかめるようになる，

表 9-1　言語獲得に関わる 3 つの機能の発達的変化

	0～4カ月ごろ	5～9カ月ごろ	9～14カ月ごろ	14～24カ月ごろ
みる（認識機能）	・外界とは「みる」ことでかかわる。 ・近くの空間に反応する。	・「みる」ことは「とる」ために使われる（実践機能優先）。 ・「とる」ことのできる近くの空間に関心。	**静観的認識の開始。** ・「みる」だけで「とり」にいかない。「いく」ことができるにもかかわらず、「ここ」にとどまって「あそこ」を見る。 ・離れたところ「あそこ」を視野に入れる。	**表象機能の開始。** ・「ここ」にいながら、「ここにないもの」をみる。 ・見たて。離れたところのもの「あれ」が、「これ」によって「ここ」へ運ばれてくる。
とる（いく）（実践機能）	・手操作（とる）も移動（いく）も未発達。	「みる－とる」の軸。 目と手の協応。 感覚運動的活動。 ・手操作（とる）の発達。 ・外界志向性の活動（探索行動）の発達。	・静観手操作（さわる）。 ・移動（いく）の開始。 ・意図（手段－目的関係）の発達。 （ピアジェの第4段階）	・慣用的手操作。 ・実験的手段の開発。 （ピアジェの第5段階）
うたう（情動・伝達機能）	「みる－うたう」の軸。 共鳴動作。 ・エントレインメント、原始模倣、微笑反応。 ・人間一般への関心。 ・要求・拒否の伝達は情動の直接表出（泣くなど）。	・原始模倣の消失。微笑反応の減少。	・模倣（うつす・まねる）の開始。 ・愛着対象の形成。人見知り。 ・媒介事項を介入した、情動の表出の間接化（泣きの道具的使用）。 ・指さし、提示、手渡しの開始。 **「みる－うたう」と「みる－とる」の軸の結合。3項関係の形成。**	・有意味語。 ・延滞模倣（見ること と 再現の距離化）。 ・社会的ネットワークのなかでの他者分化。 ・自尊心のしくみの開始。 **「私」の発生。世界をまとめる中心ができる（「ここ」への中心化）。「つもり」の発生。** ・表象機能を含む3項関係。

出典：やまだ（1987：76-77）。本書での表記法にそって一部改変。月齢はおよそのもの。

すなわち，手と目の協応が起こるのは生後4カ月くらいからです。そして，生後6，7カ月頃までには，つかんだモノを操作できるようになり，外界志向的な活動が見られるようになります。

　以上のような外界との感覚運動的な関わり合いを通して，赤ちゃんは，様々な物体や空間関係をカテゴリー化したり，あるいは，ある角度からしか見えない物体の別の角度からの「見え」や全体像を予測したり，対象の永続性を理解したりすることができるようになります。以下では，この感覚運動的な情報を基盤として形成される心的表示，イメージ・スキーマ（image schema）に焦点をあて，ことばの習得について考えていきます。

イメージ・スキーマと乳児の概念形成

　人は，他の生物と同様に，身体を介して外部世界とインタラクトしています。その日常生活では，例えば，鞄からノートを取り出す，引き出しからお菓子を出す，などのように，似たような経験が見られる場合も多々あります（例示したこの2つの経験は，〈XからYを出す〉こととしてまとめていくことができます）。このような，日常生活の中で繰り返し現れる，比較的単純な抽象化された経験のパターン（ないしその心的表示）は，認知言語学の分野では一般に，イメージ・スキーマと呼ばれています（Johnson 2005）。イメージ・スキーマは，パターンないし構造であって概念ではありませんが，少なくとも人は，これを基盤として多様な日常経験の中のある特定の部分に注意を向け，そこに意味を見いだし，抽象的な概念を形成したり，推論を働かせたりすることができるようになるとされています。

　イメージ・スキーマには，モノの移動や空間関係に基づく比較的単純なもの――移動に関わるイメージ・スキーマには，〈経路〉，〈自力移動〉，〈生物移動〉，〈無生物移動〉，〈使役移動〉などが，また，空間関係に関わるイメージ・スキーマには，〈容器性〉，〈支え〉，〈上／下〉，〈前／後〉，〈部分／全体〉，〈連結〉などがあります――から，この種のイメージ・スキーマのいくつかを組み合わせた〈力〉や〈動作主性〉といった複雑なイメージ・スキーマまで様々なものが存在します（本章では，〈　〉は概念を表し，ある概念の形成以前に獲得されたイメージ・スキーマは「〈○○〉の（イメージ・）スキーマ」と呼ぶことにします）。先述したようにイメージ・スキーマは心的表示なので，本来図示できませんが，例えば，〈自力移動〉や〈使役移動〉，〈容器性〉のスキーマは，図9-1のように示されることがあります。

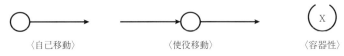

<自己移動>　　　　　　<使役移動>　　　　　　<容器性>

図9-1　〈自力移動〉，〈使役移動〉，〈容器性〉のイメージ・スキーマの図式化

出典：Mandler（1991）．一部改変。

　マンドラー（Mandler 1991, 2004, 2005）によれば，イメージ・スキーマは，遅くとも生後6カ月頃までには形成され始めるということです。生後6カ月といえば，赤ちゃんがことばらしいことばを発するようになるかなり前の段階ではありますが，モノとの積極的なやりとりは見られるようになる時期です（表9-1参照）。マンドラーは，この時期にイメージ・スキーマが形成され始めることに注目し，ことばの獲得以前の初期の概念は，このイメージ・スキーマに基づいて形成され，またそれによって，その後の言語獲得が可能になる，と考えています。例えば，ある物体が別の物体の中にあるか否かの観察やある物体の中に入っている別の物体を取り出すなどといった経験を通して形成される〈容器性〉のスキーマは，〈容器性〉の概念の形成と in という語の習得に，また，ある物体が別の物体の上に置けるか否かなどの観察や実際に置いてみるといった経験を通して形成される〈支え〉のスキーマは，〈支え〉の概念の形成と on という語の習得に，それぞれ利用されるというわけです。さらに，複数のイメージ・スキーマの結合によって形成される〈動作主性〉のスキーマとその概念は，動作主（agent）と被動作主（patient）の文法上での現れ方の違いの習得に関与していると考えます。

　しかし，イメージ・スキーマに基づく初期の概念は，ことばに反映されている概念と完全に一致しているわけではありません。ことばを獲得することで新しい概念が形成される場合もあれば，ことばが初期の概念の一部だけを焦点化し，それ以外を背景化してしまうような場合もあります。例えば，「犬」や「猫」といったことばを獲得すると，それまでは〈生物〉か〈無生物〉かといった大まかな区別しかできなかった子どもも，〈犬〉と〈猫〉とを区別するようになります。ことばを獲得することで，事物をより細かく分析できるようになり，それに伴って新たな概念も形成されるというわけです。また，英語母語話者の子どもは，言語獲得の初期の段階では，ある場所から別の場所へのモノの移動を，in や out，up，down のような前置詞（あるいは不変化詞）のみで表現します（Mandler 2006：152）。このことは，この時期の子どもが，移動の〈経路〉（図9-1の〈自己移動〉や〈使役移動〉の図の直線の矢印の部分）

に注目して移動事象を言語化する傾向があり，移動の〈様態〉（どんなふうに移動するか，図9-1の〈自己移動〉や〈使役移動〉の図の直線の矢印の部分の精緻化）や〈直示性〉（こちらに来たか，あちらに行ったか）に注目した言語化は（まだ）できないことを示唆しています（ただし，本章2節の「3歳という時期」でも示すように，英語母語話者の子どもは3歳の時点で，英語に特有の移動事象の表現方法を習得していますから，その頃には移動の〈様態〉にも注目できるようになると言えます）。

　また言語によって初期の概念をどう結びつけて（concatenate）言語化するかが異なる場合もあります。例えば，〈容器性〉と〈支え〉の概念は，英語では，それぞれ in, on という語におおよそ対応づけられますが，韓国語では，この2つの概念が関わる状況を表す際に，容器と中身あるいは支えている物体と支えられている物体とがきっちり合っているか否か（隙間や遊びはないか）で異なる語が用いられます。韓国語を習得する子どもは，英語母語話者の子どもが通常注目しないような〈きっちり合っていること〉と関連づけて，〈容器性〉や〈支え〉が関わる状況を把握していくようになる，というわけです。

　このように，子どもは，イメージ・スキーマに基づいて形成した初期の概念を足がかりとして言語を習得していくのですが，その過程の中で，新しい概念を形成したり，初期の概念の一部だけを焦点化させたり，あるいは，異なる概念どうしを各言語に特有の方法で関連づけたり，統合したりするようになります。イメージ・スキーマに基づく初期の概念は，言語の影響を受けてそれぞれの言語に合うように包装し直される（repackage）というわけです。

　それでも，具体的な経験に基づいて形成されたイメージ・スキーマは，因果関係や心理的あるいは社会的関係，〈時間〉や〈変化〉，〈理論〉といった，身体を介して直接的に体験することのできない抽象的な概念を理解していく上でも重要な役割を担っています。例えば，〈連結〉のイメージ・スキーマは，ある事象が起こった結果として別の事象が起こるというような因果関係の理解の基盤にあると考えられます（Mandler 2004：98）。言語が違えば，この種の抽象的な関係や概念の理解に利用されるイメージ・スキーマが異なることもありますが，そうであるとしてもこの種の理解にイメージ・スキーマが大きく関与していることは間違いなさそうです。

　以上のように，イメージ・スキーマは，たとえその一部が言語獲得によって背景化したり修正されたりすることがあったとしても，言語を獲得する基盤として非常に重要な役割を担っています。しかし，このイメージ・スキーマの形

成とそれに基づく概念形成だけでは，ことばを使えるようにはなりません。ことばの獲得には，意味・概念を表そうとする以前に，他者と何かを共有したいという思いがなくてはならず，また，他者の伝達意図を理解し，自分も他者と同じように，同じ伝達手段を用いて自分の意図を伝えられることを理解する必要があります。これは言語が，意味・概念を表す表現形式の1つであるとともに，共同体の中で長い年月をかけて作りあげられてきた社会・文化的な記号体系でもあるからです。以下ではこの点に注目し，自分と他者とモノという3項関係の成立と関連づけながら言語獲得を考えていきたいと思います。

3項関係の成立と言語習得

　自分と他者とモノとの3つの関係，すなわち3項関係は，生後9カ月頃に成立します。この時期になると子どもは，他者（養育者）の注意を，自分と自分の注意の対象の双方に向けさせるために，指さしや提示，手渡しといった共同注意（joint attention）を促す行動を取るようになります（指さしや共同注意に関しては，第7章3節も参照）。加えて，他者の視線を追って何かを見たり（視線追従），モノを介して他者と一緒に何かを行ったり（協調行動），他者が何かに働きかけるのと同じ行動を取ったり（模倣学習）するようにもなります（この基盤にはもちろん，人が本来持つ，他者と共鳴・共感・響存したいという強い思いがあると考えられます）。

　3項関係の成立によって，世界は，自分と他者に共有されたもの，すなわち，間主観的なものへと変化します。そこでは，ことばをはじめとする記号的な人工物を介した社会的なやりとりが行われています。子どもは，他者が自分の目標に沿ってこの記号的な人工物を使っている様子を観察しながら，他者が自分に向かって使った記号的な人工物を，自分も他者と同じように，他者に向かって使うことができることを学んでいきます。このような学習方法は，（自分と他者の役割が交替することから）「役割交替模倣（role-reversal imitation）」と呼ばれています（Tomasello 1999）。

　言語と同様に，指さしや提示，手渡しといったジェスチャーも，この共有された世界に存在する伝達意図を伝えるための記号的な人工物です。やまだ（1987）によれば，指さしは，はじめ，単に自分の感動を示すために，他者に知らせようという意図とは無関係に自然に出てくるということですが，その後すぐに，他者との間で事物を共有するための社会的な記号として用いられるようになるということです。ことばが生まれる1歳前後という時期以前に，子ど

もが，この種のジェスチャーを用いて他者と社会的なやりとりをするようになるという事実は，この時期に言語獲得を促す社会的な相互作用の基盤，すなわち記号的な人工物を介した他者とのやりとりの礎が築かれることを意味しています。この基盤の上に，他者からのことばがけとそこに込められた伝達意図を理解しようとする子どもの側の試みが加わって，はじめてことばと意味とが結びつき，言語が獲得されると考えられます。言語習得とは，「私」と「あなた」とが，互いの意図を伝え合うために，共に言語という記号的人工物を用いてやりとりするようになることなのです。

他者の伝達意図を理解する

　他者の伝達意図を理解できるようになるためには，他者も自分と同じように意図を持つ主体であると理解できなくてはなりません（伝達意図の理解に関しては第7章3節も参照）。子どもがこのように他者を理解できるようになるのは，1歳頃だと言われています。それ以前は，他の霊長類と同じように，他者は，単に生きて自力で動いている主体として理解されているようですが，それでも人は，少なくとも生後数カ月で（ある研究によれば，生まれながらにして）他者を自分と似た存在と見なすようになるということです。この認識をもとに，やがて自分がある目標を達成するために複数の行動の中からある1つの行動を取れるようになった時，すなわち，ある意図を持って行動することができるようになった時に，他者も自分と同じように意図を持って行動する存在であると理解できるようになります。これは生後8カ月頃のことだと言われています。

　他者をこのように理解できるようになると，少なくとも共同注意が成立する生後9カ月頃には，それを足がかりとして，他者が自分に向かって発する音声（ことば）には何らかの特定の意味（意図）があると気づくようになります（それ以前にもことばに反応することは多々ありますが，これは「響存」の可能性が高く，それぞれのことばに特定の意味があることを理解していると断言することはできません）。ことばらしいことばを発することができない生後9カ月頃の段階から，子どもが養育者の発したことばの意味を理解している様子は，例えば，「おいしいね」や「お出かけする？」といった養育者のことばに対して「うん」と答えたり，「これ，ママのところに持っていって」と言うと実際に持っていったりすることができるようになることからもうかがえます。他方，この頃になると，養育者の側も，子どもの指さしや提示，手渡しといった行為に対して，何らかのことばをかけながら対応する様子が見られます。例

えば，おもちゃの車を指さして「ん！」といった子どもに対して「あ，車ね」と返答したり，プリンを手渡ししてきた子どもに対して「プリンくれるの？どうもありがとう。」と言ったりといったやりとりは，ごく普通に見られます。他者を自分と同じように意図を持つ主体として理解できるようになった子どもは，この種のやりとりを介して，徐々に特定のことばと意味とを結びつけられるようになります。

② ことばという表現手段の獲得と進展

赤ちゃんが「ママ」や「あっち」などの有意味語を発するようになるのは，1歳前後だと言われています。以下では，このようなことばが生まれてからの言語発達のプロセスを見ていきたいと思います。

有意味語の発現
子どもは，1歳前後になると大人にもそれとわかるようなことば（語）を発するようになります。1語のみの発話ですから，それが何を指しているか（物体か，行為か，関係か，場所か，状況か，など）は，それだけでは特定できません。養育者は，それぞれの場面や状況に合わせてその意味するところを理解し，子どもに，ことばあるいは行動で対応していくことになります。子どもは，この養育者からのことばでの反応を通して，妥当な言語表現や欠けている言語的な要素が何であるかを理解し，適切な文を生成できるようになっていくと考えられます。

ただ，たとえ養育者から適切な文が提示されたとしても，子どもはまだ，それを個々の要素に分解していくことができません。例えば"Let me see"も，"Lemme-see"のように1語であるかのように学んでしまいます。言語習得には，妥当な表現を学び，欠けている要素を埋めていくプロセスとともに，文を要素に分解していくプロセスも含まれるというわけです。

軸語を中心とした構文から抽象的な構文へ
2語文を発するようになるのは，たいてい1歳半頃からです。クラーク（Clark 2003：183-184）は，1歳6カ月〜1歳8カ月までの英語母語話者の子ども5人の2語文を調査し，その発話パターンを検討しています。それによれば，5人全員に共通する発話パターンは見られなかったものの，モノの欠如を表す

表 9 - 2　野地 (1977) に特徴的に見られる 2 語文の発話パターンと出現頻度

発話内容 ＼ 年齢	1 歳 5 カ月（1）	1 歳 6 カ月（24）	1 歳 7 カ月（64）	1 歳 8 カ月（59）
アッチ・イッタ	0	3	14	15
～シタ	0	11	26	25
～キタ	0	0	2	0
ナイ	1	9	7	17
アッタ	0	1	4	13

出典：熊谷 (2004：82)。年齢表示の仕方は，読者にわかりやすくなるように改変している。各年齢の横に括弧で示されているのは，その年齢で出現した 2 語文の総数。

［No ＋ X］パターン（"No birds" など）とモノの消失を表す ［X ＋ gone］パターン（"Cat gone" など）は 4 人の子どもに，また，所有を表す表現形式（例えば，"Mummy［has a］car" など）ないしはモノがある場所を表す表現形式（"Book on there" など）は 3 人の子どもに見られたということです。また熊谷（2004）は，野地（1977，野地が観察対象とした自分の長男の発話に関する筆記記録）のデータの中から 1 歳 5 カ月～ 1 歳 8 カ月の間にかけて出現した 2 語文を分析しています。表 9 - 2 は，その各年齢における 5 つの発話パターンの出現頻度です。

　クラークや熊谷の研究から，初期の 2 語文には，事物の存在や不在に関わるタイプが共通して見られることがわかります。ためしに子どもの発話のデータベースである CHILDES（MacWhinney 2000）からアメリカ英語のコーパスを利用して子どもの発話事例を調査してみたところ，モノの不在や消失を表す "all gone" あるいは "gone" は 1 歳 1 カ月から出現していました。また 1 歳 6 カ月頃からは，"Mummy gone" や "all gone yogurt" などが見られ，この時期に ［X gone］という構文が形成されつつあることが推測されました。さらに 2 歳を過ぎた頃からは，X（主語）のバリエーションの増加とともに，"gone" の後に "in the house" や "away" などが付随する例も見られ，"gone" を軸に ［どこに］のスロットも形成されたこと，すなわち ［X（主語）gone Y（場所）］の構文が形成されたこともうかがえました。

　また筆者の息子は， 1 歳11カ月頃から，「ない」という語を「ばーば（の歯ブラシが）ない」「ぶーぶ（が）ない」のような「X（が）ない」の構文で用いるとともに，「（食べ）ない」「（着）ない」のような助動詞「ない」としても用いていました（実際には，例えば，「これ食べないの？」に対して「ない」，「着てみる？」に対して「ない」などと応答していただけなのですが，この種の「ない」が「食べない」「着ない」の意味であることは明らかでした）。また，

動詞に限らず，「ぶーぶ」を軸にした「あか（い）ぶーぶ」「き（いろい）ぶーぶ」「ママ（の）ぶーぶ」のような「X（修飾語）ぶーぶ」というパターンも同時期に見られました。

このように子どもは，ある１つの語を軸に，自分の思いや意図を伝えるのに必要な要素を，言語的にも補っていくようになります。その中のあるパターンの実際の使用数が増えれば，それがその語を軸語とした構文となります。軸語が動詞であれば，各動詞ごとに異なる構文が形成されるのですが，トマセロ（Tomasello 1999）は，これを動詞の島構文（verb island construction）と呼んでいます（「構文」に関しては，第１，２，12章および辻編〔2019〕を参照）。

ケリー（Kelly 2006：25-28）によれば，この動詞の島構文の形成には，子どもによるジェスチャーも交えた意図の伝達と，それに対する養育者のことばでの反応の双方が重要であるということです。ことばを獲得途中の段階にある子どもは，ことばだけでなく，指さしや提示，手渡しといったジェスチャーも使いながら自分の意図を伝えようとします。養育者がその子どもの意図を汲みとり，それをことばで表現していくというプロセスの中で，子どもの動詞の島構文が形成されるというわけです。表９-３は，ケリーの研究の調査対象となった Chera という英語母語話者の子どもが，want の動詞の島構文を獲得していく過程を示しています。Chera は最初，ことばを発することなく GIMME ジェスチャー（子どもが養育者ないしは欲しいものを見ながら，片手を広げて前に出すジェスチャー）だけで，「Xが欲しい」という自分の意図を伝えようとします。すると養育者は，その意図を理解し，want を使ってことばで表現しながら Chera の思いを確認します。このやりとりを繰り返す中で，Chera はジェスチャーとともにことばを発するようになり，やがてことばだけで（ジェスチャーを用いずに）自分の意図を伝えることができるようになっていきます。子どもが用いる指さしや提示，手渡しといった社会的に慣習化されたジェスチャーとそれに対する養育者のことばによる適切な対応がこの種の動詞の島構文の獲得に寄与しているのです。

様々な島構文が獲得されると，今度はそれらが意図（意味）に沿っていくつかのグループにまとめられ，SVOO のような英語の二重目的語構文や，［X is Y］あるいは「XはY（だ）」のような属性／同定文などといったより抽象度の高い構文が形成されていきます。トマセロ（Tomasello 1999：150-153）によれば，英語において，１語文は生後14カ月頃から，軸語構文は１歳半頃から，動詞の島構文は２歳前頃から見られ，この種の抽象的な構文が形成され始める

表9-3 動詞 *want* を軸語とした構文獲得（Chera の場合）

| 子ども の月齢 | 子どものジェスチャーとことば | | | | 大人の応答 ないしは反応 |
| | 主語 | 動詞 | | 目的語 | |
		ジェスチャー	語		
13		GIMME			*want more pears ?*
14		GIMME		milk	*want more milk ?*
17		GIMME +	want		*You want more ?*
17			more		*more milk ?*
18	I	GIMME +	want	that	（応答なし）
25	I		want	cheese	（Chera にチーズをあ げる）
			more		

出典：Kelly（2003：27）．一部改変。

のは3歳頃からであるということです。このような言語の習得過程を通して，日常経験をことばで表現し始めた子どもは，各言語に特有の表現の仕方を学び，それにしたがって世界や経験を分析・統合する方法を獲得していくことになります。ことばの習得は，外部世界（あるいは日常経験）を分析・統合し，概念化していく上で重要な役割を担っているのです。

3歳という時期

　上述したように，3歳頃に抽象的な構文が形成されるということは，子どもはこの時期に，各言語に特有の表現方法を学び，またそれを通して，その言語に特有の外部世界（あるいは日常経験）の分析・統合の仕方や概念化の方法も身につけていくと考えられます。オズチャルシュカン（Özçalışkan 2009）は，3歳，5歳，9歳および大人の英語とトルコ語の母語話者（各言語，各年齢10人ずつ）に対して，フロッグ・ストーリー（Frog story）という文字のない絵本（この絵本では，蛙を探して少年と犬が様々な場所に出かけます）を見せ，その内容を語らせるという実験を行いました。英語とトルコ語とでは，何かがどこかに移動することを表す際の表現の仕方が異なります。例えば（1）は，この実験で得られた両言語の3歳児の発話事例なのですが，英語では，どんなふうに移動したかという移動の〈様態〉が主動詞 climb（両手足を使ってよじ登る）で表されているのに対し，トルコ語では表されていません。（1）bの主動詞 çık で表されているのは，単に「登る」（上方向に移動する）ことだけです。一般にトルコ語では，移動事象を表す際に，移動の〈経路〉，とりわけ，「出る」／「入る」，「登（上）る」／「降（下）りる」，「去る」，「近づく」などと

いった日本語で表されるような移動の方向に関わる情報が主動詞に組み込まれます。実験の結果，それぞれ言語に特有の移動事象の表現方法は，3歳の時点で獲得されていることが明らかになりました。

（1）　a．［3歳4カ月］He climbed a tree.
　　　　b．［3歳7カ月］Çocuk agac-a çık-mış.
　　　　　　　　　　　　child tree-DAT ascend-PAST
　　　　　　　　　　　　'Child ascended to the tree.'
　　＊　DAT は dative（与格。英語の to に相当），PAST は past tense（過去時制）。
　　　　　　　　　　　　　　　　　　　　　　　　　　（Özçalışkan 2009：266）

　ただ，（1）bの事例からもわかるように，トルコ語でも〈経路〉の一部が，英語と同じように主動詞以外の要素（接尾辞や後置詞など）で表される場合もあります（（1）bでは，移動の方向が，より具体的に agac-a（「木―に」）で表されています）。そこでオズチャルシュカンは，この種の〈経路〉を表すことば（経路句）にも注目し，これが1文中にどのくらい現れるかという観点から両言語を比較しました。その結果，英語では，（2）に示すように，経路句数が年齢とともに増え，3つ以上表される場合も観察されたのに対し，トルコ語では，1文中に1つないしは2つ出現するだけだったということです。この事実から，移動の〈様態〉を主動詞，すなわち文の主軸として表すのが一般的な英語では，〈経路〉は，この主動詞を修飾するための補足的な要素として比較的自由に（ある意味いくつでも）付加できるのに対し，〈経路〉を主動詞，すなわち，文の主軸として表すのが一般的なトルコ語では，この種のことばは，たとえ補足的な要素で表されたとしても，1文に1つというのが基本である，ということが示唆されます（ちなみにトルコ語では，移動の〈様態〉は「ゆっくりと」のような副詞句で表されます。ただし，トルコ語の母語話者の子どもがこの種の副詞句を用いるのはまれだということです）。

（2）　a．［3歳9カ月］All the bees are flying out of the honey.
　　　　b．［5歳8カ月］They walk over to the log.
　　　　c．［9歳11カ月］He rips him off over a cliff into the water.
　　　　　　　　　　　　　　　　　　　　　　　　　　（Özçalışkan 2009：272）

　このように，3歳の時点で各言語に特有の表現の仕方を（一部でも）習得しているということは，この時期にはすでに，子どもは，習得言語の影響を受け

て外界を認識するようになっている（例えば，同じ移動事象であっても，習得言語が英語であれば〈様態〉に，トルコ語であれば〈経路〉に注目してその移動事象を認識するようになる）と考えられます。乳児期には，感覚運動経験に基づいて習得言語のいかんに関わらず同じように外界を捉えていた（すなわち，同じようなイメージ・スキーマを形成していた）と考えられる子ども（本章「イメージ・スキーマと乳児の概念形成」参照）も，それを足がかりとして言語を習得していく中で，習得言語の影響を受けた世界の見方，捉え方を獲得する，というわけです。ことばには，それを用いた人の視点（何をどう捉えたか）が反映されていることはよく知られています。子どもは，言語習得を通して，その言語に込められた特定の視点を内在化し，その言語に特有の世界の捉え方を身につけていくのです。

心の理論の形成

　一般に，4歳頃になると，子どもは，他者を自分と同じように心を持ち，時に自分とは異なる信念を抱いているかもしれない主体として認識するようになります（トマセロ〔Tomasello 1999：180〕参照。トマセロによれば，4歳以前の子どもの他者理解はこれとは異なり，例えば乳児期の子どもは，他者を「生きている主体」と理解し，生後9カ月頃には，他者を「意図を持つ主体」として理解しているということです）。このことから，子どもは4歳頃に，「心の理論」（Theory of Mind。他者にも心があることを理解し，他者の心の状態とそれに基づく行動を推察する能力）を獲得すると言われています（心の理論に関しては第7章3節も参照）。トマセロ（Tomasello 1999：9，179-182）によれば，この心の理論の獲得には，他者との言語的なコミュニケーションが欠かせないということです。他者のことばの意味を理解するためには，他者の立場に立ち，他者が何をどう見ているかという心の状態をシミュレートしなくてはなりません。また，他者と言語的なコミュニケーションを行う中で経験する，意見の不一致や誤解，コミュニケーションの失敗やその修復などは，他者が自分とは異なる心を持つ存在であることを子どもに気づかせることにもなります。このような体験を通して，子どもは，〈いま・ここ〉にある自分の視点を，仮想的に過去や未来の他者（あるいは自分）に移し，そこから出来事を見つめながらその心情を想像することができるようになります（熊谷〔2006：192〕も参照）。その結果，この時期には，物語をはじめとする仮想世界への関心も高まると言われています。

　松井を中心とする研究（Matsui, Yamamoto and McCagg 2006；Matsui, Rakozcy,

Miura and Tomasello 2009）では，この心の理論の発達が言語表現との関連で調査・検討されています。この研究では，英語母語話者の子どもが4歳以降でパスすると言われている誤信念課題（他者が自分とは異なる誤った信念を持っていることを理解し，その結果，他者がどのような行動をとるかを予測する力を測る課題）を，日本語母語話者の子どもが何歳でパスするかが日本語を使って調査されました。その結果，日本語母語話者の子どもがこの誤信念課題をパスする時期は，他者が自分の信念の強さ（確信度）を表す際に用いることばが変われば変わる可能性があることが明らかになりました。それまでの誤信念課題実験では，信念の強さ（弱さ）を表すことばとして「知っている」「思う」という心理動詞が用いられていました。しかし，松井らは，この「知っている」「思う」のペアに加えて，「よ」「かな」という話者の確信度の違いを表す2つの終助詞のペアも使って実験を行いました（「よ」は，話者が確信している事柄を提示する際に用いる終助詞，「かな」は確信していない事柄を提示する際に用いる終助詞です）。終助詞は，子どもと大人の会話でも日常的によく用いられ，習得も早いとされています。実験の結果，他者が自分の信念を，「よ」「かな」で表した場合には，3歳の時点で誤信念課題をクリアするのに対し，「知っている」「思う」という心理動詞で表した場合には，4歳以降にならなければクリアできないことが明らかになりました。日常的に用いられ，習得も早い終助詞を使えば，より幼い段階からことばを通して他者の心と行動を推測でき，誤信念課題もパスできるというわけです。このことは，日本人の子どもが，少なくとも3歳の時点で，他者の信念の強さ（弱さ）を終助詞から理解し，それを通して他者の心と行動を推測できることを示唆しています。松井らの研究は，「思う」「知っている」といった心理動詞を用いたそれまでの誤信念課題実験だけでは見えてこなかった他者理解におけることばの影響の大きさを垣間見させてくれます。

③ 言語習得のプロセスを解明するための様々な試み

　本章では，ことばと日常経験との相互関係，言語習得における他者の存在と他者とのインタラクションの重要性，言語習得が外界認識に及ぼす影響，の3点を中心的に論じてきました。しかし，言語習得の過程を言語学的な観点から解明するためのアプローチは，これ以外にも考えられます。例えば，音の区別や認識（生まれる前の妊娠8カ月の胎児の段階で，すでに母語の韻律を獲得し

ているのではないかという指摘もあります），音と文字との対応関係，比喩的なことばの理解やその創造的使用，などに注目して言語習得研究を進めていくことも可能ですし，またその必要もあります。

　加えて，本章の議論からもわかるように，言語習得のプロセスは，言語研究だけでは明らかになりません。言語研究の成果と，発達心理学や発達科学，人工知能研究や認知発達ロボティクス，あるいは認知的インタラクションデザイン学などをはじめとする認知科学や進化人類学などの関連分野における研究成果を1つにまとめあげていく必要があります。本章では取りあげることはできませんでしたが，人工知能研究の中には，言語習得のメカニズムを，音声認識と外界認識（画像処理）という2つの情報処理プロセスの総合と捉え，ロボットなどを使ったシミュレーション実験を行っている研究も見られます。また，認知発達ロボティクスでは，人の認知発達の過程を，ロボットなどを使ったシミュレーション実験を通して解明していくアプローチが取られていますし，認知的インタラクションデザイン学では，人と人あるいは人とロボットなどの人工物とが，インタラクションを通して，互いに相手についてのモデルを形成し更新していく過程の中で，具体的にどのような行動が見られ，ことばがどのような役割を果たしているか，などに関する研究が進められています。いずれにしても，言語習得の全容を解明するためには，それが，人が人として成長する過程と密接に関わっている以上，このように多面的な観点から研究を行っていく必要があります。それを統合していくことも今後の大きな課題です。

練習問題

1．出現や消失に関わる言語表現に注目して，その習得の過程を CHILDES コーパス（あるいは CHILDES 日本語版）の事例から検討してみましょう。
2．「おはよう」に対して「おはよう」と返し，「ありがとう」に対して「いいえ，どういたしまして」と返す，というような挨拶ことばの習得は，どのようなメカニズムに基づいていると考えられますか。
3．子どもは，大人とは異なる感性，視点で物事を捉えていると感じることがあります。本章コラムも参考にしながら，あなたが「面白い！」と思った子どもの発話事例（朝日新聞の「あのね　子どものつぶやき」なども参照）を取りあげ，そこにどのような認識が反映されているのかを考えてみましょう。

読書案内

① 児玉一宏・野澤元『言語習得と用法基盤モデル』研究社，2009年。
　＊認知言語学の用法基盤モデル（Usage-Based Model）の考え方に基づく言語習得
　　のメカニズムを，特に構文（construction）に注目して解説しています。本章で取
　　り上げたマンドラーやトマセロの研究成果をより詳細に論じながら，言語が，他者
　　との日常的なインタラクションを通してボトムアップ的に習得されることを示して
　　います。本章に続けて読むことをお勧めします。
② トマセロ，マイケル著，大堀壽夫・中澤恒子・西村義樹・本多啓訳『心とことばの
　　起源を探る――文化と認知』勁草書房，2006年。
　＊言語獲得が人を社会的・文化的な存在たらしめているということを，「9カ月革命」
　　を中心に，人の認知発達や他の動物との進化論上の連続性にも言及しながら詳細に
　　論じています。本章では議論できなかった事柄も含めて，言語が，一般的な認知能
　　力と不可分な関係にあり，他者を含む外部世界との身体的・言語的な相互作用を介
　　して創発することがわかる書となっています。認知言語学の観点から言語習得を考
　　えていく上での必読書です。
③ やまだようこ『ことばの前のことば――ことばが生まれるすじみちⅠ』新曜社，
　　1987年。
　＊やまだ自身の長男の行動観察日記をもとに，ことばを発するようになる前の認知発
　　達過程をわかりやすく説明しています。認知発達の大きな流れを捉えることができ
　　るとともに，ことばが生まれるためには，認知能力および身体能力の発達はもとよ
　　り，他者との相互関係も無視できない要因であることが実感できる書となっていま
　　す。

参考文献

熊谷高幸「『心の理論』成立までの三項関係の発達に関する理論的考察――自閉症の諸
　　症状と関連して」『発達心理学研究』15（1），2004年，77-88頁。
熊谷高幸『自閉症――私とあなたが成り立つまで』ミネルヴァ書房，2006年。
野地潤家『幼児期の言語生活の実態Ⅰ』文化評論出版，1977年。
やまだようこ『ことばの前のことば――ことばが生まれるすじみちⅠ』新曜社，1987年。
Clark, Eve V., *First Language Acquisition*, Cambridge University Press, 2003.
Johnson, Mark, "The Philosophical Significance of Image Schemas," Beate Hampe (ed.),
　　From Perception to Meaning : Image Schemas in Cognitive Linguistics, Mouton
　　de Gruyter, 2005, pp. 15-33.
Kelly, Barbara F., "The Development of Constructions Through Early Gesture Use,"
　　Eve V. Clark and Barbara F. Kelly (eds.), *Constructions in Acquisition*, CSLI, 2006,
　　pp. 15-30.

MacWhinney, Brian, *The CHILDES Project: Tools for Analyzing Talk* (Third Edition), Lawrence Erlbaum Associates, 2000.

Mandler, Jean M., "Prelinguistic Primitives," *BLS* 17, 1991, pp. 414-425.

Mandler, Jean M., *The Foundations of Mind: Origins of Conceptual Thought,* Oxford University Press, 2004.

Mandler, Jean M., "How to Build a Baby III," Beate Hampe (ed.), *From Perception to Meaning: Image Schemas in Cognitive Linguistics,* Mouton de Gruyter, 2005, pp. 137-164.

Matsui, Tomoko, Taeko Yamamoto and Peter McCagg, "On the Role of Language in Children's Early Understanding of Others as Epistemic Being," *Cognitive Development* 21, 2006, pp. 158-183.

Matsui, Tomoko, Hannes Rakozcy, Yui Miura and Michael Tomasello, "Understanding of Speaker Certainty and False-Belief Reasoning: A Comparison of Japanese and German Preschoolers," *Developmental Science* 12 (4), 2009, pp. 602-613.

Özçalışkan, Şeyda, "Learning to Talk About Spatial Motion in Language-Specific Ways," Jiansheng Guo, Elena Lieven, Nancy Budwig, Susan Ervin-Tripp, Keiko Nakamura and Şeyda Özçalışkan (eds.), *Crosslinguistic Approaches to the Psychology of Language: Research in the Tradition of Dan Isaac Slobin,* Psychology Press, 2009, pp. 263-276.

Tomasello, Michael, *The Cultural Origins of Human Cognition,* Oxford University Press, 1999.（大堀壽夫・中澤恒子・西村義樹・本多啓訳『心とことばの起源を探る——文化と認知』勁草書房，2006年）

🔲 *Column* 🔲

メタファーの能力とオノマトペ

　本章の最後にも述べたように，言語習得のメカニズムを明らかにしていくためには，ことばが関与する様々な現象に注目する必要があります。ここでは，そのうちの２つ，メタファーの能力とオノマトペを取りあげてみたいと思います。

　①メタファーの能力

　「パパ」ということばを獲得した子どもが，大人の男性を指して「パパ」と用いることがあります。自分と全く関係のない大人の男性を，自分の父親を表す語を使って表現するはずはないと思うかもしれませんが，筆者も姪と公園で遊んでいる際に，１歳半くらいの子どもから「ママ」と呼ばれたことがあります。「おじさん」や「おばさん」という語を獲得していない子どもにとっては，すでに獲得した語彙の中で（子どもと遊んでいる）大人の男性や女性を表す最も適当なことばが「パパ」や「ママ」であるということでしょう。事実，筆者の息子も，パパと同じよう

に髪の毛の薄い男性がテレビに映ると「パパ」と言っていた時期があります。ただ，パパと一緒にいる時にパパに似た大人の男性に出会っても「パパ」と呼ぶことはありませんでしたので，この時期の子どもが，「大人の男性＝"パパ"」「大人の女性＝"ママ"」という認識を持っているわけではないことは明らかです。

　このように子どもは，ことばを使い始めてすぐの段階から，表現したい事物があってもそれを適切に表すことばを獲得していない時に，すでに獲得している手持ちの語彙を使って，その目標となる事物を表す場合があります。その場合，上述の例からもわかるように，目標となる事物に似た事物を表すことばが用いられることがあるのですが，認知言語学では，この異なる事物間に類似性を見いだしそれに基づいてことばを創造的に用いる能力を，メタファーの能力と呼んでいます。子どものこの種の言語使用の中には，大人があっと驚くような例もあり，言語を習得し始めた子どもが大人とは異なる感性で世界を捉えている様子がうかがえます。

　もちろん，子どもが新規なことばを生み出す場合もあります。例えば筆者の息子は，ある時，あるブロックを探しながら「ロクニンノ」ということばを発しました。筆者ははじめ，それが何を指しているかわからなかったのですが，ある特定の形をしたブロックを持って「これ？」と聞くとうなずいたので，それからは「ロクニンノ」が，そのブロックを指す共通のことばとなりました（ただブロックを使わなくなって何年も経つと，息子は「ロクニンノ」がある特定のブロックを指すことばであったことを忘れてしまいました）。

　やがて子どもは，ことばを介した大人との日常的なやりとりを通して，語彙を増やし，表現したい事柄を大人と同じように，大人と同じことばを使って適切に表現できるようになります。それでも，ことばでは表現しきれない事柄は多々あります。大人になってからも，メタファーの能力やその他の認知能力に基づく創造的な言語使用が見られるのはこのためです。

　②オノマトペ表現

　日本語の特徴の1つとして，オノマトペの多様さがあげられます。大人どうしの会話でもオノマトペはよく用いられますが，大人が子どもと接している際にもオノマトペがよく現れます。たとえ大人がオノマトペを使用しないようにしていたとしても，例えば，子ども向けの絵本にはよくオノマトペが現れますので，子どもが日常生活の中でオノマトペに出会わないということはありません。その結果，日本語母語話者の子どもは，まだ1語文しか話せないような段階から，オノマトペを用いるようになります。ただ，1語しか発せられていませんから，他の1語文同様，このオノマトペが何を指しているか（すなわち，状況全体を指しているのか，その状況の中の物体を指しているのか，その物体の様子を指しているのか，など）は，場面や状況からしか判断できません。子どもと共にその場にいて，子どもと共に同じものを見，捉えることのできる養育者の判断に任せられることになります。例えば

子どもの発した「カーカー」ということばが「カーカー（カラス）がいる」を意味しているのか，「あれ（カラス）がカーカーと鳴いている」を意味しているのか，あるいは「カーカー（カラス）が怖い」なのか，などは，その場にいる養育者がその場面や状況の中で判断していくことになる，というわけです。この種のやりとりの中で養育者が子どもに対してかけることばが，言語習得において重要であることは，本章で見てきた通りです。

やがて子どもも，大人と同じように，オノマトペを文の中に組み込み，例えば「カラスがカーカーと鳴く」，「雨がザーザー（と）降る」のように副詞句として用いることができるようになります。カラスを指す際には「カーカー」ではなく「カラス」という一般語彙があることを知り，また，雨が激しく降る様子は「ザーザー」だけではなく「激しく」という一般語彙を使って表せることも知ります。

子どもが幼い頃にはオノマトペを用いて接していた大人も，子どもがオノマトペを使えるようになると，今度は一般語彙を用いて子どもに接するようになるそうです（鈴木 2013）。そうやって子どもは，オノマトペだけでなく一般語彙を獲得していくのですが，それでもなおオノマトペは，一般語彙とともに子どもから大人まであらゆる世代の人に使われ続けています。オノマトペと一般語彙が表す意味の次元の違いに関しては，Kita（1997）が興味深い指摘をしていますが，筆者は，叙述や語りではなく，運動指示のことばとの関連で，この両者の意味や役割の違い，連続性などについて現在も考察を続けています。

参考文献

鈴木陽子「インタラクションの中で使われる「オノマトペ＋する」動詞――親子談話の分析から」篠原和子・宇野良子編『オノマトペ研究の射程――近づく音と意味』ひつじ書房，2013年，167-181頁。

Kita, Sotaro, "Two Dimensional Analysis of Japanese Mimetics," *Linguistics: An Interdisciplinary journal of the language sciences* 35 (2), 1997, pp. 379-415.

第10章 コーパスの世界

李　在鎬

この章で学ぶこと

　言語研究にとって，どのようなデータを使って言語事実を分析するか，どうデータを得るかは，大切なポイントです。この章では，言語研究のために作られた文章の集まりである「コーパス」を取り上げます。コーパスは，電子ファイルで作成されたことばの巨大な集合体です。このコーパスを言語資料として使うことで，偏りなく言語事実を集めることができるというメリットがあります。

　本章では，コーパスを捉える視点を説明した後に，認知言語学のテーマに対して，コーパスはどのような使い方ができるか，述べていきたいと思います。

キーワード

　代表性，大規模性，均衡性，用法基盤モデル，難易構文

① コーパスとコーパス言語学

　言語研究のために設計・構築された文章の集合を「コーパス」と言います。英語では「corpus」と書きます。そして，コーパスを全面的に利用した言語研究の領域として「コーパス言語学（corpus linguistics）」というものがあります。

　コーパス言語学については，すでに多くの入門書や解説書が出ています。例えば，石川（2012）やマケナリー＆ハーディー（McEnery & Hardie 2012）などは優れた入門書と言えます。コーパスは言語研究のためのテクノロジーの一種であることから，ツールとしての便利さにばかり注目されがちですが，次節では，原点に立ち戻って，コーパスを捉える視点を2つのセクションにわけて説明したいと思います。それは、コーパスの構成とコーパスの種別についてです。そして，コーパスを使うという観点から，どのような方法が用いられるかについて紹介した後に，認知言語学の研究において，研究の現状や具体的な研究事例を紹介します。

193

② コーパスを捉える視点 (1)——コーパスの構成

コーパスとは何か

さて，コーパスの中身はどんなふうに構成されているのでしょうか。文字情報で構成されたテキストファイルとその出典を記したファイルがセットになっています。文字の集合体ではありますが，実際の研究において使う場合は，（億単位の文字を収録したデータのため）目で読むということはせず，何らかのコンピュータプログラムを使って，検索するということをします。

検索という語を聞くと，Google のウェブ検索を思い浮かべる人も多いのではないでしょうか。では，いわゆるウェブを検索するという行為と，コーパスを検索するという行為は同じと言えるでしょうか。結論から言うと，ウェブ検索とコーパス検索は，異なります。ウェブとコーパスは異なるからです。ウェブは日々作られていますので，事実上，無限ですが，コーパスは有限個のデータで構成されています。

ウェブ検索とコーパス検索の違いを理解するためには，何をコーパスと呼ぶかということについて考えてみる必要があります。広い意味でのコーパスは，言語研究のために集めたテキストデータであれば，すべてコーパスだと見ることができます。一方，狭い意味でのコーパス，厳密な意味でのコーパスは，何らかのデザインを行った上でデータを集めたものを，コーパスと呼びます。ここでいうデザインとは，設計図のようなものです。データを集める上で，きちんとした設計図のようなものを作ってから，データを集めたのかどうかということです。狭い意味でのコーパスを理解するためのキーワードとして，コーパス構築の際，必ず議論される3つの概念を挙げておきます。1つ目は「代表性」，2つ目は「大規模性」，3つ目は「均衡性」です（李・石川・砂川 2018）。以下では，それぞれの中身について説明します。

代表性

代表性とは，コーパスに収録するデータをどのように決めるかに関わる問題です。次のような事例を考えてみましょう。コーパスAは，田中さんというサラリーマンが東京の通勤電車で読んでいる本を集めてコーパスにしたと仮定します。一方，コーパスBは，東京にある公立図書館の蔵書リストと書店の在庫リストにある本を集めてコーパスにしたと仮定します。当然のことながら，

コーパスAとコーパスBは，量的にかなり違います。しかし，ここでは量の違いはさておいて，質の違いを考えてみましょう。

　コーパスAは田中さんの本の好みによって収録されるデータが大きく左右されます。また，通勤電車という環境の制約も受けることになります。さらに，サラリーマンという職業上の制約もあり，あまり専門的な本は対象にならないだろうと思います。一方，コーパスBはどうでしょうか。公立図書館となると，様々な利用者が想定されるので，個人の好みによる偏りの問題はかなり解消されます。また，図書館と書店という複数の環境を取り入れることにより，環境的な制約も比較的受けにくいと考えられます。また，公的施設であるため，利用者の職業による偏りも出ないだろうと思います。

　コーパスAとコーパスBはかなり対極的な例ではありますが，コーパス言語学の分野では，コーパスAは代表性がないと言い，コーパスBは（完全ではないが）代表性があると言います。一般的なコーパス言語学の研究者は，代表性があるコーパスBのほうを好んで使います。それはなぜでしょうか。コーパス言語学の研究者がコーパスを使う大前提として，「コーパス＝当該言語の縮小図」という暗黙知があります。つまり，コーパスは，その言語の使用実態をミニマルに再現していて，それを調べることによって，その言語の実態が明らかにできる，という前提があるのです。

大規模性
　大規模性とは，コーパスの大きさに関わる問題です。コーパスの大きさを示す指標としては，収録したテキスト全体の語数や形態素の数が使われています。例えば，日本語の大規模コーパス「現代日本語書き言葉均衡コーパス」（https://pj.ninjal.ac.jp/corpus_center/bccwj/，2019.9.閲覧）の場合，延べの数として1億430万語のデータが収録されています。

　ところで，コーパスを捉える上で，なぜ大規模性が重要なのでしょうか。それは，私たちがコーパスを使う理由に関係しています。コーパスを使う人の多くは，個人の内省では解決できない問題を解決したいからコーパスを使います。大規模なことは，利用者にとっても多くの恩恵をもたらします。例えば，100の用例で作った言語理論と，1億の用例で作った言語理論のどちらが信用できるか，考えてみてください。おそらく後者ではないでしょうか。この大規模性は，コーパスの客観性，科学性を考える上で重要な性質です。

　では，コーパスの物理的なサイズの大小によって何が違うのでしょうか。第

表 10-1　異なる大きさのコーパスにおける語の出現件数

英語コーパス	animal	large	run	gradually
Brown（100万語）	72	378	246	51
BNC（1億語）	6,634	33,034	21,547	3,592
ukWaC（15億語）	109,131	467,724	356,555	35,244
enTenTen（32億語）	211,862	790,802	626,372	64,591
日本語コーパス	動物	大きい	走る	徐々に
BCCWJ（1億語）	9,362	9,757	3,756	2,607
JpWaC（4億語）	26,505	30,373	9,980	7,825

1に考えられるのは，ヒットする用例の数です。小規模のコーパスであれば，ヒット件数は少ないだろうし，大規模のコーパスであれば，ヒット件数は多くなります。具体例として，石川（2012：19）が報告している表10-1をご覧ください。

表10-1では同じ語を大きさが異なるコーパスで検索し，その出現頻度を示しています。このヒット件数は何に関係してくるのでしょうか。それは，分析結果の安定性に関係してきます。件数が少なければ少ないほど，分析の結果は不安定になります。つまり，少ないサンプルによって得られた結果というのは，言語事実の見落としの危険性が高いと言えます。そうなると，別のデータによって調査結果が否定される可能性も高くなると予想されます。しかし，大きなサンプルに基づいて調査し，分析した場合は，見落としの危険性が低いと言えますし，分析結果が否定される可能性が（相対的に）低いことが予想されます。

均衡性

均衡性とはデータの選び方に関わる問題です。コーパスに収録するデータを選ぶ際には，バランスを考える必要があります。開発者の好みや恣意的な判断でデータを選んでしまうと，均衡性が失われ，科学的研究には向かないデータになってしまいます。

均衡性の条件を満たすため，複数のジャンルから収録するデータを選びます。また，選び方においてもランダムサンプリングという方法を用いて，無作為に選ぶ必要があります。「現代日本語書き言葉均衡コーパス」の例で言えば，出版データを母集団とするサンプル，図書館に収蔵されている図書を母集団とするサンプル，特別な目的のために作られた文章を母集団とするサンプルがあり，

そこから統計的な方法を使って，開発者の主観が入らない形で収録データを決めています。均衡性の詳細は山崎（2014）を参考にしてください。

③ コーパスを捉える視点（2）——コーパスの種別

では，コーパスの中身を構成するテキストファイルにはどんなものがあるのでしょうか。コーパスの種別を捉える視点として，以下の7つの観点があります。

① 言語媒体：どの産出モードで生成された言葉を収録しているか。
② 構築方法：どのような方法で収録するデータを決めたのか。
③ 時系列特徴：いつの言葉を収録しているのか。
④ 収録する言語数：いくつの言語を収録しているのか。
⑤ 利用目的：どのような目的を想定して作ったのか。
⑥ 産出者の特徴：どのような属性の話者が産出しているのか。
⑦ データ形式：どのような形式でデータを構築しているのか。

コーパスの種別を捉える最も基本的な視点として，まず，①のどのような言語的モードか，すなわち「話し言葉」か「書き言葉」かの区別があります。「話し言葉」の会話や独話などを収録したコーパスを「話し言葉コーパス」と呼び，「書き言葉」の小説や新聞記事などを収録したコーパスを「書き言葉コーパス」と呼びます。

次に，②の視点として，対象となる言語全体の中から決められたサイズとしてデータを収録していく「サンプルコーパス」とウェブページなどを対象に随時データを継ぎ足しながら作る「モニターコーパス」の区別があります。

次に，③の視点として，時間軸にそって，言語データを集めていく「通時コーパス」（「歴史コーパス」とも言う）と今現在の使われている言語資料を収録した「共時コーパス」の区別があります。「通時コーパス」では，いわゆる古文を含めた様々な時代の言語資料が収録されることになりますが，「共時コーパス」では，基本的には開発時の言語，平たく言えば「現代語」が収録されることになります。

次に，④の視点として，1つの言語の使用データを収録した「単言語コーパス」と複数の言語を収録した「多言語コーパス」（「パラレルコーパス」とも言う）の区別があります。「多言語コーパス」の場合，複数の言語を収録してい

るといっても，全く違う内容を別々の言語で収録するわけではなく，いわゆる対訳形式で収録するのが一般的です。つまり，同じ表現内容に対してＡ言語とＢ言語を並記する形式が使われます。こうした「多言語コーパス」は，外国語教育などの応用言語学の分野で利用されたり，機械翻訳の学習用データとして利用されたりします。

　次に，⑤の視点として，使用目的を限定しない「汎用コーパス」と特定の研究分野および調査目的のために設計された「特殊目的コーパス」の区別があります。「特殊目的コーパス」の例としては，赤ちゃんのことばだけを集めたコーパスがあり，発達心理学の研究者や認知科学の研究者が言語習得の研究のために使うことがあります。「汎用コーパス」としては，「現代日本語書き言葉均衡コーパス」などがあげられます。

　次に，⑥の視点として，母語話者のデータを収録した「母語話者コーパス」と学習者などのデータを収録した「学習者コーパス」の区別があります。「学習者コーパス」は，第２言語習得研究や外国語教育の基礎資料として使われます。日本語の場合，「I-JAS (International Corpus of Japanese as a Second Language)」が代表的な「学習者コーパス」と言えます。

　最後に，⑦の視点によってテキストファイル形式で作られた「テキストコーパス」と品詞や語種といった言語的情報が付与された「アノテーションコーパス（タグ付きコーパスとも言う）」の区別があります。アノテーションとは，コーパスに出現する語や句に対して，品詞や文法関係などの言語的情報をタグとしてつける作業のことです。こうしたタグがあれば，コーパスから特定の品詞だけ集めたり，特定の文法関係のものだけ集めたりすることができるため，利用者にとっては大変便利なデータですが，作る側にとっては大変な作業コストを必要とします。一般的にアノテーションコーパスの作成には，自然言語処理の形態素解析や構文解析などの技術がよく用いられます。

④　コーパスを使う

　コーパスに対するアプローチの方法として，検索サイトを使って，キーワードを入れてデータを集める方法とコーパス全体を計算用プログラムで解析しながら，情報を抽出していく方法があります。言語学におけるコーパスの活用は，ほとんどの場合，前者だと言えます。後者の方法は，統計的手法やコンピュータ処理モデルを使うもので，ここでは詳述しませんので，気になる人は，岸

図10-1　中納言による検索例

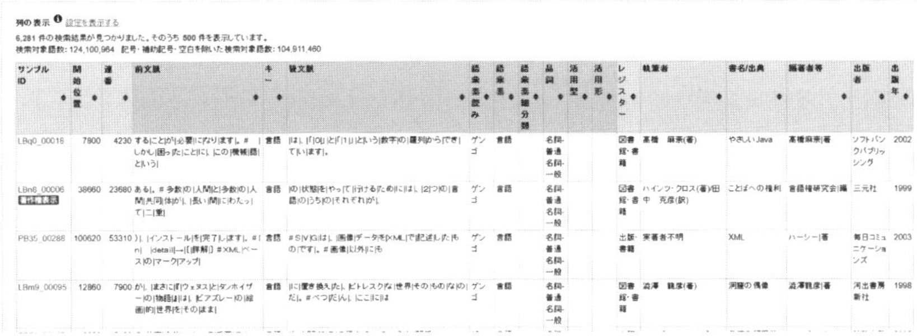

図10-2　中納言による検索結果

江・田畑編（2014）や小林（2017）を参照してください。

　さて，何らかのキーワードを入れてコーパスを検索するために，検索サイトが用意されています。例えば，「現代日本語書き言葉均衡コーパス」の場合，「中納言」という検索システムが用意されており，以下のようなキーワード検索ができます。

　図10-1のように，検索用のテキストボックスに「言語」という文字を入れ，検索を開始します。すると，図10-2のような結果画面が表示されます。

　図10-2のように，検索によって様々な情報が表示されます。まず，キーのところに，図10-1で入れたキーワード「言語」が表示されます。そして，前文脈と後文脈に「言語」という語が使われている環境が表示されます。なお，こういう表示形式を KWIC（keyword in context）と呼びます。この KWIC 形式は，コンピュータ上で文字情報を表示する際，標準的なフォーマットとして活用されています。さらに，右側に注目すると，レジスターや執筆者や書名や

出版年などが表示されます。これらの情報を一般化して，キーワードに対する
より深い理解を目指すのがコーパス研究の手法です。

　図10-2のデータをダウンロードしたり，エクセルにコピー&ペーストする
などして，様々な分析を行うのが基本的な流れになります。

⑤　認知言語学とコーパス

研究の現状

　コーパスは，データを得るための方法論ですので，どの言語学の研究におい
ても，有用なツールです。認知言語学も例外ではなく，近年，コーパスを利用
した研究は確実に増えています。では，認知言語学の研究では，コーパスがい
つから，どう使われているのか，見ていきましょう。

　コーパス研究の場合，コーパスがない状態では研究そのものが開始できませ
ん。したがって，コーパスが作られた時期が研究の開始時期と言えます。英語
研究の場合，1980年代からコーパスを使った様々な研究が存在しています。90
年代，2000年代になるにつれ，認知言語学においても，コーパスを使った研究
が注目されていきます。認知言語学の構文研究や多義語研究，比喩研究などに
おいて，コーパスが活発に利用されるようになりました。例えば，ダイグナン
（Deignan 2005）はコーパスを使った概念メタファーの研究で，比喩研究とコー
パス研究を融合した代表的な研究例です。また，長谷部（2013）やグリース＆
ステファノヴィチ（Gries & Stefanowitsch 2006）は，ゴールドバーグ（Goldberg）
やラネカー（Langacker）によって提唱された「構文」（construction）の概念を
精緻化するため，コーパスを使って構文現象の再分析を試みています。

　一方，日本語研究では，コーパスそのものの整備が英語圏に比べ，遅れてい
たせいもあって，2010年代以降，本格的にスタートしたと言えます。そのきっ
かけになったのが特定領域研究「日本語コーパス」プロジェクト（平成18年度
～22年度）で，その成果物が「現代日本語書き言葉均衡コーパス」です。この
「現代日本語書き言葉均衡コーパス」を使った日本語の認知言語学的研究とし
て大石（2012）のメタファー研究や夏（2012）の意味拡張に関する研究，さら
には，神原（2017）の構文研究などがあげられます。

　コーパスを使った認知言語学の現状は，次のようにまとめることができます。
コーパスを利用した認知言語学の研究は，従来の認知言語学が行ってきた分析
者の主観で用例を作成し，同じ分析者がその容認度を判断するという手法の限

界を克服している点では評価できますが，（少なくとも日本語研究に関して言えば）多くは語法研究レベルの議論が中心で，認知言語学の理論構築に貢献するレベルの研究は行われていません。今後のコーパスを使った認知言語学の研究では，理論的精緻化に貢献する研究が出てくることを期待します。そのためには，統計モデルを使ったデータ駆動的な研究をいっそう進めていく必要があるように思います。

用法基盤モデル

認知言語学とコーパス研究の関連性を議論する上で，欠かせないのが用法基盤モデル（Usage-Based Model）の存在です。用法基盤モデルは，ラネカーによって提唱されたもので，文法の基盤は日常の言語使用にあることを指摘しています。用法基盤モデルでは，言語を動的ネットワークの中で捉えることを目指していて，動的性質を支えているのが「使用（Usage）」と考えられています。用法基盤モデルの詳細は，児玉・野澤（2009）を参照してください。

さて，コーパス研究と用法基盤モデルは，どのような関係にあるのでしょうか。一言で言えば，両者は相互補完的関係にあると言えます。というのは，コーパス研究は，生きた言語使用の状況を直接的に観察する試みで，用法基盤モデルは言語使用のモデルだからです。用法基盤モデルは，コーパス研究に理論的視点を提供し，コーパス研究は，用法基盤モデルに実証的データを提供していると見ることができるので，両者は相互補完的な関係にあると見ることができます（李 2011）。

研究事例

李（2013）では，日本語の難易構文（Tough construction）の研究事例として，接尾辞の「〜づらい」と「〜にくい」の使用頻度を調査しています。具体的には「現代日本語書き言葉均衡コーパス」の検索システム「中納言」を使って，「〜づらい」と「〜にくい」がどんな動詞と一緒に使われるかを調査しています。表10-2では，「現代日本語書き言葉均衡コーパス」で「〜づらい」（表10-2の左）と「〜にくい」（表10-2の右）と高頻度で共起する動詞の上位20件をあげています。

表10-2の頻度を直接的に解釈した場合，以下の2つが指摘できます。1つ目に，使用頻度そのものを見た場合，「づらい」よりは「にくい」のほうが多く使われていることです。コーパスの使用頻度は，表現の一般性を測る指標に

表 10 - 2 「〜づらい」と「〜にくい」の使用例の上位20位

順位	「〜づらい」の例	使用頻度	「〜にくい」の例	使用頻度
1	わかる	215	わかる	853
2	言う	81	見える	255
3	使う	79	言う	251
4	読む	70	考える	248
5	取る	38	出る	164
6	聞く	37	入る	151
7	入る	28	使う	150
8	見える	22	取る	130
9	生きる	19	読む	125
10	話す	18	扱う	93
11	考える	16	聞き取る	85
12	歩く	14	受ける	79
13	出る	13	落ちる	62
14	書く	13	歩く	60
15	食べる	12	起こる	55
16	住む	11	滑る	52
17	絡む	11	溶ける	52
18	扱う	10	住む	47
19	答える	9	答える	47
20	動く	8	直る	45

なりますので，日本語の中では，「にくい」のほうが高頻度なので，難易構文では一般的だということが言えます。2つ目に，「〜づらい」と「〜にくい」は，大部分の動詞に関して一緒に使えることです。この事実から，「〜づらい」と「〜にくい」の意味的類似性が確認されました。

　では，意味の違いはどのように捉えれば良いのでしょうか。意味の違いを明らかにするため，コーパス言語学では語と語が共起する事例に対する詳細な分析を行います。表10 - 2の例で言えば，「づらい」の特徴的な傾向として「話す」「書く」「聞く」「食べる」のように身体を使った身近な動作を表す語と一緒に使われていることが確認できます。一方，「にくい」に関しては「落ちる」「溶ける」「起こる」「滑る」のように自動詞と一緒に使われる傾向であることが確認できます。このことを一般化した場合，「づらい」は人間が意思をもって行う日常的行為の難易を表すことが多く，「にくい」は自然発生的に起こる出来事の難易を表すことが多いと言えます。なお，この一般化については，次の点に注意する必要があります。

　コーパス言語学では，言語使用における「傾向性」を明らかにすることを目

指しています。この傾向性は，理論言語学の研究で好まれる絶対的な制約ではありません。文の容認度に関しても，1（容認文）か0（非文）ということではなく，1と0の間に（自然さにおいて）連続体のようなものが存在すると考えます。この連続した性質を捉えるための指標として，使用頻度が使われます。つまり，容認文か非文かという判断ではなく，使用頻度をもとに最も自然な文からあまり自然ではない文までを連続的に捉えるのが，コーパス言語学の目的です。

6 コーパス利用における留意点

　近年，ウェブの進化により，誰でも簡単にコーパス検索ができます。本章で紹介した「中納言」や「少納言」のようなシステムを使えば，語を入れて検索ボタンをクリックするだけで，コーパス検索ができます。こうした便利さ故に，「コーパス＝自分のかわりに用例を見つけてくれるツール」「コーパス＝便利な用例収集機」と認識している研究者も散見されます。しかし，これは誤った理解と言わざるを得ません。コーパスの便利さや研究リソースとしての有用性については否定しませんが，その便利さの次に求められるのは，正しい分析手法を理解し，しかるべき方法論でもって現象を捉える姿勢です。では，それはどんなものでしょうか。

　李・石川・砂川（2018）では，コーパスを使う人が備えるべきスキルとして，以下のものをあげています。

- 初級者としては，コーパスデータにアクセスするためのソフトウェア（「コンコーダンスツール」または「コンコーダンサー」と言います）の基本的な操作を覚える必要があります。そして，適切なキーワードを入力し，検索対象のテキストを選択，結果を目視で確認します。また，必要であれば，検索結果を保存しておきましょう。初級者レベルであれば，ワードやExcel といった一般的なパソコン用のソフトウェアの使い方を覚えるのと同程度のスキルを身につけることでコーパスを使うことができます。
- 中級者は，検索によって得られた結果をもう少し深く考察していくレベルです。中級者に求められるスキルとしては，検索結果を編集する作業が必要なため，テキストエディタ（テキストファイルを編集するためのソフトウェア）や Excel などの表計算ソフトを使い，データの編集，テーブル

作成，集計のスキルを身につけておくことが求められます。そして，参考情報として文字コード（文字情報の規格）についての理解，文字コードの確認方法，文字コードを変更するためのソフトウェアの使い方も知っておくと良いと思います。

- 上級者は，複数のコーパスを横断的に調べながら，分析していくレベルです。そのため，表計算ソフトで関数を使ったデータ処理ができること，形態素解析システムを使って，高度な情報抽出ができること，さらに正規表現を使って検索や置換操作ができることが求められます。そして，コーパス調査によって得られた頻度情報をより深く理解するためには，統計的な手法による分析も不可欠なものになります（石川・前田・山崎 2010参照）。さらに，検索用のアプリケーションではできない，よりクリエイティブな情報抽出を行うためには，プログラミングのスキルも求められます（浅尾・李 2013参照）。

コーパスは作るという作業においては，大変な労を要するものです。しかし，それを分析するのはさらに大変な作業であることを忘れないでほしいと思います。

練習問題

1．コーパス検索アプリケーション「中納言」（https://chunagon.ninjal.ac.jp/）にアクセスし，「現代日本語書き言葉均衡コーパス」で「図書」「書籍」「書物」を調べてみてください。出現する文脈にどんな違いがあるか調べてみましょう。

2．コーパス検索アプリケーション「中納言」（https://chunagon.ninjal.ac.jp/）にアクセスし，「日本語話し言葉コーパス」と「現代日本語書き言葉均衡コーパス」で「御（お・ご）」を検索してみてください。コーパスの違いによって，共起する名詞にどんな差が見られるか調べてみましょう。

3．コーパス検索アプリケーション「中納言」（https://chunagon.ninjal.ac.jp/）にアクセスし，「現代日本語書き言葉均衡コーパス」で「走る」を検索してみてください。語義別に分類し，物理的な移動を表す場合と比喩的な移動を表す場合で，どんな違いがあるか調べてみましょう。

読書案内

① トニー・マケナリー／アンドリュー・ハーディー著，石川慎一郎訳『コーパス言語学——手法・理論・実践』ひつじ書房，2014年。

＊ Tony McEnery and Andrew Hardie (2012) *Corpus LinguisticsMA : Method,*

Theory and Practice (Cambridge Textbooks in Linguistics) の邦訳。コーパス言語学の方法論に対する本質的な議論を行っています。広い視点からコーパス言語学のこれまでを総括するとともに今後の展望を述べています。

② アリス・ダイグナン著，渡辺秀樹ほか訳『コーパスを活用した認知言語学』大修館書店，2010年。

＊Alice Deignan (2005) *Metaphor and Corpus Linguistics* の邦訳。認知言語学における比喩研究の成果を解説しながら，コーパスを用いた実証的な研究を行っています。比喩表現を様々な観点から検証している点で，興味深い研究成果だと言えます。

③ 前川喜久雄・田野村忠温編『コーパスと日本語学（講座日本語コーパス）』朝倉書店，2014年。

＊タイトルは日本語学ということになっていますが，内容としてコーパスを使った言語研究全体に関するものになっています。コーパス研究に関する個別研究の情報収集目的としても役に立つ1冊です。

参考文献

淺尾仁彦・李在鎬『言語研究のためのプログラミング入門』開拓社，2013年。

石川慎一郎『ベーシックコーパス言語学』ひつじ書房，2012年。

石川慎一郎・前田忠彦・山崎誠『言語研究のための統計入門』くろしお出版，2010年。

大石亨「メタファー表現の生産性に対する意味の焦点と表現メディアの影響――〈急激な増加〉や〈大量の存在〉を表す表現の場合」『第二回コーパス日本語学ワークショップ予稿集』2012年，145-154頁。

夏海燕「意味拡張における二種類の方向性――着点動作主動詞と身体領域」『神戸言語学論叢』8，2012年，35-45頁。

神原一帆「日本語における「ノ構文」の振る舞い――少納言コーパスを用いた属性パターンに基づく調査と「進撃の巨人」」『日本認知言語学会論文集』17，2017年，390-401頁。

岸江信介・田畑智司編『テキストマイニングによる言語研究』ひつじ書房，2014年。

児玉一宏・野澤元『言語習得と用法基盤モデル 認知言語習得論のアプローチ』研究社，2009年。

小林雄一郎『Rによるやさしいテキストマイニング』オーム社，2017年。

長谷部陽一郎「認知言語学とコーパス」森雄一・高橋英光編『認知言語学基礎から最前線』くろしお出版，2013年，231-256頁。

山崎誠編『講座日本語コーパス 2 書き言葉コーパス――設計と構築』朝倉書店，2014年。

李在鎬『コーパス分析に基づく認知言語学的構文研究』ひつじ書房，2011年。

李在鎬「認知語彙論」山梨正明ほか編『認知日本語学講座 認知音韻・形態論』くろし

お出版，2013年，141-186頁。

李在鎬・石川慎一郎・砂川有里子『新・日本語教育のためのコーパス調査入門』くろし
　お出版，2018年。

Deignan, Alice, *Metaphor and Corpus Linguistics*, Amsterdam/ Philadelphia : John
　Benjamins, 2005.

Gries, Stefan Th. and Anatol Stefanowitsch (eds.), *Corpora in Cognitive Linguistics :
　Corpus-based Approaches to Syntax and Lexis*, Berlin & New York : Mouton de
　Gruyter, 2006.

McEnery, Tony and Hardie, Andrew, *Corpus Linguistics : Method, Theory and
　Practice* (Cambridge Textbooks in Linguistics), Cambridge : Cambridge University
　Press, 2012.

🔲 *Column* 🔲

コーパスの語源

　コーパスという語は，もともと「体」を表すラテン語の corpus（コルプスと読
みます）から由来していて，「死体」を表す corpse も同語源だといわれています。

　さて，なぜ体や死体を表す単語が文章の集合を指す「コーパス」という単語の語
源になったのでしょうか。その理由は，おそらく次のようなものではないかと推測
します。

　私たちのことばは大きく分けて2種類あると考えられます。1つ目は，日常生活
の中で，個人個人が常に発し続ける側面としてのことば，2つ目は，すでに作られ
ていて，文字化されてしまったことば。コーパスがターゲットにしているのは，2
つ目の側面のことばです。1つ目の側面のことばは，日常生活の中で動的に生成さ
れるわけですが，2つ目の側面のことばは，すでに生まれており，静的な性質を持
ちます。1つ目の側面のことばは，個人がバラバラに使用するものですが，2つ目
の側面のことばは，ある程度の数が集まれば，その集団の総体を表すこともできま
す。このように考えると，コーパスが体や死体という単語に関連づけられているこ
とに関してもある程度，納得がいくのではないでしょうか。つまり，コーパスとは，
すでに使用されたことばの大きなかたまりであるわけです。

第11章　日本語教育への活用

甲田直美

この章で学ぶこと

　この章では，認知言語学と日本語教育の接点を学びます。非母国語話者による，外国語としての日本語学習，そしてそれを教える日本語教育との接点です。日本語教育は，日本の学校教育における国語教育とはずいぶん異なります。

　本章ではまず，日本語教育を，多くの人が経験した外国語としての英語教育と国語教育と比較することで，この分野を位置づけます。認知言語学でのことばの捉え方が，日本語学習に有利な点を考え，人間の認知と学習との関係について整理します。

　日本語を教える際に，学習者の母国語や，学習者の既習の言語と対比しながら説明することがありますが，このような比較・対照の視点は，日本語を知るのにたいへん役立ちます。日本語教育では非母国語話者による誤用例が数多く集められていますが，実は誤用例というのはことばの分析にとって，別の観点を与えてくれる宝庫なのです。このように考えると，言語の研究と，その言語教育の現場というのは，お互いに恩恵を受けていることがわかります。

キーワード

　日本語学習，日本語教育，誤用研究，非母語話者，文章・談話，会話，認知能力，メタ認知

① 日本語教育という分野

日本語教育と国語教育

　「日本語教育」とは，日本語を母国語としない外国人に対して日本語を教える教育を指します。これに対し，「国語教育」とは，ふつう小学校入学時から始まり，日本語をすでに話すことのできる，日本語を母国語とする日本人に自国語の教育を行うことです。日本語教育では，学習者が日本語ができないこと，コミュニケーションができないことを前提として日本語の語彙，文法や音声な

どを教えます。外国語として日本語を学ぶわけですから，私たちにとっての英語教育と共通しています。日本の学校教育での英語教育は，母国語ではない言語である英語を運用できないことを前提として行われます。

　ここでいう母国語とは，子どもが獲得する第1言語のことで，通常，生まれ育った環境で使われており，自然と身についた言語です。ですから，みなさんは日本語を自由に操ることはできますが，とりたてて「習った」という感覚はないと思います。

日本語教育と英語教育

　では，日本語教育と学校教育での英語教育の違いは何でしょうか。日本での英語教育では媒介言語（教育で用いられる言語）は日本語ですが，日本語教育では学習者の背景が異なる場合が多いため媒介言語が必ずしも使えるとは限りません。また，日本語教育は教養としてよりも手段として行われる，すなわち，ビジネスや日本での就学など何らかの目的のために学ばれることが多い，といった特徴があります。

　もし外国人に日本語を教える日本語教師になろうとしたら，どのような難しさがあるでしょうか。日本語を母国語として育っている場合，当然，言語能力は高く，自由に操ることはできるのですが，習った経験がないため，いざ教えようとするといったい何をどう教えて良いのかわからないのではないかと思います。学校教育での英語教育では，教師は英語をかつて習った経験があると思いますが，母国語を教える場合には，系統立てて習った経験がないため，教えられた経験のないことを教えるということになるのです。

　本章では，日本語について何をどのように教えるのかを研究し学ぶ分野である日本語教育と認知言語学との接点について，学ぶ側，教える側の両面から見ていこうと思います。

② 言語の説明に認知言語学を取り入れる

　認知言語学のアプローチの特徴として，言語を人間の認知との関連で考察するということがあげられます。認知とは，音や文字などをそのまま聴覚／視覚刺激として受容する知覚に対し，そこに意味を読み取り理解するという，受け取る解釈者との関わりを通して成立するものです。ですから，言語を，人間とは離れた記号系と捉えるのではなく，人間の持つ認知のあり方によって動機づ

けられたものであると捉えます。

このような認知言語学の見方は，構文化に先立つ事態把握や，各表現を配列しテクスト・談話を構成する，自然な文連鎖のあり方に対して動機に基づいた説明を与えます。動機に基づいた説明とは，「日本語はこのような姿ですよ」というのを，たまたまこうなっていたというのではなくて，「人間の持つ基本的な捉え方が～だから，日本語でもこのようになっているのですよ」とか，「英語ではこのような捉え方をするけれど，日本語ではこのように捉えるので言語形式でもこのようになっていますよ」といったように，認知の反映としてことばを捉え，説明するものです。

本節では，認知言語学が言語教育に強みを発揮する例として，文章における話題の連鎖について「図」と「地」を紹介します。これらの概念は，文法の積み重ねを越えて，文章読解や作文教育に有用であると見込まれています。

自然な文連鎖の重要性

私たちが学んだり説明したりする活動には，通常，1つの文や発話というよりも，文章や談話といった一定の長さのことばを用いています。例えば，教科書の説明を考えてみますと，教科や科目にかかわらず説明部分は文章で書かれています。また一定の長さの事柄を相手に説明しようとする場合，単一の表現ではなく一定の長さの談話で説明していると思います。このようにことばの運用にとって文章・談話は重要な単位です。文章や談話は単なる表現の寄せ集めによって成り立っているものではないため，読みやすさ，わかりやすさを考慮した文章作成，談話構成のためには「自然な文連鎖」が鍵となります。

言語表現は，それが示す要素について，話し手がどのような視点，心理的角度から捉えるかによって異なります。文章や談話をわかりやすいものにするには，外部世界の把握の仕方を反映した文連鎖にする必要があります。以下では，人間の認知を反映した文連鎖を考えます。

例えば，次の文a，bは，同じ位置関係を表しており，一見，同じ事態を表しているように見えますが，各々の文における事態の捉え方は異なります。

（1）　a．河童橋は穂高連峰の前にある。
　　　　b．穂高連峰は河童橋の後ろにある。

aでは，河童橋の位置が穂高連峰を参照点として述べられ，bでは穂高連峰が河童橋を参照点として述べられています。2つの表現は，話し手が何につい

て述べたいのか，という表現の動機づけにおいて異なります。ａもｂも河童橋
と穂高連峰を前と後ろに見立てていることに変わりはないのですが，表現の価
値において対称的でないのです。

　表現の価値において対称的でないとは，一定の長さの文章・談話では，通常
何かを取り立てて，それについて文章が構成されますが，この「何について」
語るかという視点の取り方が異なるのです。

（２）　河童橋は穂高連峰の前にある。この橋は，長野県松本市安曇上高地の
　　　　梓川に架かる木製の吊橋である。芥川龍之介が小説『河童』の中に上
　　　　高地と河童橋を登場させたことでより有名になった。

　ａの表現では，（２）のように河童橋についての叙述が後続し，ｂでは穂高連
峰についての叙述が後続することが予測されます。

　このような現象について，認知言語学では，まず，何かを述べる際には，通
常，ある対象が選択され，選択された対象を中心として，周りのものとの関連
が述べられることが指摘されています。この例で言うと，ａでは河童橋が選択
され，これを中心として河童橋についての関連する事象が述べられることにな
ります。

焦点化と文章・談話

　文章・談話において取り上げられる話題は，次々とやみくもに拡散していく
のではなく，話し手と聞き手との注視状況が一定の期間保たれます。選択され
た対象は図や焦点として，その周囲は地，すなわち背景として扱われ，自然な
文連鎖を構成しています。この注視状況とは，テクスト・談話において焦点化
され注目されている話題で，一般に，ある一部分は焦点化され他の部分は背景
化されます。このような焦点連鎖をラネカー（Langacker 1997）は参照点構造
と呼んでいます。

　このような焦点連鎖の構造は，日常至るところに見られます。例えば，新し
い話題を導入する際に，これまでの話を参照点として唐突さを避け，臨時に関
係を確立するという手法です。

（３）　「期末テストっていえばさ〜，水曜日の授業はテストなしにするん
　　　　だって。」

「〜っていえば」の形で既出の話題を取り上げ，それを参照点として新しい

話題を持ち出すというものです。この参照点を手がかりとして，これを媒介として別のターゲットを捉えていくものです。聞き手にとって，トピックは参照点としてある知識の領域を活性化する指示であり，注意をその中の特定の要素に仕向けるものとなります。

　このやり方は様々な場面で有効です。例えば雑談で，既出の話題に何らかの関連を持たせるように次の話題を持ち出すことで唐突さを避けたり，あるいは，知っていることを手掛かりに新しいことを説明する際にも用いることができます。

　このような参照点能力は，日常言語の伝達を可能とする重要な認知能力の1つとして注目されています。談話レベルにおける焦点連鎖の展開の適否を判断していくためには，焦点の推移に関する認知的な制約を考慮する必要があるからです。つまり，何かを述べるためには起点が必要であり，新情報だけで構成される連鎖はわかりにくいということです。

　このことを実証した研究にイェコヴィッチ，ウォーカー＆ブラックマン（Yekovich, Walker & Blackman 1979）があります。前提とされる情報，焦点となる情報が文の統合に果たす役割について検討し，重複する語句の文中での文法的地位によって，文連鎖の読みやすさが異なることを実証しました。

（4）　救助員が岸辺の看視塔からサメを見つけた。　　　（目的語・焦点）
　　　　サメが暗礁の近くでダイバーを襲った。　　　　　（主語・前提）
（5）　ボートの下のケージで，ダイバーがウナギを撮影した。
　　　　　　　　　　　　　　　　　　　　　　　　　　　（主語・前提）
　　　　サメが暗礁の近くでダイバーを襲った。　　　　　（目的語・焦点）
（6）　救助員が岸辺の看視塔から海岸線を見渡した。　　（重複なし）
　　　　サメが暗礁の近くでダイバーを襲った。

　同じ後続文に対して，どのような表現が前にくると読みやすいかを，後続文の反応時間，すなわち読解時間を指標として調べました。（4）のように前の文の目的語が後続文の主語になっていると読みやすいのですが，（5）のように前文の主語が後続文の目的語になっているものは，（6）のように重複語句がない場合と同様に読みにくかったのです。

　以上のことをまとめると，次のような文連鎖が理解しやすいということになります。すなわち，先行する文の焦点を後続文の主題として，それを起点に新しいことを導入するというものです。

（7）　救助員が岸辺の看視塔から<u>サメ</u>を見つけた。

　　　<u>サメ</u>が暗礁の近くで<u>ダイバー</u>を襲った。

　　　<u>ダイバー</u>はウナギを撮影していた。

　自然な文連鎖は，文の単純な集合ではなく参照点の連鎖や表現の順番が解釈に影響します。このことを，文章の読解や作文に当てはめて考えてみると，わかりやすさのためには，個々の文の語彙や文法の適切性だけではなく，文の表現の視点の取り方——どこから描くか——，そしてその配列が重要となります。しかしながら，外国語として作文をする場合には語彙量が限定されていたり，文法にばかり注意が向いてしまい，文章全体の流れには配慮できないことが多々あります。読みやすさ，わかりやすさのためには語の選択よりも視点の一貫性が印象を左右することがあるため，指導の際に自然な流れの文章と不自然な流れの文章を対比させて説明するなどの工夫が必要です。

　叙述の立脚点や視点の取り方は，文章・談話を特徴づける自然な連鎖の鍵となっています。ことばを世界と言語使用者との相互作用の産物として捉えることにより，ことばが記述する対象レベルでは説明できない，人間の視点，立脚点を加味した文章・談話の運用の説明可能性が拓けていくでしょう。

③　実際の会話を教える

教科書の日本語会話

　自然に生じた会話を詳細に観察することは，思考と言語，知識との関係を考える良い材料になります。思考と言語との関係は，認知言語学の主要なテーマの1つです。

　（8）は，日本語教科書の会話です。

（8）　ムンニ：みどりさん。

　　　みどり：あら，ムンニさん。こんにちは。

　　　ムンニ：こんにちは。ああ，ちょうどよかった。すみません，ちょっとお聞きしたいことがあるんですが，今よろしいですか。

　　　みどり：ええ，どうぞ。

　　　ムンニ：実は，日本人の友達からこれをもらったんです。

　　　みどり：ああ，結婚式の招待状ですね。もちろん，出席するんでしょう？

ムンニ：ええ。

　　　ムンニ：それで，お祝いをあげたいんですが，日本ではふつうどんな
　　　　　　　ものをあげるんですか？

　　　みどり：ううん，まあ，たいていお金ですね。

　　　ムンニ：そうですか。あのう，お金でなければだめですか。

　　　みどり：いえいえ，お金でなくてもいいんですよ。お祝いの気持ちが
　　　　　　　大切なんですから。

　　　ムンニ：じゃ，私の国のものをあげてもいいでしょうか。

　　　みどり：もちろんですよ。お友達は，むしろ喜ぶんじゃないですか。

　　　ムンニ：よかった。安心しました。

　　　　　　　（星野恵子・遠藤藍子編著『新装版　日本語集中トレーニング』アルク，

　　　　　　　　　　　　　　　　　　　　　　　　　　　2010年，102頁）

　この会話例では話しことばの特徴である，「ううん，まあ，あのう」などの
フィラー（filler：実質的内容のことばの間に挟むことば）が使われていて，
自然な日本語を示す工夫がされています。一方，次は，大学生の話者AとBの
実際の会話を，会話分析で使用される記号を用いて転写したものです（実際の
会話分析の転写方法よりやや簡略化しています）。[は発話が開始される位置を
示したもの，(.)は間（小さなポーズ），.h は吸気音，：は母音引き延ばしです。

（9）　B：ま新潟市っていうか新潟県って(.)あれなんですか男子校とかあ
　　　　　るんですか

　　　　A：.h 男子校ない(.)で[すね全く(.)女子校::に近いのはあるけど:今
　　　　　はもうほとんど .h

　　　　B：　　　　　　　　　[あ(.)無いんですか

　　　　A：ほとんどってかもう全部共学に[なってて::

　　　　B：　　　　　　　　　　　　　[あ::

　　　　A：.h うちの高校は元男子校だったんで[すけど

　　　　B：　　　　　　　　　　　　　　　　[はい

　　　　A：共学になってもう久しい(.)[ので

　　　　B：　　　　　　　　　　　　[あ::

　　　　A：まあ一応男子の方が多い(.)んだけど

　　　　B：あ:じゃあもう入った時には，入学した時は，もうあれですか(.)
　　　　　普通にど[この学年も]

A：　　　　［す::］そうですね

　これらの会話例（8）と（9）の違いは何でしょうか。

　実際に生じた会話（9）では，1人の話者が話し始めてから次の話者に移行するまで（これをターン構成単位：Turn Construction Unit といいます）の末尾の形は「なってて::」「ですけど」「久しい(.)ので」「どこの学年も」など文を途中で切ったような断片的な発話になっています。これに対して，（8）の日本語教科書のモデル会話では断片化は避けられ，それぞれの話者の発話末を見ると「よろしいですか？」「もらったんです。」など完結した形が多用されています。

　［でマークされている発話開始位置に注目すると，（8）では完全に前の発話が終わった後に次の発話が開始されているように書かれています。しかし実際の会話では，話者は相手の発話が完全に終わる前に反応を開始しており，重複を含みながら会話が進行しています。ほんの少しだけ重複を含むこと，つまり発話と発話の間の沈黙を少なくすることで，会話に積極的なことがわかります。重複しているのは，多くは発話の終わり部分（「ので」「ですけど」）で，伝えたい実質的な箇所ではそれほど相手の発話に差し挟むようなことはしていないこともわかります。

　これらの観察から，実際の会話では，整えられた表現とは異なり，断片的な発話の掛け合いの中で話者同士のやり取りが達成されていることがわかります。会話を観察する際には，抽象的で理想的な言語ではなく，実際に生じた発話形式を観察し，その断片的な発話交換の中にコミュケーション機能を見て取る必要があります。

　また，実際の会話では，話者は考えながら話しています。あらかじめ決められたことをセリフのように話すのではなくて，言い淀みや言い直しを多く含んでいます。書きことばでの加工された完結した表現に比べ，話しことばは断片的で考えながら話すという加工前の姿を現しています（もちろん，話しことばといっても，準備された講演から雑談まで様々な形態があり，即時的に，その場で考えながらという特徴は段階的なものです）。

　作られた会話と比較することにより，これまで気づかなかった実際の話しことばの特徴が明らかになっていくことがあります。作られた会話は，ことばの言い間違いや話者による個人差が排除された汎用的で理想化された言語を想定

しています。これに対して，言い間違いや使用の個人差に人間らしさやコミュニケーション機能が含まれているという見方もあります。会話では文脈に即したことば遣いが使用されますが，文法事項の説明における文型としてのことばでは，脱文脈化したことばがモデルや標本として記述されます。これらの1回1回生じた，誤りを含んだ言語から，標本としての文型との間には次の3つの理想化を経ていると考えられます。

(10)　言語の構造を記述する際の理想化
　　　①標準化：個人差（性別／年齢層／出身地域）や言語コミュニティにおける位相差の排除
　　　②行動のパフォーマンスエラーの修正：発音や構文の間違い，ためらいのポーズ，言い淀みなど
　　　③脱文脈化：発話文脈に依存した要素の排除：代名詞，指示詞，接続詞，省略，語順など

　母語話者による，自然であらかじめ発話形式が準備されていない日常会話では，誤りや個人差を含んでいますが，それは決して日本語能力が劣るからではありません。生きた文脈の中で，戸惑いや喜びなど，その場の状況や感情とともに言語が用いられているからでしょう。このような実際に使用される言語のバリエーションを等閑視せず，語用論的文脈まで含めた言語観が，日本語の運用能力を育成する上で重要になってくるでしょう。

他言語との比較

　日本語を明らかにしようとするときに，他の言語との対比によって見えてくることがあります。実際の会話例（9）を見ると，「，」や「(.)」といったポーズが挿入されています。これは話しことばの特徴なのですが，日本語は英語よりも細かく切る傾向が強いことが指摘されています（メイナード 1993）。英語と比べると中国語も1つの節をより小さな単位に断片化する傾向が強いと言われています。英語では名詞と動詞を含んだ節の後に発話が区切れることが多いのに対し，日本語と中国語では重要な名詞である主語の省略が容認されるためと言われています（メイナード 1993）。日本語では，

(11)　あのね，きのうね，あそこの交差点でね，えーっと……

と終助詞を挟みながら細切れに1つの節がいくつかの独立したイントネーショ

ン単位に分割され，相互作用的助詞「ね」で分割されたイントネーション単位が頻繁に使用されます。日本語では1つのイントネーション単位の中に話者・聞き手の相互作用関連の情報（聞き手目当ての「ね」）を盛り込むのに対して，英語ではイントネーション単位の生産において，このような要素を盛り込まなくてもよいため，典型的に1単位内に主語と述語を含む節形式で命題内容を伝達することに集中することが可能（岩崎 2008）です。このような日本語会話の断片化は，命題のコミュニケーションという点に関する限り，明らかに非能率的です。複数のイントネーション単位を用いた節の情報伝達は，1つのイントネーション単位における伝達よりもさらに時間を要するのですが，これは日本語における相互作用的要素（終助詞等）の重要性（メイナード 1993）を示しています。

　外国語としての日本語を考えるためには，このように他言語との比較を通して，当たり前だと思っていた日本語の特徴を捉え直す必要があります。

誤用から考える

　外国人による日本語学習者の誤用から日本語の特徴が見えてくることが多々あります。次は外国人による誤用です（*は誤用を示します）。

(12)　A：良い天気ですね。
　　　B：*はい，そうです。（→はい，そうですね。）

　この場合，「良い天気ですね」と同意を求められているので，それに対して同意を示す「ね」を付加する必要があります。これに対して，疑問形で聞かれている場合には自分しか知らない情報なので同意や一致を前提とする「ね」を付加すると不自然になります。

(13)　A：出身地はどこですか？
　　　B：インドです。（→*インドですね。）

次の例も誤用で，「こ／そ」の使い分けが間違っています。

(14)　A1：大学の近くにあるインド料理店で「○○」ってのがあるんだけ
　　　　　ど，この店，すごくおいしいよ。
　　　B：うん，*この店なら私も知ってるよ。（→その店）
　　　A2：そうなんだ～。あの店の店長，インドで修行してたんだって。

（→＊この店）

　A1によって導入された「インド料理店」は「<u>この店</u>」と，話し手（A）が
よく知っている情報として提示されています。いったん話し手が「こ」を使っ
て示したものを，聞き手は「こ」を使って示すことはできないので「その店」
と言う必要があります。Bの発話によって両者が共に知っているということが
確立されたので，A2の段階では「こ」は使えなくなり，共に知っている「あ
の店」となります。

　終助詞や指示語は，外国語としての習得は難しいのですが，日本語研究とし
て見た場合，言語がどのように話し手と聞き手との知識を扱うかを示してくれ
る好例です。

　自然なコミュニケーションにおける思考と言語との対応，知識の扱いについ
ての研究では，以上のような外からの視点，外国語との比較から得るところが
甚大です。

④　認知の仕組みと学習

人間の認知能力と言語理解
次の例を考えてみてください。

(15)　センタクをしようにもろくな石鹸がない。仕方がないので石鹸はやめ
　　　てサラダ油にした。
　　　　　　　　　　　　　　　　　　　　　　　　　　　　　　（守 1996）

　この文を理解するとき，「センタク」とは，何を意味するのでしょうか？
第1文を読み進めると，「ああ，これは「石鹸」を使うから「洗濯」の文だ」
という想定をして読み進めます。しかし第2文で「石鹸はやめてサラダ油」と
いう表現に出会ってしまいます。そこで，想定していた「洗濯」がキャンセル
され，例えばお中元やお歳暮などの贈り物を選ぶ際の「選択」を当てはめます。
そうすると，全体として意味を成します。

　この例はわざと曖昧になるように「選択」をカタカナで書いていました。私
たちが言語を理解するときにはこのように文章全体と整合性があるように単語
の意味を同定しながら読み進めますが，曖昧語がある場合には，複数の解釈を
いったん保持しておかなければならないので，認知的負荷は増えるとされてい
ます。認知的負荷が増えるというのは，つまり私たちの処理能力は有限で，何

かにその資源を使っていると残りの資源でまかなわなければならないので，処理の能率が悪くなるということなのです。

　読んでいる最中に複数の解釈をいったん保持しておくというような，課題遂行中の記憶を作動記憶（ワーキングメモリ）といいます。曖昧文の理解には作動記憶（ワーキングメモリ）容量が影響すると考えられていて，この容量の大きい読み手は曖昧文をよく理解できると考えられています（Miyake, Just & Carpenter, 1994）。作動記憶の容量には限界があるとされています。例えば机の上で作業をするとき，机のサイズは同じでも，机の上に物が散乱していると作業がしづらいというイメージです。外国語として文章を読む場合には，母国語を読む場合より慣れない点が多く，曖昧語や未知語が多く出てくると非常に難しく感じます。(14)の文では，文を読み進めて「洗濯」を「選択」に修正しますが，余力がないと確認を怠り，誤ったまま読み進めてしまうことがあります。

　このように，言語の理解には人間の認知的処理能力が関わっています。このことは，作動記憶以外にも，例えば私たちが外国語を学習するときには多くの単語を覚えなければならなかったように，記憶（長く覚えている記憶ですから長期記憶という呼び方をします）容量とも関わっていることがわかります。さて，認知的処理能力を研究する分野に認知心理学という分野があります。本節では，認知と学習との関わりについていくつか見ていこうと思います。

メタ認知とモニタリング

　何かを学ぶとき，わかっていないことに気づかなければ，辞書を調べたり，教師に聞いたりする活動にもつながりません。わかっている状態とわかっていない状態の区別がつかなければ学習方略を変えることもできないでしょう。

　私たちが話を聞いたり，問題を解いたりする際には，記憶や問題解決などの認知活動を行っていますが，これに加えて，自分の認知過程に意識的に気づいて，確かめたり修正したりする活動をしていると考えられています。このような自分の認知過程に意識的に気づき，調整する能力をメタ認知と呼びます。メタ認知は読解や記憶，問題解決などの認知活動がうまくいくように制御する過程（岡本 2001）だと考えられます。認知活動が遂行されている間，メタ認知制御のモニタリングが認知活動がうまくいっているかどうかを監視していて，何かにつまずいたりした場合には，必要なメタ認知知識を参照してつまずきを解消するように命令しています。うまくいっていない場合には，プランニングそ

表 11-1　メタ認知を訓練する活動

1　読解の目的を理解する（明示的も非明示的にも）。
2　関連する背景知識を活性化させる。
3　文章の重要な内容に注意を割り当てる。
4　内容の一貫性や常識や既有知識との適合性をクリティカルに評価する。
5　わかっているかどうか，従事している活動をモニターする。
6　解釈や予測，結論などの推論を引き出し，それを確かめる。

のものを評価し，それを修正したりします。

　メタ認知研究の言語教育への大きな成果は，メタ認知は訓練によって改善されることを示したことです。パリンサーとブラウン（Palincsar & Brown 1984）は，読解教育においてメタ認知を訓練する重要な活動として表 11-1 の 1～6 をあげています。

　上の 1 から 6 を含む活動としては，要約（自分で振り返る），質問，明確化，予測の 4 つの活動があります。要約は，重要な内容に注意を割り当てることになり（3），理解できているかどうかチェックできます（5）。学習者に質問を作らせることは，重要な考えに集中させることになり（3），現在の理解の状態をチェックできます（5）。これらの活動は，理解を促進させる活動でもあり，理解をモニターする活動です。

　パリンサーらは，理解を促進することと，その理解をモニターする活動が重要であるとしています。そして「理解についての理解：メタ認知」を確かめ，従事している活動をモニターする訓練を相互学習で行い，メタ認知の訓練に相互学習という学習形態が非常に効果があったことを実証しています。

学習補助教材と個人差

　言語学習の教材としては，教科書，音声教材，映像教材などがあります。ここでは，理解を助けるための教材として絵や図を取り上げ，絵や図の効果をもとに，認知と言語理解の関係を考えたいと思います。

　文章を教える際に，絵を用いることは様々な効果があります。例えば，読み手に興味や楽しみを与えます。図や絵がどのように文章理解を助けるかを整理すると，図や絵の機能は表 11-2 のように整理できます（Levie & Lentz 1982）。

　表現が難解な場合や言語能力の欠如によって，文章を読んでも後で応用できないことがあります。文章を読んで，それが十分に活用できる状態になっていないのです。このような場合，どうして絵や図は理解を助けるのでしょうか。

表 11-2　文章に対する図や絵の機能

①注意喚起	題材への興味を持たせる。題材の中で注意を向けさせる。
②感　情	楽しみを持たせる。感情や態度へ影響する。
③認　知	理解や記憶の保持を高めることによって，理解を促進する。さらなる情報を与えることによって理解を促進する。
④代　償	読解力の低い読み手にとって補償になる。

出典：Levie & Lentz（1982）.

　岩槻（2003）によれば，図は認知的負荷を軽くすると考えられています。文章は表現が線状的に並ぶ継時処理呈示形式ですが，一方，図は空間配置を用いた同時処理を求める呈示形式であるため，情報間の関係にアクセスしやすく一目見ただけで把握可能です。余分な付加情報ではなく，文章の情報間の関係を際立たせた，文章の意味の再構成を促す図が良いとされています。情報の読み取りの効率の良さは，図の利点です。そのような図を文章と同時に呈示する場合に効果を持つとされていますが，これは，読み手は2つの情報源の間を案内されるからです。もし読み手の知識が少ない場合，知識の欠如のため明示的に関係が書かれていない命題間を結合できない可能性があり，図によってその役割が代替されると考えられるからです。

　何かの情報を与えられるとき，文章と図など，異なった様態の情報源から与えられる方が不得意な領域を補完できる可能性があり，文章の意味の再構成を行いやすいと考えられます。得意，不得意な領域は個人によって異なっており，教材としてどのような媒体が効果的で，学習を継続しやすいかは，個人差があります。教育における個人差としては，学習教材の好みの他に，学習形態（参加型か受容型か）や説明の順序（見取り図を好むか，積み重ねを好むか），快適な参加人数など多岐にわたります。このような個人差は学習スタイルとして知られており，例えば，一斉授業に対して，学習者個人が自分のペースで学習を進める環境を取り入れるなど，個人にあった効果的な学習環境が考案されています。

⑤　さらなる広がりを求めて

　認知言語学的アプローチでは，言語を人間の認知的な営み（心の働き）の観点から捉え直すことを目指しています。言語の「ルール」や「規則」を，たまたまそうなっていたと捉えるのではなく，言語を使用する人間の動機づけと捉

えます。これにより日本語学習において丸暗記の対象としての規則ではなくて，
納得できる説明が与えられる可能性が拓けてくるでしょう。他方で，日本語教
育から認知言語学への貢献として，誤用分析や他の言語との比較・対照によっ
て，思考の流れや知識を加味した日本語の姿がわかってくる可能性があります。
言語学習をより効果的なものとするためには，どうやって理解するかを知る必
要があります。人間が理解する仕組みをもとにして日本語学習を考えることで，
より効果的な教材や学習のあり方がわかってくるのではないでしょうか。人間
の認知の仕組みと学習とを総合的に検討することにより，認知的に効果がある
言語学習が考えられるでしょう。

練習問題

1．日本語教科書と実際の会話とは，ここで指摘した以外にどのような違いがあるで
しょうか。3節であげた例以外にも，外国語の教科書における会話例と実際の会話と
を比較してみましょう。

2．外国人日本語学習者の誤用には他にどんなものがあるでしょうか。調べてみましょ
う。

3．日本における学校教育での英語教育と外国人向けの日本語教育の違いにはどのよう
なものがあるでしょうか。

4．これまでの外国語学習の体験で役に立った方法がありますか。周りの人の体験も聞
いてみましょう。

読書案内

① 山田敏弘『国語教師が知っておきたい日本語文法』くろしお出版，2004年。
  ＊学校教育での日本語文法の枠組みは残しながら，日本語の持つ文法体系を解説した
  ものです。日本語教育文法との比較も書かれています。
② 森山卓郎『ここからはじまる日本語文法』ひつじ書房，2000年。
  ＊覚えるだけの文法ではなく，ことばを対象として「考える」文法の本です。ことば
  を対象として考えるおもしろさを伝えてくれます。練習問題を解きながら考えるの
  も良いと思います。
③ 日本語教育学会編『新版日本語教育事典』大修館書店，2005年。
  ＊日本語教育の諸分野を総合的に解説した事典です。ちょっと分厚いですが，総覧し
  て興味のある分野について，どのような研究領域があるのかを知るのに役立ちます。
④ 甲田直美『文章を理解するとは——認知の仕組みから読解教育への応用まで』ス
  リーエーネットワーク，2009年。
  ＊ことばの理解と認知の関わりについて，文章読解をもとに論じたものです。私たち

が日常行っている文章の理解とはどのような過程なのかを知ることができ，これからの読解教育に役立てることができます。

参考文献

岩崎勝一「音声言語コミュニケーション研究のための分析単位——イントネーション単位（IU）」『人口知能学会誌』23-1，2008年，105-112頁。

岩槻恵子『知識獲得としての文章理解——読解過程における図の役割』風間書房，2003年。

岡本真彦「メタ認知——思考を制御・修正する心の働き」森敏昭編『おもしろ思考のラボラトリー』北大路書房，2001年。

泉子・K・メイナード『会話分析』くろしお出版，1993年。

野田尚史「日本語教育のためのコミュニケーション研究」『国語研プロジェクトレビュー』Vol. 3，No. 3，2013年，117-124頁。

守一雄『やさしい PDP モデルの話　文系読者のためのニューラルネットワーク理論入門』新曜社，1996年。

Langacker, R. W., "A Dynamic Account of Grammatical Function," Joan Bybee, John Haiman and Sandra A. Thompson (eds.), *Essays on Language‒5‒Function and Language Type,* John Benjamins, 1997, pp. 249-273.

Levie, W. H. and Lentz, R., "Effects of Text Illustrations: A Review of Research," *Educational Communication and Technology Journal,* 30, 1982, pp. 195-232.

Miyake, A., Just, M. A. and Carpenter, P. A., "Working Memory Constraints on the Resolution of Lexical Ambiguity: Maintaining Multiple Interpretations in Neutral Contexts," *Journal of Memory and Language,* 33, 1994, pp. 175-202.

Palincsar, A. S. and Brown, A. L., "Reciprocal Teaching of Comprehension-Fostering and Comprehension-Monitoring Activities," *Cognition and Instruction,* 1-2, 1984, pp. 117-175.

Yekovich, F. R., Walker, C. H. and Blackman, H. S., "The Role of Presupposed and Focal Information Integrating Sentences," *Journal of Verbal Learning and Verbal Behavior,* 18, 1979, pp. 535-548.

─ 🔲 *Column* 🔲 ─

「これはペンです」を教えることの意味

次は代表的な日本語教科書で提示されている文型です。

（1）　1．　わたしは　マイク・ミラーです。

　　　　2．　サントスさんは　学生じゃ（では）　ありません。

　　　　3．　ミラーさんは　会社員ですか。

4．サントスさんも　会社員です。

（『みんなの日本語 初級Ⅰ　本冊』スリーエーネットワーク，1998年，6頁）

　野田（2013）は簡単なあいさつや自己紹介をするのにこのような文型が必要だとは言えないとの主張を展開しています。その理由として，

　「1. の「わたしはマイク・ミラーです。」のような文は，自己紹介で使うことはほとんどなく，「わたしは」がない「マイク・ミラーです。」と言うのが普通である。2. の「サントスさんは学生じゃ（では）ありません。」のような否定文も，自己紹介で使うことはほとんどない。「学生さんですか。」と聞かれたとしても，「学生じゃ（では）ありません。」と否定文では答えず，「いえ，もう働いています。」のように肯定文で答えるのが普通だろう。3. と 4. のような文も，簡単なあいさつや自己紹介で使われることはほとんどない」と述べています。そして，自己紹介を扱うこのセクションで自己紹介には使われない文型が取り上げられているのは，自己紹介から出発し，自己紹介に使われる文型を選び出したのではないからである，言語学的な研究の論理に従って分析された「文の基本的な構造」のうち，簡単なものから順に導入しようとしているからである，と述べています。実際の使用場面で使えない文型を教えるのではなく，日本語を使う状況から出発し，その状況でどんな能力が必要かを研究し，教育内容を決めるべきであるとして，文型積み上げ型の教育を批判しています。これと同様の批判として，英語で学習した例として，"This is a pen."（これはペンです）といった表現は実際にどれほど有用かというものがあります。

　このような主張には賛否両論あり，文型（「これは〜です」「わたしは〜です」や「〜は〜ではありません」など）は，実際の場面で使わなくても，言語を運用する上で基本的な土台となるものであり，この知識を利用して文を組み立てるのに必要なものである，などの反論があります。

　学校教育における英語教育においても，教科書で提示される会話がどの程度「使える」ものなのか気になります。文型とは文法を教えるために教科書に配列されたものにすぎないのでしょうか。では，いったい「文法」とは何なのか，文法がないと運用できないのか，言語教育の目標は文法を教えることなのか……。

　野田（2013）では，自己紹介は状況に合わせて何をどう話すかを判断しなければならない難しいものであるとして，例えば国際文化学部異文化コミュニケーション学科の新入生歓迎会で新入生が 1 人ずつ自己紹介をする状況であれば，「国際文化学部異文化コミュニケーション学科の 1 年生です」とは言わないほうがよく，名前や出身地など，他の新入生と違う情報だけを言うべきであると述べている点です。また，自分の名前を覚えてほしい状況では，姓だけでよいなら「楊です。楊貴妃の楊です」と一歩踏み込んだ自己紹介を考える必要性を述べています。

第12章 英語教育への活用

児玉一宏

―― この章で学ぶこと ――――――――――――――――――――――――

　本章では，ことばの不思議さ，ことばについて思索することの面白さへの気づ
きを促す英語の文法指導のあり方を考究する上で，認知言語学の構文理論である
「構文文法 (construction grammar)」に注目し，その知見を活用することの有
用性を平易に解説していきます。

　一般に，構文とは，「The 比較級 …, the 比較級 …」構文や there 構文など，
様々な文法形式の記述に際し，共通の特徴を示すものとして抽出され整理された
一種の型であり，読者の皆さんにとって馴染みのある概念ではないでしょうか。
これに対して，本章で紹介する構文文法によって規定されている「構文
(construction)」という用語には，理論概念としての特別な意味合いが含まれて
います。このような「構文」の概念を理解し，構文の交替について理解を深める
とともに，文法意識の高揚を図る英語教育の可能性について構文文法の観点から
考えてみたいと思います。

キーワード

　英語教育，構文文法，構文の交替，与格交替，二重目的語構文，使役移動構文，
for 付き与格構文，to 付き与格構文，場面記号化仮説

―――――――――――――――――――――――――――――――――――

1　構文の交替

構文のパラフレーズ

　英語構文を学習する際に，ある動詞の構文パターンと，同一の動詞を用いた
パラフレーズ構文（言い換え表現としての構文パターン）を関連づけることが
あります。これは，構文の交替と呼ばれる一種の書き換えです。

　例えば，John baked her a cake. という二重目的語構文に対して，John
baked a cake for her. という前置詞付き与格構文（for 付き与格構文）がパラ

フレーズ構文として存在します。この両者の関係を構文の交替として捉えるならば，bake NP$_1$（人）NP$_2$（物）⇔ bake NP$_2$（物）for NP$_1$（人）という機械的な書き換えを行っていることになります（NP とは名詞句（Noun Phrase）を表す記号です）。

　しかし，John baked her a cake.（二重目的語構文）と John baked a cake for her.（for 付き与格構文）とは表層の形式が異なります。両者は全く同一の意味を表していると言えるでしょうか。「ジョンが彼女のためにケーキを焼いてあげた」という訳出だけを見ている限り，確かに互いによく似た意味を表しています。しかし，前者の表現には，「ジョンが彼女の代わりにケーキを焼いた」という解釈は成り立ちません。また，「ジョンが彼女を喜ばせるためにケーキを焼いた」などの解釈も成り立たないことがわかっています。前者の解釈として許されるのは，「ジョンは彼女にケーキを与えるためにケーキを焼いた」だけです。すなわち，前者の構文では，二重目的語構文の第 1 目的語である her に対して，代理人の解釈や，受益者の解釈も見いだせないことがわかっています。John baked her a cake. の第 1 目的語 her に許される解釈は，ケーキを受け取った人あるいは受け取る予定であった人という解釈だけです。

　では，このような解釈の違いはどこから生じてくるのでしょうか。以下では，示唆に富む先行研究を数点参照しながら，この謎解きをしていきたいと思います。

授与動詞 give 構文の意味

　1970年代後半，リチャード・アーリー（Richard Oehrle）は，英語の与格交替（dative alternation）に関する基礎研究を行い，興味深い言語事実を発表しました（Oehrle 1976）。与格交替とは，二重目的語構文と前置詞付き与格構文の間で成立する構文の交替現象です。本節では，アーリー（Oehrle 1976）に基づいて，give に関わる構文現象を紹介しながら，give 構文の意味について考察していきます。

　さて，以下の二重目的語構文にはどのような意味解釈が可能でしょうか。

（1）　Nixon gave Mailer a book.

　一般的には，「ニクソンはメイラーに本を与えた」などと訳出され，それ以上に解釈の可能性を探るようなことはしないかもしれません。しかし，アーリー（Oehrle 1976：19）は，（1）の文に対しては 3 通りの解釈ができると指摘

しました。第1の解釈として，「本の所有権がニクソンからメイラーに譲渡された」という解釈で，これは上記の訳出と同一の内容です。第2の解釈は，「ニクソンがメイラーに本を手渡すなどして一時的に所有または管理させる」という解釈で，この場合には所有権の譲渡は認められません。例えば，I gave John my bicycle for the afternoon.（その日の午後私はジョンに自転車を貸しました）という例と同じです。第3の解釈として，「ニクソンがいなければ書けなかった本をニクソンがいたおかげで書くことができた」という解釈の存在が指摘されました。この第3の解釈を別の表現を用いてパラフレーズすると，次の（2）のようになります。

（2）If it hadn't been for Nixon, Mailer wouldn't have written a book.

ここで大切なことが2点あります。1点目は，第3の解釈において実際に本がニクソンからメイラーへ物理的に手渡されたのではないということです。すなわち，Nixon という表現は文中では主語の役割を果たしていますが，それは行為者または動作主（agent）ではなく，結果的にメイラーに本を書かせることになったという意味で原因（cause）として解釈されるということです。簡潔に言えば，ニクソンがそもそも本を所有していたのではないということです。2点目は，（1）には write という動詞が使用されていないのに，どうして訳文のような解釈が成立するのかということです。これについては，語用論的な知識（言語外の知識あるいは世界の知識）が関与しています。例文中の Mailer はノーマン・メイラー（Norman Mailer）という作家であり，「ニクソンのおかげで作家であるメイラーが本を手に入れた」という表現は，まさにこの語用論的な知識を基にして，「ニクソンのおかげでメイラーは本を書くことができた」と解釈されたわけです。以下の例も（1）の第3の解釈と同様に，主語には行為者ではなく原因として解釈される表現が現れています。

（3）Interviewing Nixon gave Mailer a book.　　　（Oehrle 1976：28）

Interviewing Nixon という動名詞を含む主語は出来事を表しています。ニクソンにインタビューしたという出来事がメイラーに本を与えた（すなわち，書かせた）という因果関係に基づく解釈を形成していることがわかるでしょう。「ニクソンにインタビューできたことでメイラーは本を書くことができた」という訳出を得ます。

　以上のような言語事実に加えて，構文の交替との関連で特筆すべきことは，

（1）の例文には，パラフレーズ構文として，一般に以下の表現の存在が認められているということです。

（4） Nixon gave a book to Mailer.

　（1）と（4）の間で成立する構文のパラフレーズは，学習英文法ではよく知られている構文の交替（与格交替）の典型例です。ここで，興味深いことは，（1）と（4）は互いにパラフレーズの関係にありますが，（4）の表現（to 付き与格構文）には，アーリー（Oehrle 1976）が指摘した（1）の解釈の中で第3の解釈が当てはまらないという事実です。つまり，（4）には「ニクソンのおかげでメイラーは本を書くことができた」という因果関係に基づく解釈は成立しないのです。換言すれば，（4）の解釈として許されるのは，基本的に物の移動（この例では本の移動）が認められる場合に限られるということになります。

　同様に，（3）の二重目的語構文に対して，次の（5）に示す to 付き与格構文によるパラフレーズは容認されません。

（5）　*Interviewing Nixon gave a book to Mailer.

　以上の観察に基づくと，一見，構文の交替が成立していても，意味解釈の上で単純にパラフレーズできない場合があることがわかります。二重目的語構文と to 付き与格構文には，構文の意味に違いが認められます。

　このように，動詞と構文が織りなす精緻な意味の世界に一歩深く踏み込み，表層の言語形式の違い（たとえば，二重目的語構文であるのか，to 付き与格構文であるのかという違い）が文全体の解釈にどのような影響をもたらしているかを理解することによって，構文の交替現象を大局的に理解することができると言えます。

② 動詞の意味と与格交替

　本節では，構文文法について取り上げる前に，与格交替に関する秀逸な研究として評価されているスティーヴン・ピンカー（Steven Pinker）の研究を紹介しておきます（Pinker 1989, 2007）。

動詞の意味と構文の形成
　ピンカーの研究は，語彙意味論（lexical semantics）のアプローチとして知ら

れ，動詞の意味と構文の相関の問題をもっぱら動詞の精緻な意味の違いに還元して分析しようとするアプローチであると言えます。語彙意味論は，動詞の意味を詳細に記述・分析することによって，構文に特有の意味や構文交替の仕組みを明らかにしようとするとともに，構文には動詞の意味が最大投射されているという考え方で一貫しています。具体的に見てみましょう。

例えば，英語の throw は以下に示すとおり，to 付き与格構文と二重目的語構文の両方に現れることができます。

（6）　a．Pedro threw the ball to him.　　（to 付き与格構文）
　　　　　[throw$_1$: X ___ Y *to*-Z]
　　　b．Pedro threw him the ball.　　　（二重目的語構文）
　　　　　[throw$_2$: X ___ Z Y]

例えば，「ペドロが彼にボールを投げた」という出来事に対して，以上（6）aおよび（6）bのような2通りの構文が文法的に正しい文として成立します（与格交替の成立）。

ピンカー（Pinker 1989）のアプローチでは，動詞 throw にはもともと2種類の意味が存在すると仮定され，その各々である throw$_1$ と throw$_2$ は，それぞれが to 付き与格構文，二重目的語構文に結びつくと分析されます。throw$_1$ と throw$_2$ には形態的な違いが存在しないため，見た目ではどのような意味の違いがあるのかを判別できませんが，ピンカーの枠組みでは，to 付き与格構文に現れる throw$_1$ と二重目的語構文に現れる throw$_2$ には，（7）で示すような抽象的な意味構造（semantic structure）が，それぞれの動詞の意味の核（core）として存在すると主張されています。

（7）　a．X causes Y to go to Z.
　　　　　〔XはYがZへ移動する出来事を引き起こす〕
　　　b．X causes Z to have Y.
　　　　　〔XはZがYを所有する出来事を引き起こす〕

（7）aは「XがYをZへ移動させる」という意味構造を，（7）bは「XがZにYを所有させる」という意味構造をそれぞれ表しています。前者は，動詞の意味の核が cause と go という2語が中心となる関数によって規定されていることから，物を移動させるという意味がプロファイルされているのに対し，後者は cause と have の関数であるため，物を所有させる意味がプロファイルさ

れることがわかります。また，（7）で示した抽象的な意味構造は，throw だけでなく give や send など，与格交替を許す動詞全般に共有される中核的な意味を構成している点が重要です。

　ピンカーは英語の二重目的語構文が所有変化をプロファイルするという点を捉えて，「ある動詞が与格交替可能な場合には，二重目的語構文（SVO_1O_2）において，O_1 が O_2 を所有しているという意味が成立しなければならない」と主張しました。二重目的語構文に観察される，この意味特性を「所有者効果（possessor effect）」と呼んでいます。

　ここで，所有者効果が英語の二重目的語構文にどのような形で反映されているかを如実に示す具体例を紹介しておきます。

（8）　Pedro threw the ball to him, but a bird got in the way.
　　　（ペドロは彼にボールを投げたが，鳥が邪魔をした）

　Pinker（2007：59）では，（8）の to 付き与格構文が選択された表現は全く問題なく容認されるが，以下の（9）は奇異な感じがすると報告されています。

（9）　? Pedro threw him the ball, but a bird got in the way.

　to 付き与格構文の to の直後に現れる名詞句（ここでは him）が物（ここではボール）の移動先（goal）を表しているのに対して，二重目的語構文の第1目的語 him は，所有者（possessor）を表しています。（8）と（9）のいずれの文も，but a bird got in the way を削除することで文法的に正しい文になりますが，（9）のように，二重目的語構文に続けて but a bird got in the way が付加されることで，ペドロが投じたボールを彼（him）が受け取れなかったことを伝えていることになり，その結果，but の前後の文で意味解釈に矛盾が生じてしまうわけです。このような英語母語話者による文法性の判断は，英語の二重目的語構文には一般的に所有者効果が伴うことを支持する有力な証左となると言えます。

構文の意味と認知

　与格交替は，表面上，to 付き与格構文（または for 付き与格構文）と二重目的語構文の間で顕在的で機械的な書き換え規則の適用を介して成立する構文の交替現象のように見えます。また，そのような捉え方をされていた人も少なくないでしょう。しかし，ピンカーの語彙意味論の視点に立てば，どちらかの

動詞の意味構造を選択するかによって構文の形式が決定されていたことになります。結論としては，与格交替が成立していても，構文の形式が異なる以上，文全体の解釈も異なることが確認されたわけです。

この点を踏まえて，少し発展的な問題について考察してみましょう。先に取り上げた Pedro threw the ball to him. は to 付き与格構文として成立していることから，動詞 throw は（7）a の意味を核に持ち，文全体の解釈としては，ボールの所有ではなく、ボールの移動がプロファイルされ，その結果，to の後に続く名詞句 him がボールを受け取ったかどうかについては，いずれの解釈も成立することになります。

ここで重要なことは，to 付き与格構文と二重目的語構文が，人にものを与えるという一般的な出来事（授与事象）を共通のベースとしながらも，授与事象のどの側面を際立たせるかという認知の仕方によって，構文の立ち現れ方が動機づけられているということです。

Pedro threw the ball to him. という物の移動をプロファイルしている構文に，「彼がボールを受け取っている」という解釈が全く成り立たないわけではありません。このような解釈が英語母語話者によってなされるのは，人間の認知の仕方との相関性がポイントで，物が移動した場合に，移動の結果，その延長線上に物の所有という出来事が起こることを読み込むことが可能だからです。to 付き与格構文は，厳密には，物の移動と結びつく出来事を表す構文ですが，物の移動先が人であれば，その人が移動物を所有するという出来事は，ある種の推論によって起こり得る副次的効果であると考えられます。また，どのように考えても，物の移動として認知できない（あるいは認知するのが難しい）場合には，文として容認されない例が散見されます。

(10)   *The exam gave a headache to me.（試験のせいで頭痛が起きた）

頭痛（headache）それ自体は移動物として認知されません。第 1 節「授与動詞 give 構文の意味」でアーリー（Oehrle 1976）の研究に関連して取り上げた Interviewing Nixon gave a book to Mailer. という例文の場合と同様に，(10)は文法的に正しい文として容認されません。他方，「頭痛がする」という場合，英語では I have a headache. という文が成立することからわかるように，headache は，英語の発想では所有物として捉えられています。もちろん，have を使用したこのような所有表現は，例えば，目に見える実体を伴う所有ではないので，専門的には比喩（メタファー）的所有となります。以上の点を

考慮すると，以下の文が文法的に正しい文であることがわかるでしょう。

(11)　The exam gave me a headache.

　me と a headache の間には，目には見えない［HAVE］が存在すると考えれば，me が a headache の所有者（possessor）であることも腑に落ちます。これは，SVO$_1$O$_2$ 構文の O$_1$ と O$_2$ の間で一般的に成立する「HAVE 関係」（所有関係）として理解することができます。

　以上のような語彙意味論の分析の仕方を背景にして，以下では，認知言語学の構文理論として認知度の高い「構文文法」を取り上げ，与格交替について考察することにします。

③　構文文法と与格交替

構文文法の基本的な考え方

　ピンカーの語彙意味論的なアプローチでは，動詞の内在的意味に多義性を認めることによって，交替構文間の意味の違いを説明しようとしています。しかし，英語教育への有用性という観点から，構文交替の仕組みを動詞の意味構造の違いに還元することは，必ずしも得策であるとは言えないと考えられます。throw の例で考えてみるならば，「物を投げて（それを）移動させる」という意味と，「物を投げて（それを）所有させる」という意味が throw の内在的意味である，すなわち，throw は多義的であると学習者に説いても，説得力のある説明になるでしょうか。同様に，kick が John kicked him the ball.（ジョンは彼にボールを蹴って受け取らせた）として使用される場合も，kick の内在的意味として，二重目的語構文にだけ現れる「物を蹴って（それを）所有させる」という意味が存在することを前提としなければなりません。このような問題に対して，以下で取り上げる構文文法という認知言語学の構文理論を学ぶことで，構文の交替の捉え方に新たな視座が得られることでしょう。

　では，構文文法における「構文」とは，いかなる概念であるのか，まずはその定義から説明することにします。

　構文文法論者の一人であるアデル・ゴールドバーグ（Adele Goldberg）は，動詞の意味を多義的と捉えることを回避し，ゴールドバーグ自身が定義する「構文」という理論概念に基づいて，秀逸な構文理論を展開しています。以下に，ゴールドバーグによる「構文」の定義を記します。

(12)　構文（Construction）

　　C is a CONSTRUCTION iff$_{def}$ C is a form-meaning pair <Fi, Si> such that some aspect of Fi or some aspect of Si is not strictly predictable from C's component parts or from other previously established construction.　　　　　　　　　　　　　　　　（Goldberg 1995：4）

　　（Cが形式と意味の対応物 <Fi, Si> をなし，Fi または Si のある側面がCの構成要素または他のすでに確立された構文から厳密に予測することができなければ，Cは「構文」である）

　少々難解な定義ですので，本章の目的である英語教育への活用という視点に立ち，簡単にパラフレーズを施してエッセンスを説明することにします（構文文法に興味を持たれた方は，Goldberg〔1995〕を参照され，さらに読者案内に記している参考文献を手引きとして活用することで，より専門的な観点からの理解に努められたい）。

　この定義が示している最も重要な点は，形式と意味のペアを「構文」として捉えるということです。すなわち，表層の形式自体に固有の意味が内在し，その形式と意味のペアを「構文」と定義しているのです。

　英語の構文には，人間の経験の基本的なパターンが示されているものが一定数あります。例えば，本をあげるとか，ボールを投げて受け取らせるという出来事は，物の所有を引き起こす事象（使役所有事象）としてカテゴリー化され，特別な文法上の制約などがなければ，二重目的語構文が選択されます。また，荷物を送るとか，ボールを投げるというような出来事は，物の移動を引き起こす事象（使役移動事象）としてカテゴリー化されます。本章で取り上げたPedro threw the ball to him. のような to 付き与格構文は，この使役移動事象と結びついているので，Goldberg（1995）では，to 付き与格構文に相当する表現全般に対して使役移動構文としての位置づけがなされています。

　ゴールドバーグの功績は，イディオム分析や語法研究だけでなく，構文の特別な下位クラスとして存在する文レベルの構文の分析においても，構文の概念の有用性を見直そうとした点にあります。Goldberg（1995）の枠組みで定義される構文の意味が，概括的意味であるということは，言い換えれば，構文の意味は「構成性（compositionality）」の原理によって計算することができない意味であることを示しています。構成性の原理とは，複合的な言語表現の意味は構成要素の意味とそれらの要素を結合する文法規則の関数として決定することが

できるという原理です（少々専門的になりますが，山梨〔2009〕では，構文の
ゲシュタルト性という捉え方が示されていますので，興味をもたれた方は参考
にして下さい）。例えば，let alone... には，この形式自体に「…は言うまでも
ない，まして…ない」という意味が対応しています。let alone の意味は，by
and large「概して」等の実質的イディオム（substantive idiom）と同様，この句
の意味を構成性の原理によって計算することはできません。ただ，let alone
には，alone の後ろに多様な語句が挿入されるスロットが存在するため，同じ
イディオムでも実質的イディオムとは異なり，構文としての生産性が認められ
ます。このようなタイプのイディオムは，特に，構文のイディオム
（constructional idiom）と呼ばれることがあります。
　ゴールドバーグが構文を「形式と意味のペア」として定義し，二重目的語構
文のような文レベルの構文においても，構文自体に固有の意味が存在すると論
じたことは，構文の交替に伴う意味の違いを分析・理解する上で資する点が多
いと考えられます。
　以下では，ゴールドバーグの構文文法における構文の考え方を具体的に取り
上げ，英語教育への活用可能性を視野に入れて構文文法の利点を探っていくこ
とにします。

出来事の捉え方と構文の選択

　出来事をどのように捉えるかという認知的な視点は，構文の選択と深い関わ
りがあると言えます。ゴールドバーグ（Goldberg 1995）では，基本的な文レベ
ルの構文は，経験的基盤を持つ人間に関連した場面と結びつくと仮定し，構文
の選択と使用に関して，場面記号化仮説（scene-encoding hypothesis）が提案さ
れています。

(13)　場面記号化仮説
　　　Constructions which correspond to basic sentence types encode as
　　　their central senses event types that are basic to human experience.
　　　（基本的な文のタイプに相当する構文は，人間の経験の基本をなす出
　　　来事のタイプをその中心的意味として記号化する）

（Goldberg 1995：39）

　場面記号化仮説に基づくと，構文の意味とは，二重目的語構文であれ，使役
移動構文であれ，人間の経験として典型的な出来事（場面）を言語化（記号

化）したものであると言えます。出来事の捉え方と選択される構文が相関するという考え方は自然であると言えます。このような捉え方が定着してくれば，学習者は，構文の意味を考慮しない機械的な構文の書き換えは単なる記号操作であり，ことばの本質を捉えた学習ではないことに気づくでしょう。もちろん，構文の学習の初期段階でこのような捉え方ができることを望んでいるのではありません（構文の指導を学習時期に応じてどのように展開していくかという英語指導上の問題については，紙幅の都合により，別稿に譲ります）。

　与格交替に見られる構文書き換え学習を積むにつれて，学習者の中には，そもそも１つの出来事を表すのに，なぜ２通りの構文が使用されるのかという疑問を抱く人も出てくるでしょうし，give のような授与動詞のプロトタイプでも与格交替が成立しない場合がある（*The exam gave a headache to me.）のはなぜかと疑問に思う人もいるでしょう。このような疑問に答えるうえで，「構文の意味」の違いを積極的に活用すれば，学習者に納得のいく説明を与えることができると考えられます。

　構文文法に基づく与格交替研究を英語教育へ応用するという点では，英語指導者は，二重目的語構文および使役移動構文のプロトタイプを，概略，以下のように捉えることが有効であると考えます。

  (14)　二重目的語構文
      形式：Subj(X)+V+Obj$_1$(Y)+Obj$_2$(Z)
      意味：X CAUSES Y to RECEIVE Z.
      （XがYにZを所有させる）

  (15)　使役移動構文
      形式：Subj(X)+V+Obj(Z)+PP［移動経路を表す *to* 前置詞句］(Y)
      意味：X CAUSES Z to MOVE Y.
      （XはZがYへ移動することを引き起こす）

　実際には，ゴールドバーグ流の構文文法では，構文には一般に固定した単一の意味（例えば，二重目的語構文における‘X CAUSES Y to RECEIVE Z.’）が結びついているのではなく，体系的に関連し合う一連の意味が複数結びついていると捉えています。第１節の「構文のパラフレーズ」では，John baked Mary a cake. という二重目的語構文の例を紹介しましたが，この表現には動詞として bake（授与動詞ではないことに注意されたい）が使用されているため，厳密には give が結びつく二重目的語構文の意味とは異なります。ゴール

ドバーグ（Goldberg 1995）に基づくと，bake が結びつく構文の意味は，'X intends to CAUSE Y to RECEIVE Z.' となります。下線を施した部分がつけ加えられたことにより，授与動詞 give が二重目的語構文に現れた場合の構文の意味と，bake, build, cook など，パラフレーズ構文として for 付き与格構文を取る動詞が現れた場合の意味では，微妙に差異が生じているのです（英語の二重目的語構文の「構文の意味」，特に「構文の意味」の多義性の詳細については，Goldberg〔1995〕を参照されたい）。

　少々専門的な内容に踏み込んでしまいましたが，二重目的語構文には，大局的に捉えると，使役所有，すなわち所有変化という出来事と結びつくという共通点があり，これは構文の意味として理解しておくべき重要事項です。また，形式上は to 付き与格構文として現れる使役移動構文は，物の移動を表す構文として理解しておくことが大切です。また，与格交替で両構文が関係づけられることがあっても，それぞれは構文としての独自性を持ち，出来事の捉え方すなわち，「使役所有」と「使役移動」のいずれにプロファイルが与えられるかによって，適切な構文が選択されている点をよく理解してください。

４　英語教育への展望

　本章では，構文文法が重視する「構文」の意味について概説しました。「構文」という動詞の意味とは切り離された独立の言語単位の意義を認める構文文法の考え方は，英語教育，特に構文の習得に資する点が多々あると言えます。英語学習者に，形式と意味の対応関係を表す知識（英文法）を習得させるために，例えば，"give A（NP₁）B（NP₂）⇔ give B（NP₂）to A（NP₁）"のような構文書き換え規則に目を向けさせるだけでは，その規則を数学の公式のように活用してしまい，単なる記号操作の習熟に終始することにもなりかねません。

　言語研究によって発掘された知見を有効に活用することで，学習者は多様な言語現象を統一的に理解する手掛かりが得られるのではないでしょうか。教育現場において，構文指導の際に教員が言語使用の具体的な場面や状況とともに構文の基本的な意味に気づかせるなど，指導上の工夫を施すことにより，学習者の構文理解は一層深まるのではないかと考えます。

　英語を指導する教員自身が，ことばの不思議さ，ことばについて思索することの面白さを教授し，学習者も英語コミュニケーションの場において成功体験を重ねることができれば，この体験は文法意識の高揚と自己効力感の育成に繋

がり，英語教育全体として相乗効果が期待できると考えられます。

練習問題

1．以下の英文(1)の解釈について，構文の意味の観点から考えてみよう。また，（1）
に対するパラフレーズとしての英文（2）の文法性（文法的に正しいかどうか）につ
いても考えてみよう。
  （1）　John's behavior gave Mary an idea.
  （2）　John's behavior gave an idea to Mary.
2．以下の英文の文法性について考えてみよう。
  （1）　John sent a package to the boarder.（ジョンは下宿人に荷物を送った）
  （2）　John sent the boarder a package.
  （3）　John sent a package to the border.（ジョンは国境に荷物を送った）
  （4）　John sent the border a package.

読書案内

①　Goldberg, Adele E., *Constructions : A Construction Grammar Approach to Argument Structure,* Chicago : The University of Chicago Press, 1995.（河上誓作・谷口一美・早瀬尚子・堀田優子訳『構文文法論——英語構文への認知的アプローチ』研究社，2001年）
  ＊本章で取り上げたゴールドバーグの構文文法についての邦訳書です。原典の各章に対する丁寧な解説がなされています。構文文法に基づく構文研究の全体像を理解する上でも，構文のネットワークなど構文現象を鳥瞰的に理解する上でも，必読の書です。
②　山梨正明『認知構文論——文法のゲシュタルト性』大修館書店，2009年。
  ＊本書では，認知文法の提唱者であるロナルド・ラネカー（Ronald Langacker）をはじめ，研究パラダイムとしての認知言語学に基づく構文研究の成果が豊富な具体例と共にまとめられています。専門性の高い研究書ですが，認知的な視点からの構文研究に関心のある方には一読を勧めます。

参考文献

児玉一宏・野澤元著，山梨正明編『言語習得と用法基盤モデル——認知言語習得論のアプローチ』講座認知言語学のフロンティア第6巻，研究社，2009年。
谷口一美『事態概念の記号化に関する認知言語学的研究』ひつじ書房，2005年。
辻幸夫編『新編認知言語学キーワード事典』研究社，2013年。
中島平三『ファンダメンタル英語学演習』ひつじ書房，2011年。
野村益寛『ファンダメンタル認知言語学』ひつじ書房，2014年。

藤田耕司・松本マスミ・児玉一宏・谷口一美編『最新言語理論を英語教育に活用する』
　　開拓社，2013年。

山梨正明『認知構文論』大修館書店，2009年。

Goldberg, Adele, E., *Constructions : A Construction Grammar Approach to Argument Structure*, Chicago : The University of Chicago Press, 1995.

Huddleston, Rodney and Geoffrey K. Pullum (eds.), *The Cambridge Grammar of the English Language*, Cambridge : Cambridge University Press, 2002.

Levin, Beth, *English Verb Classes and Alternations : A Preliminary Investigation*, Chicago : The University of Chicago Press, 1993.

Newman, John, *Give : A Cognitive Linguistic Study*, Berlin : Mouton de Gruyter, 1996.

Oehrle, Richard, T., "The Grammatical Status of the English Dative Alternation," Unpublished Doctoral Dissertation, MIT, 1976.

Pinker, Steven, *Learnability and Cognition : The Acquisition of Argument Structure*, Cambridge : MIT Press, 1989.

Pinker, Steven, *The Stuff of Thought : Language as a Window into Human Nature*, New York : Viking, 2007.

Quirk, Randolph, Sidney Greenbaum, Geoffrey Leech and Jan Svartvik, *A Comprehensive Grammar of the English Language*, London : Longman, 1985.

--- 🔲 *Column* 🔲 ---

なぜ pull は二重目的語構文では使用されないのか

　本章では与格交替を取り上げ，構文文法の考え方を紹介しながら，構文の意味を学習することの大切さを述べてきました。動詞の意味と切り離された構文という言語単位の存在は，二重目的語構文のようにタイプ頻度の高い構文の場合には，一見どのような動詞でも構文と融合しそうに思われがちですが，ちょっとした落とし穴もありますのでここで補足しておきます。

　たとえば，同じ一般動詞であっても John threw her the ball. に対して，John pulled her the box. は一般に容認されません。与格交替の本質は，何かを「移動させる」ことと何かを「所有させる」ことの転換という点にあり，二重目的語構文では所有変化という出来事が表されています。「投げる」という動作であれ，「引く（引っ張る）」という動作であれ，その動作によって彼女に箱を渡す（所有させる）ことはできそうですが，なぜ後者の文は成り立たないのでしょうか。

　throw に代表される動作は，「行為者が物に瞬時的に力を加えることにより，受け取り手のもとへ物が軌道を描いて移動する」というイメージと結びつきます。いったん手から物が離れると，行為者は物をコントロールできなくなります。このタイプには，hurl, kick, slide, pass, pitch などの動詞があり，二重目的語構文

で使用されます。他方，pull に代表される動作は，「行為者が物に継続的に力を加え，物と一緒に何らかの移動をする」というイメージに結びつきます。このタイプには，carry, drag, lift, lower, schlep などがあり，いずれも二重目的語構文とは相性が悪いことが知られています。

　このことは，行為者による力の加え方が瞬時的か継続的かという違いや，物が行為者から切り離されて移動するか否かという違いが，与格交替の制約としてはたらく場合があることを示しています。また，英語母語話者があらゆる出来事を「所有変化」として解釈しているわけではないことをも示唆し，認知の柔軟性がどこまで許されるかという問題とも相関します。基本的に，pull のような動作では，物を移動させていき，手渡す相手のところで動作を終え，あらためて渡す（与える）という別の行為が必要になります。しかし，throw のような動作では，1 度の行為で相手に物を受け取らせることが可能です。このような物の移動の仕方が文法性と関わる場合があるのです。

　本章の参考文献にもあげておきましたが，英語の二重目的語構文にどのような動詞の意味類が使用されるかというテーマに興味を持たれた方は，ピンカー（Pinker 1989, 2007）を参考にしてください。

throw：行為者が瞬時的に力を加えて物を手放すとその行為だけで物を受け取らせることができる

pull：行為者が物と一緒に移動するが，物を受け取らせるには，最後に「手渡す」という新たな行為が必要となる

第**13**章 認知言語学の可能性

山梨正明

① ことばと認知プロセス

　認知言語学は，言語現象を，知覚，運動感覚，イメージ形成，視点の投影，カテゴリー化，等に関わる人間の一般的な認知能力に基づいて分析していく新しい言語学のアプローチです。外部世界の理解には，具体的な解釈のレベルからより抽象的な解釈のレベル（あるいは，特定的な解釈のレベルからより一般的な解釈のレベル）に至るまで，様々な認知プロセスが関わっています。ことばのメカニズムを明らかにしていくためには，世界を知覚し意味づけしていく主体のダイナミックな認知プロセスを明らかにしていく必要があります。言語現象には，様々な認知プロセスが反映されています。この種の認知プロセスの一面は，表 13 - 1 に示されます（山梨 2004：4）。

表 13 - 1　基本的認知プロセス

焦点化，図・地の分化，図・地の反転，スキャニング，イメージ形成，イメージ・スキーマ形成，スキーマ変換，メタファー変換，メトニミー変換，プロファイル・シフト，スーパー・インポジション，等

　日常言語の形式，構造，意味をはじめとする言葉の様々な側面は，この種の認知のプロセスの発現の結果として理解することができます。
　認知言語学の研究では，以上の認知能力に関わる要因を言語現象の分析の背景とする注目すべき研究が広範になされています。これらの研究は，文法，シンタクスを中心とする従来の研究で扱われてきた言語現象を根本的に見直すだけでなく，意味論，語用論に関わる言語現象にも目を向け，研究のスコープを広げつつあります。

② 言語現象と認知プロセスの諸相

　一見したところ，ことばの世界は，形式と意味の結びつきからなる記号系として，ことばの担い手である人間からは独立した伝達の手段として存在しているように考えられます。しかし，ことばは，人間が世界を知覚し，意味づけし，その意味を伝達するための手段として発達してきた記号系の一種です。したがって，ことばという記号系には，世界を解釈し，意味づけていく様々な人間の認知プロセスが反映されています。以下では，ことばに反映される人間の認知プロセス（図・地の分化／反転，焦点化，スキャニング，イメージ形成，等——表13-1を参照）とこの種の認知プロセスによって特徴づけられる言語現象の一面を考察していきます。

図・地の分化／反転

　図・地の分化と反転のプロセスは，日常言語の形式と意味の関係に様々な形で反映されています。一般に，図・地の反転の認知プロセスは，対称的な反転のプロセスと考えられています。次の対の例を考えてみましょう。

（1）a．庭の掃除が半分終わっている。
　　　b．庭の掃除が半分残っている。
（2）a．銀行の返済が50％済んでいる。
　　　b．銀行の返済が50％残っている。

　（1）の対は，庭の掃除が終わっている部分と庭の掃除が終わっていない部分のどちらを前景として解釈するかによって，図と地の解釈が異なります。（1）の対の違いは，図13-1に示されます。

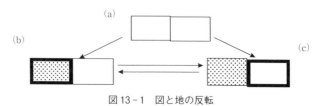

図13-1　図と地の反転

　この場合，(b)の図の太線で示されている網掛けのボックスは，庭の掃除が終わっている部分が図として前景化されていることを示します。逆に，(c)の

太線で示されている白抜きのボックスは，掃除が終わっていない部分が図として前景化されていることを示します（(a)は，この種の図・地の分化と反転のプロセスが適用する前の中立的な状況を示しています）。図・地の分化と反転に関する基本的な認知プロセスの違いは，上記の2のa/bの例文の対に関しても当てはまります。

視線とスキャニング

　次の対の表現には，ある対象に対し視線を移動していくスキャニングの認知のプロセスが関わっています。

（3）a．杭が地面から突き出ている。
　　　b．杭が地面に突き刺さっている。

（3）のa，bのどちらの文を使うかは，問題の状況をどのような認知的な視点から見るかによって異なります。例えば，杭が地面から出ている部分に焦点を置くならば，（3）のaの文が使われます。これに対し，逆に杭が地面に入っている部分に焦点を置くならば，bの文が使われます。この2つの視点の違いは，それぞれ図13-2の(a)と(b)に示されます。

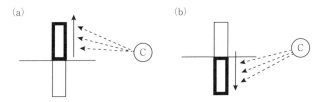

図13-2　図と地の反転

　この場合，(a)の図の上の太い線で示されている縦の長方形は，地面から出ている杭の部分を示します。これに対し，(b)の下の縦の長方形は，地面にくい込んでいる杭の部分を示します。（また，水平の線は，地面を示すものとします。）ただし，（3）のa，bの表現は，単に図・地の反転を示しているだけでなく，この種の表現に関わる認知主体の視線の動きの方向（すなわち，スキャニングの方向）の違いも示しています。図13-2の(a)に示されるように，例文（3）のaの述語（「突き出ている」）は，地面から上方向への視線の移動を示しています。これに対し，(b)の図に示されるように，例文（3）のbの述語（「刺さっている」）は，地面から下方向への視線の移動を示しています。（図

13 - 2 において，サークルで囲まれているＣは認知主体，破線の矢印は視線，実線の矢印は視線の移動の方向を示すものとします。）

イメージ形成とイメージ・スキーマ

イメージは，経験に基づいて形成される心的表象の一種であり，具体的な表象として把握することが可能です。その一例として，容器のイメージを考えてみましょう。容器のイメージとしては，コーヒーカップ，ペットボトル，盃，お皿，バケツ，等というように，様々な具体的なイメージを考えることができます。しかし，同時に，これらのイメージの個々の具体的な特徴を捨象し，より抽象的なレベルにおいて容器のイメージを把握することも可能です（図 13 - 3）。図 13 - 3 のように，具体的なイメージの個別の特徴が捨象され，図式的により抽象化された心的表象は，イメージ・スキーマと呼ばれます。

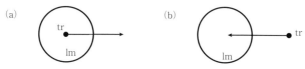

図 13 - 3　容器のイメージ・スキーマ

図 13 - 3 では，容器のイメージ・スキーマが図式的にサークルで示され，容器に出入りする存在が黒い点で示されています。認知的な観点から見た場合，この黒い点は，サークルで示される容器という場所（lm = landmark）に出入りする移動体（tr = trajector）として位置づけられます。この種の認知プロセスは，次の日本語の例からも明らかになります。

（ 4 ）a ．（Ｘから）子どもが出てきた。
　　　b ．（Ｘから）イボが出てきた。
　　　c ．（Ｘから）霧が出てきた。

（ 4 ）の a ～ c の（Ｘから）の部分の解釈は異なります。（ 4 ）の a の場合には，問題の出所としての（Ｘから）に関しては，例えば「寝室から」，「台所から」というように，具体的な出所の境界領域が自然に想起できます。これに対し，（ 4 ）の b から c の例にいくにしたがって，出所としての境界領域は相対的に背景化されています（図 13 - 4 を参照）。b の場合，イボがどこから出てきたのかと問われた場合，皮膚で覆われている体の中から出てきたと言えないこともないですが，文字通りに体のある空間領域からイボが出てくるわけではありませ

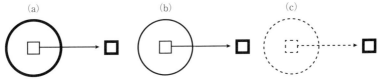

図13-4 容器のイメージ・スキーマの背景化

ん。さらに、ｃの場合、霧がどこから出てきたかと問われても、明確な境界領域を持った出所を想起することは不可能です。

　日常言語の意味の理解に関わる基本的なイメージ・スキーマとしては、以上の容器のイメージ・スキーマの他に、リンク・ノン‐リンクのイメージ・スキーマ、バランスのイメージ・スキーマ、遠・近のイメージ・スキーマ、中心・周辺のイメージ・スキーマ、起点─経路─着点のイメージ・スキーマなど多様なスキーマが考えられます。

　例えば、リンクのイメージ・スキーマは、物理的な結び目としてのリンクのイメージの抽象化に基づいています。物理的な結び目に関係する言語表現としては、次のような例が挙げられます。

（5）a．黒と白の糸が結ばれている。
　　　b．このコードはラジカセとつながっている。

　このタイプの文は、物理的な結び目のイメージに基づく表現の一種です。リンクのイメージ・スキーマは、この種の結び目のイメージに基づいて形成されます。（図13-5の(a)は、このリンクのスキーマを示しています。他方、(b)はノン‐リンクのイメージ・スキーマを示しています。）

（6）a．彼と彼女は強い愛情で結ばれている。
　　　b．あの男はヤクザとつながっている。
　　　c．彼と彼女は離れてしまっている。
　　　d．彼は暴力団とのつながりを切った。

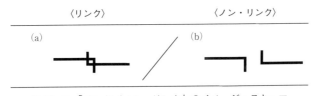

図13-5　「リンク／ノン・リンク」のイメージ・スキーマ

(6)に示されるように，リンク・ノン-リンクのイメージ・スキーマは，文字通りの結び目に関わる概念だけでなく，比喩的に，人間の心理的な関係，社会的な関係に関する主観的な概念の形成を可能としています。

イメージ・スキーマ変換と焦点シフト

　イメージ・スキーマは，常に固定しているのではなく，焦点シフト，等の認知プロセスによって変容します。その典型例としては，〈起点―経路―着点（Source-Path-Goal）〉のイメージ・スキーマの焦点シフトによる変容が考えられます。一般に，ある対象が，何らかの経路に沿って移動する状況を理解する場合，基本的に移動の経路に焦点が当てられます。しかし，状況によっては，移動の経路に置かれる焦点がシフトして，移動の着点に焦点が置かれる場合も考えられます。

　この認知プロセスの違いは，次の例から明らかになります（Lakoff 1987：422-423）。

（7）a．Sam walked over the hill.
　　　b．Sam lives over the hill.

　この場合，aの文では，経路としての丘に焦点が当てられています。これに対し，bの文では，経路としての丘を越えた着点がプロファイルされています。両者の認知プロセスの違いは，図13-6に示されます。（(a)の太線の矢印は，経路が焦点化されていることを示しています。これに対し，(b)の右側の太線のボックスは，着点が焦点化されていることを示しています。）

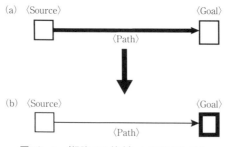

図13-6　〈経路から着点〉への焦点シフト

　基本的に，前置詞の over は，ある方向への移動のベクトルに関係する語であり，例文(7)のaの walk（ないしは move, run, 等）のような移動の動詞

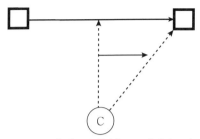

図13-7　〈経路から着点〉への焦点シフト

と共起することができます。この点から見るならば，（7）のbの live のような状態を示す動詞とは基本的に共起できないはずです。（この種の動詞は，Sam lives in San Diego, Sam has been living in London since last May. のように，基本的には静的な場所を示す表現と共起します。）例文（7）のbのタイプの表現が可能なのは，図13-6の(a)の経路から（移動の結果としての場所を示す）(b)の着点へ焦点シフトが起こっており，その結果，live のような状態を示す動詞との共起が可能となっているからです。（経路から着点への焦点シフトの認知プロセスは，さらに上の図13-7に示されます。）この経路から着点への焦点シフトの観点から見るならば，（7）のa，bのいずれの文も自然な表現として理解することができます。

ズーミングの認知プロセス

　一般に，私たちが何かをターゲットとして探索する場合，常に探しているターゲットとしての対象を発見できるとは限りません。実際には，そのターゲットに到達するため参照点（すなわち，対象に到達するための手がかり）を認知し，この参照点を起点にして，問題のターゲットを探索していくのが普通です。日常言語には，この種の認知プロセスを反映する表現が存在します。

（8）a．花子の人形は，二階の寝室の書棚の一番上にある。
　　　b．子猫が，町家の土間の奥の片隅で寝そべっている。

　（8）の表現は，主語が指示する存在を，参照点とターゲットの連鎖の認知プロセスを介して探索していく表現です。この場合には，図13-8に示されるように，参照点からの探索領域が次第に絞られていき，最終的なターゲットの発見に至っています。

　図13-8から明らかなように，例文（8）の場合には，最初の参照点（二階，

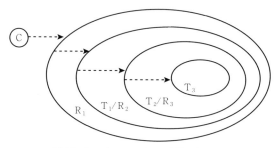

図13-8　ズーム・インの認知プロセス

町家）に探索過程の途上のターゲット（寝室，土間）が埋め込まれ，このターゲットを次の参照点としてさらに限定された領域（書棚，奥）がターゲットとして絞りこまれるという参照点連鎖の推移を介して，最終的なターゲットが探索される認知プロセスが関わっています。すなわち，（8）のタイプの表現に関わる認知プロセスは，探索領域が次第に絞り込まれて最終的なターゲットが認定される，いわゆるズーム・インの認知プロセスの典型例ということになります。

意味のゲシュタルト的変容

　ことばの担い手である私たちは，外部世界に関し何らかのイメージを作りあげ，このイメージを介して言葉の意味を伝達しています。イメージは，身体化された経験に基づいて形成される心的表象の一種です。私たちは，具体的な経験によって作られたイメージを介し世界を意味づけしているだけでなく，状況によっては具体的なイメージを操作し，このイメージ操作を介して外部世界を理解しています。またイメージ操作は，日常言語の概念体系の創造的な拡張のプロセスにおいても重要な役割を担っています。この種の操作の典型例としては，イメージ合成のプロセスが考えられます。

　一般に，これまで言語学の考え方では，言語表現の意味は，その構成要素の意味の総和として計算可能であるという前提に立っています。しかし，ことばの意味は，必ずしもこのような単純な構成原理に基づいて構成要素の意味の総和として予測できるわけではありません。日常言語には，言語表現の意味がゲシュタルト的に変容している事例が存在します。（ここで「ゲシュタルト的に変容する」と言う場合には，ことばの意味が部分の意味からは単純に予測できない質的な変化を起こしていることを意味します。）

言語表現の意味がゲシュタルト的に変容し，その構成要素の意味の総和とし
ては単純に予測できない例としては，次のような複合語の例が考えられます
（山梨 2009：23）。

表 13-2　認知的意味の違い

統語的構成	複合語の構成
豚の足	トン足
牛の舌	牛タン
羊の肉	マトン

　表 13-2 の左欄の統語的な構成に基づく言語表現の場合には，基本的に構成
要素の意味から全体の意味が予測可能です。これに対し，右欄の複合語の場合
には，全体の意味は構成要素の意味の総和としては予測できません。後者の場
合にも，構成要素の意味が全体の意味を部分的に動機づけている点は否定でき
ません。例えば，トン足は豚の足であり，牛タンは牛の舌であり，マトンは羊
の肉です。しかし，右欄の複合語は，生きている豚，牛，羊の身体の一部を文
字通りに意味しているわけではありません。この種の複合語の意味は，全体と
して食用の肉の意味にゲシュタルト的に変容しています。
　一般に，ある表現の意味が，その構成要素の意味からの総和として予測でき
る場合には分析性が高く，逆に全体としての意味がゲシュタルト的に変容しそ
の意味が構成要素の意味から予測できない場合には分析性は低くなります。こ
の種の意味の変容のプロセスは，図 13-9 に示されます（山梨 2009：24）。

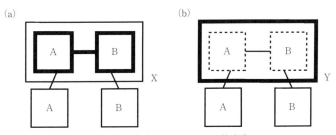

図 13-9　意味のゲシュタルト的変容

　図 13-9 の A，B は，問題の言語表現の構成要素の意味，X，Y はその表現
全体の意味を示します。また，太線のボックスは，問題の意味が前景化されて
いることを示し，細線のボックスは問題の意味が背景化されていることを示し
ています。表 13-2 の統語的な構成に基づく表現（e.g. 豚の足，牛の舌，羊の

肉）と複合語（e.g. トン足，牛タン，マトン）の意味の違いは，それぞれ図13-9の(a)と(b)の意味の違いとして規定されます。イメージ合成の観点から見た場合，この事実は，複合語の表現全体の意味を特徴づけるイメージは，必ずしもその構成要素のイメージの単純な合成ではなく，ゲシュタルト変換の認知プロセスによって変容していることを示しています。

③ 認知言語学の関連分野への適用可能性

前節の考察から明らかなように，認知言語学のアプローチは，人間の認知能力を反映する基本的な認知プロセスの観点から，日常言語の形式，構造，意味の諸相の解明を試みています。これまでの認知言語学の研究では，言葉の発現を可能とする次のような認知のメカニズムの一面（ないしは認知プロセスの一面）が明らかになっています。

A．イメージ形成，イメージ・スキーマ変換
B．メタファーによる意味の拡張
C．焦点化と焦点シフト
D．図と地の分化，図と地の反転
E．視線の移動とスキャニング
F．ゲシュタルト的な意味の変容

人間の認知のメカニズムを特徴づけるこの種の認知プロセスは，日常言語のメカニズムの解明に際して重要な役割を担うだけでなく，人間の知のメカニズムの解明を試みる認知科学の関連分野の研究においても重要な役割を担っています。認知言語学の研究から得られた知見の関連分野への適用の可能性としては，次のような可能性が考えられます。

言語習得研究への応用
認知言語学の研究で明らかにされてきているイメージ・スキーマは，子どもが日常言語の概念体系を習得していく際の経験的な基盤として重要な役割を担います。認知言語学の研究では，容器のイメージ・スキーマ，リンクのイメージ・スキーマ，バランスのイメージ・スキーマ，遠・近のイメージ・スキーマ，中心・周辺のイメージ・スキーマ，起点—経路—着点のイメージ・スキーマなどの存在が明らかにされていますが，この種のイメージ・スキーマは，日常言

語の概念体系が形成される前の原初的な経験の体系を特徴づけています。認知言語学の研究では，子どもが，多様なイメージ・スキーマによって特徴づけられるこの種の原初的な経験に基づいて，種々の具象的な概念を習得していくプロセスを明らかにしています。また，母語の抽象的な概念の習得には，原初的な経験を特徴づけるイメージ・スキーマのメタファーによる意味拡張が重要な役割を担うという事実も，認知言語学の研究によって明らかになってきています。

詩学，修辞学への応用

認知言語学のイメージ・スキーマの研究は，主に日常言語の表現の分析を中心になされていますが，この分析から得られた知見は，詩の分析，文学テキストの修辞性の研究にも適用していくことが可能です。

（9）の詩では，花，庭，土べい，神さまが容器のイメージ・スキーマに見立てられ，この容器のイメージ・スキーマの入れ子式の重ね合わせ（イメージのオーヴァーラップ）のプロセスを介して，自然の摂理と生きとし生けるものの世界の神秘性が語られています。容器のイメージ・スキーマによる見立ては，(10)の例の最初の文（「日本より頭の中の方が広い……」）にも認められます。

（9）　はちはお花のなかに，
　　　　お花はお庭のなかに，
　　　　お庭は土べいのなかに，
　　　　　　…………
　　　　　　…………
　　　　世界は神さまのなかに。
　　　　そうして，そうして，神さまは，
　　　　小ちゃなはちのなかに。

（金子みすゞ「はちと神さま」『わたしと小鳥とすずと』JULA 出版局：90-91頁）

（10）　「日本より頭の中の方が広いでしょう……囚われちゃ駄目だ。
　　　　いくら日本の為を思ったって贔屓の引倒しになるばかりだ」

（夏目漱石『三四郎』，岩波文庫〔改訂版〕：23頁）

また，認知言語学の研究では，日常言語の分析を通して，人間の創造的な認知能力の中核となるメタファーのメカニズムが明らかにされつつあります。これまでの文学の研究では，メタファーの能力は，詩をはじめとする文学テクストに特有の修辞的な能力と見なされています。その典型例としては，次のよう

な詩が挙げられます。

 (11) 私の耳は貝のから
    海の響をなつかしむ
（ジャン・コクトー「耳」，堀口大学（編）『月下の一群』，講談社文芸文庫：118頁）
 (12) 二つ折りの恋文が，花の番地を捜している。
   （ジュール・ルナール『博物誌』，新潮文庫〔改訂版〕，岸田国士（訳）：125頁）

 これらの詩では，人間の耳を貝のからに，蝶を二つ折りの恋文に比喩的に見立てている点に修辞性が認められます。しかし，この種の言語表現を可能としているのは，日常言語の意味の世界を創造的に拡張するメタファーの基本的な能力です。例えば，日常の普通の言葉を使って，子どもが〈ごっこ遊び〉などで「運転手はお兄ちゃん，車掌は僕！」というように，ある存在を別の存在に見立てる行為に，詩人が「私の耳は貝の殻」と表現していく際の見立ての能力の萌芽が認められます。また，子どもが花の部分が折れ曲がった，萎れたヒマワリを見て「ヒマワリがお辞儀している！」という表現に，詩人が二枚の羽を持つ蝶を「二つ折りの恋文」と表現していく際の修辞的な能力の萌芽が認められます。

 このように見た場合，修辞的に特殊に見える詩や文学の創造的な表現を可能とする能力は，日常言語の表現を可能としているメタファーの基本的な認知能力に根ざしていることが理解できます。

手話，ジェスチャー，等の研究への応用

 このメタファーの認知能力は，日常言語の創造的な表現を可能にしているだけでなく，非−言語的な伝達（ノンヴァーバル・コミュニケーション）に使われる手話，ジェスチャー，等の表現の分析にも重要な知見を提供します。

 具体例として，以下に示される時間（「おととい」，「あさって」）と動作（「比べる・比較する」）を意味する手話を考えてみましょう（図13 - 10/図13 - 11，竹村（編）1995：44，135）。

 まず，「おととい」，「あさって」を示す手話で興味深い点は，これらの手話には，〈過去の時間は空間的に後方〉，〈未来の時間は空間的に前方〉というメタファーが関わっている点です。（図13 - 10を見ると，「おととい」の場合，人差し指と中指を立て肩の後方を指す手話の動作になっています。また，「あさって」の場合，人差し指と中指を立てて前を指す手話の動作になっていま

おととい

あさって

比べる・比較（する）

人さし指と中指を立てて、肩の後方をさす。

人さし指と中指を立て、前をさすように倒す。

両手を交互に上下させて比べるようす。

図13-10　「時間」の手話

図13-11　「比較」の手話

す。）この前後の空間認知に基づくメタファーは，日常言語の過去と未来を示す表現も特徴づけています。例えば，「もう後ろは振り返らないで，未来に向かって進んでいこう」，「君の前には素晴らしい未来が待っている」のような表現からも明らかなように，日常言語の場合にも，過去や未来の時間表現に，前後の空間認知に基づくメタファーが関わっています。

　また，メタファーは，「比べる・比較する」の動作の手話にも関係しています。図13-11の「比べる・比較する」を意味する手話は，両手を交互に上下させる動作ですが，この動作は，比較する対象を天秤にかけて測るバランスのイメージ・スキーマのメタファーとして理解することができます。

　認知言語学では，日常言語の具体的な分析を通して，（世界の解釈と意味づけを可能とする人間の認知能力として）前後のイメージ・スキーマ，バランスのイメージ・スキーマ，等の存在とメタファーのメカニズムを明らかにしてきています。認知言語学の研究で得られたこの種のイメージ・スキーマとメタファーに関する知見は，手話，ジェスチャーをはじめとする非–言語的な伝達（ノンヴァーバル・コミュニケーション）の分析にも適用していくことが可能です。

心理研究への応用

　心の世界は，直接に手にとって見ることはできません。しかし，心に関わる認知のプロセスは，いろいろな形でことばの世界に反映しています。古今和歌集の仮名序は，次のようなことばではじまっています。

(13)　やまとうたは，ひとのこゝろをたねとして，よろづのことの葉とぞな
　　　れりける。世中にある人，ことわざしげきものなれば，心におもふこ
　　　とを，見るもの，きくものにつけて，いひだせるなり。

（『古今和歌集』, 仮名序：冒頭）

　この仮名序の冒頭の一文は，やまとうた（すなわち和歌）の本質を述べたも
のですが，この一文は，ことば一般に関しても当てはまります。ことばは，心
のプロセスの表れ（ないし現れ）でもあります。心のプロセスは，直接には観
察できませんが，心のプロセスの反映であることばの分析を通して，心の諸相
を間接的に探求していくことは可能です。認知言語学のアプローチは，心の窓
としてのことばの諸相を綿密に分析・記述していくアプローチですが，このア
プローチにより，心のプロセスの諸相に対し光を当てていくことが可能になり
ます。
　本章第2節では，言語現象を織りなす様々な記号の形式や構造が，図と地の
分化の認知プロセス，図と地の反転の認知プロセス，スキャニング／視点の移
動の認知プロセス，焦点化とズーミングの認知プロセス，等を反映している事
実を考察しました。認知言語学の研究で明らかにされつつあるこの種の認知プ
ロセスは，心のメカニズムを特徴づける重要な認知プロセスと見なすことがで
きます。言語分析を通して明らかにしてきている認知言語学のこれらの事実は，
心の解明に関わる心理学の分野に重要な知見を提供していくものと考えられま
す。

脳科学，失語症研究への応用

　ことばは心の機能の反映であると同時に脳の機能の反映でもあります。心の
機能を直接に見ることができないように，脳の機能も直接に見ることはできま
せん。もちろん，脳という物体それ自体は直接に見ることはできますが，脳の
機能を直接に観察することは不可能です。
　しかし，心と同様にことばが脳の機能の反映でもある以上，言語レベルに脳
の機能が反映される場合があります。例えば，脳の一部が損傷し健全な形で機
能しなくなった場合，失語症という形で言語現象に反映される場合があります。
　失語症により脳の機能の一部が侵された患者の中には，例えば〈knife〉と
言おうとして〈fork〉と言ってしまったり，〈lamp〉の代わりに〈table〉，
〈pipe〉の代わりに〈smoke〉と言ってしまうような誤りを犯す症例が報告さ

れています（Jakobson 1975：83-84）。この種の言語行動に見られる症例は，一見したところ，ことばの自然な伝達の論理を逸脱した異常な言語行動を示しているように思われます。しかし，認知のメカニズムの観点から見た場合，一見したところ異常に見えるこの種の言語行動にも自然な原因を認めることができます。上記の〈fork〉，〈table〉，〈smoke〉という語を発する話し手は，言語文脈に関係なくこの種の単語を発するのではなく，(14)に示されるような，日常生活において意味のある言語文脈の中で，これらの語を発していることが推定されます（ibid.：84）。

(14) a．knife and fork
　　 b．table lamp
　　 c．to smoke a pipe

　すなわち，上記の単語（〈fork〉，〈table〉，〈smoke〉）は，それぞれ〈knife and fork〉，〈table lamp〉，〈to smoke a pipe〉というような，日常生活におけるモノや行為の隣接関係の文脈において，この隣接性の認知のズレにより，発話しようとする単語に隣接する単語に連想的にシフトし，後者の単語を発してしまうという言語行動を示しています。
　このような隣接性の認知のシフトのプロセスは，認知言語学が明らかにしてきている，(15)のようなメトニミー（換喩）の言語表現の基盤になっている認知のメカニズムに関係しています。

(15) a．鍋が煮えている
　　 b．白バイが追いかけて来る。
　　 c．学生服が手を振っている。
(16) a．The kettle is boiling.
　　 b．The cup is quite tasty.
　　 c．The White House announced the decision.

　(15)や(16)では，〈鍋〉，〈白バイ〉，〈学生服〉，〈the kettle〉，〈the cup〉，〈the White House〉が，典型的なメトニミー表現になっています。この種のメトニミー表現は，モノとモノ（ないしはモノと人間）との隣接関係の認知のズレ（e.g.〈容器〉→〈その中身〉，〈主体〉→〈乗り物〉，〈場所〉→〈その中の人物〉）に基づく修辞的な慣用表現と見なすことができます。
　ここで興味深いのは次の点です。いわゆるメトニミー表現を可能としている

隣接関係の認知のズレは，正常な人間の認知プロセスであることが暗黙の了解になっています。したがって，(14)や(15)のような言語表現を発話した場合は，上にみた失語症患者の言語行動とは異なり，脳機能の異常を示す言語行動とは見なされません。((14)や(15)のタイプのメトニミー表現は，日常言語の自然な表現として容認される表現です。)

　メトニミーの言語行動と失語症の言語行動には，以上のような違いが認められます。しかし，この種のメトニミー表現を可能とする隣接関係の認知のズレと失語症患者の言語行動に見られる隣接性の認知のズレは，いずれも（広い意味では）人間の脳の認知機能に関わっています。認知言語学の研究では，メトニミー表現を可能とする認知のメカニズムの一面を明らかにしてきていますが，この種の表現を可能とする隣接性の認知のズレと失語症に関わる認知のズレの関係は，現時点では明らかにされていません。脳科学的な観点から見た場合，隣接性に関するどのような認知のズレが正常な言語行動で，どのような認知のズレが異常な言語行動であるかは，興味深い研究テーマです。また，この問題は，人間の脳の機能の反映である言語のメカニズムを明らかにしていく言語学の分野の重要な研究テーマでもあります。

④　認知言語学のさらなる展開

　これまでの言語学の研究は，ことばを形式と意味の体系からなる自律的な記号系として理解し，記号の形式と構造を中心とする研究に力点が置かれていました。しかし，このようにことばを自律的な記号系として理解していくことには限界があります。ことばは心のあらわれでもあります。また，脳の機能のあらわれでもあります。このように考えていくと，ことばの研究は，心の科学や脳科学の世界につながっていきます。言葉の背後には，脳と心が存在しています。しかし，脳や心が，人間から切り離されて，宙に浮いているわけではありません。その背後には，ことばを話している生身の人間，人間が投げ込まれている環境が存在しています。その環境は，単なる物理的な環境ではなく，生物的な環境，文化・社会的な環境でもあります。それはさらに，歴史的な環境であり，生物の延長としての人間が辿ってきた進化の文脈としての環境でもあります。ことばは，このような広い意味での環境の中で進化し，発達してきた伝達の手段の一種です。また，ことばの形式と意味の発現を可能とする人間の言語能力は，人間と環境の相互作用を反映する様々な認知能力に支えられていま

す。現在，新しい言語研究の場をつくりつつある認知言語学のアプローチは，心の機能，脳の機能，人間と環境の相互作用によって特徴づけられる創造的な認知能力の側面から，ことばの世界をダイナミックに探究していく言語学のアプローチとして注目されています。本章では，この認知言語学の最先端の研究の一面を考察しました。ことばの発現を可能とする認知能力の研究は，言語学の分野だけでなく，心理学，脳科学，情報科学をはじめとする知のメカニズムの探求に関わる認知科学の重要な研究テーマになっています。本章で考察した，認知言語学の研究は，人間の知のメカニズムの解明を目指す認知科学の研究の一分野として，重要な知見を提供することが期待されます。

参考文献

尾谷昌則・二枝美津子『構文ネットワークと文法』研究社，2011年。

児玉一宏・野澤元『言語習得と用法基盤モデル』研究社，2009年。

竹村 茂（編）『手話・日本語辞典』廣済堂出版，1995年。

谷口一美『学びのエクササイズ——認知言語学』ひつじ書房，2006年。

深田智・仲本康一郎『概念化と意味の世界』研究社，2008年。

山梨正明『認知言語学原理』くろしお出版，2000年。

山梨正明『ことばの認知空間』開拓社，2004年。

山梨正明『認知構文論——文法のゲシュタルト性』大修館書店，2009年。

李 在鎬『認知言語学への誘い』開拓社，2010年。

Bolinger, Dwight, *Meaning and Form*, London : Longman, 1977.

Lakoff, George and Mark Johnson, *Metaphors We Live By*, Chicago : University of Chicago Press, 1980.

Langacker, Ronald W., *Cognitive Grammar : A Basic Introduction*, Oxford : Oxford University Press, 2008.（山梨正明（監訳）『認知文法論序説』研究社，2011年）

Jakobson, Roman, "Two Aspects of Language and Two Types of Aphasic Disturbances," Roman Jakobson and Morris Halle, *Fundamentals of Language* (2nd Revised Edition), The Hague : Mouton, 1975, pp. 68-96.

索　引

あ　行

I-JAS（International Corpus of Japanese as a Second Language）　198

IPA（国際音声記号）　44

曖昧語　217

アノテーションコーパス（タグ付きコーパス）　198

異音　44

1 人称　156

イディオム　22

移動事象　183

移動体　→トラジェクター

移動動詞　70

移動の経路　246

移動の着点　246

意図的逸脱　135

意図明示的コミュニケーション　136

意図理解　140

意味　78

　——がある　2

　——の再構成　220

　——の特殊化　52

　——の変容　249

意味解釈間のせめぎ合い　139

意味極　23

意味構造　229

意味構築　77

意味ポテンシャル　78

イメージ　244,248

　——形成　241,242

　——合成　248,250

　——図式　69

　——操作　248

イメージ・スキーマ　16,175,244,246,250-253

因果連鎖　27

インスタンス　46

イントネーション単位　216

インプット　85

うそ　65

うたう関係　173

英語教育　208

遠・近のイメージ・スキーマ　245

オノマトペ　4

親心の we　98

オリゴ　96

音韻極　23

音声　44

音素　44

か　行

解釈者　208

階層構造　66

概念圧縮　88

概念化　23,162,163

概念化対象　163

概念ブレンディング理論　83

概念メタファー　17,72,200

外来語　51

会話　212

　——における推意　131

会話分析　213

学習者コーパス　198

学習スタイル　220

学習補助教材　219

過去形と丁寧さ　117

過去時制　167

語りの when 節　123

カテゴリー化　22

含意の理解　129

関係（relation）　30

漢語　51

慣習　56

関連性の原則　135

関連性理論（Relevance　Theory：RT）

　132,135

聞き手除外的用法　98

聞き手包含的用法　98

帰結推意　136

記号　14

記号的な人工物　178

記号的文法観　23

基底スペース　79

起点—経路—着点のイメージ・スキーマ

　245

基本レベル　66

客体化　158,167

客観化　167

共時コーパス　197

強制の図式　71

協調規範　144

協調行動　178

協調的コミュニケーションモデル　132

協調的推論　143

協調の原理　132

共通スペース　85

共同注意　141,178

共有（sharing）　143

距離区分　104

均衡性　196

空間図式　69

空間ダイクシス　104

空間認知　253

空間表現　106

ク活用　156,157

クラス・インスタンスネットワーク　46

敬語　63

継時処理　220

形態音韻論　48

形態音素交替　48

形態素　49

KWIC（keyword in context）　199

形容詞　154,160,161

外界との感覚運動的な関わり合い　175

ゲシュタルト変換　250

原会話　173

言語音　43

言語相対性　62

言語的遮断　76

言語類型論　153

現実スペース　79

原始模倣（新生児模倣）　173

現代日本語書き言葉均衡コーパス　199,200

語彙意味論　228

項構造　52

合成（composition）　88

合成的な意味　52

構成原理（constitutive principles）　85

「構成性」（compositionality）の原理　233,

　234

行動のパフォーマンスエラー　215

構文　232

　——のイディオム　234

構文スキーマ　23,36

構文文法　14,225,232,234

項目依拠的構文　36

コードモデル　128

コーパス言語学　193

国語教育　207

心の機能　257

心の理論　135, 185

心の理論機構　141, 142

心を読む能力　142

呼称詞　63

誤信念課題　186

コネクショニズム　55

コネクター　81

語末イ形容詞　156, 157, 159

語末シイ形容詞　156-159

コミュニケーション意図　144

コミュニケーションモードへの移行指示

　　141

誤用　216

語用論　95

語用論的能力　142

語用論的和らげ表現　117

コンコーダンスツール（コンコーダンサー）

　　203

さ　行

最適性理論　54

作文　212

作動記憶（ワーキングメモリ）　218

サピア・ウォーフの仮説　62

3項関係　141, 172, 178

参照点　138, 211

参照点起動推論モデル　137

参照点構造　132, 137, 210

参照枠　106

3人称　155, 157

サンプルコーパス　197

使役移動構文　233, 235

使役移動事象　233

使役所有事象　233

使役動詞　71

ジェスチャー　7, 19, 252, 253

時間ダイクシス　114

シク活用　156, 157

軸語構文　182

指示意図　140, 144

指示詞　63, 104

時制　82, 115, 162-165

時制化された過去　164-167

視線　15, 243

視線追従　178

自然な文連鎖　209

事態把握　154, 160-162, 164

失語症　254, 256

視点　110

　　——の一貫性　212

　　——の移動　254

　　——の投影　241

　　——の取り方　210

事物（entity）　30

社会意図　140, 144

社会動機　144

社会認知　139

社交的なうそ　65

終助詞　186

周辺例　64

主観的移動　15

主観的意味論　15

主語　12, 29

主体化　158, 167

出現頻度　196

授与事象　231

手話　14, 19, 83, 253

使用依拠モデル　13

照応　93, 102

焦点化　210, 242, 254

焦点シフト　246, 247

焦点連鎖　210

少納言　203

使用場面　38

情報提供（informing）　143

所有者効果　230

処理労力　135

新情報　211

人生は旅である　72

身体化された認知　3

身体部位　70

図　12, 27, 210

　　——の反転　242, 243, 254

　　——の分化　242, 254

推意　136

推論モデル　132

ズーミング　247, 254

ズーム・イン　248

スキーマ　22

スキャニング　33, 34, 242–254

スペース間写像　85

スペース切替表現　82

スペース構築表現　82

整合性　217

生成意味論　95

生成文法　13, 54, 95

静的関係　31

世界解釈　154, 160–162, 164

絶対的参照枠　106

前景化　138

潜在的意味　78

選択投射　86

前置詞　16, 70

前提推意　136

想起のタ　118

相互学習　219

相互作用的要素　216

相対的参照枠　106

　　回転型（rotation）　107

　　反射型（reflection）　107

平行型（translation）　107

創発　154, 159

創発効果　84

創発構造　88

相補分布関係　45

　　　　た　行

～た/ta/　164–167

ターゲット

ターン構成単位　214

第1言語　208

ダイクシス（直示）　95

ダイクシス表現（直示表現）　96

対人的な距離化（ネガティブ・ポライトネス）
　　117

代名詞　93

代名詞照応　93

対立　48

多義図形　67

多義文　67

多言語コーパス　197

多重制約　54

脱文脈化　215

短期記憶　78

単言語コーパス　197

断片化　215

談話　209

地　12, 27, 210

　　——の反転　242, 243, 254

　　——の分化　242, 254

知覚　10

力関係の図式　71

知のメカニズム　257

着衣動詞　63

注視状況　210

中心・周辺のイメージ・スキーマ　245

中納言　203

長期記憶　78

直示的シフト　117

直示的中心点　96

直示動詞　110

直示用法　102

直列処理モデル　55

通時コーパス　197

定着　37

テキストエディタ　203

テキストコーパス　198

手と目の協応　173

展開（elaboration）　89

転換詞　97

典型例　64

伝達意図　144

　　——の理解　144

同一性コネクター　81

動機づけ　23

動機に基づいた説明　209

統語論　13

同時処理　220

動詞の島　37，182

動的関係　33

動的使用依拠モデル　38

特殊目的コーパス　198

読解　212

読解時間　211

捉え方　15，23

トラジェクター（tr=trajector）　27，244

な　行

内在的参照枠　106

難易構文　201

二重目的語構文　14，35，226，229，230，233，
　235

日本語教育　207

人称区分　104

人称ダイクシス　98

人称代名詞　98

認知　11

　　——の仕組み　221

　　——のズレ　256

　　——のドメイン　24

認知過程　132，218

認知機能　11，256

認知空間　162-165，167

認知言語類型論　153，154

認知効果　135

認知次元　163

認知対象　163

認知的負荷　217

認知能力　3，241，257

認知メカニズム　159，160，255

認知モード　154，160-162

認知文字論　5

ネットワーク分析　46

脳機能　256，257

は　行

媒介言語　208

撥音　45

発話意図　132

発話交換　214

話しことば　214

話し手の意図　131

場面記号化仮説　234

バランスのイメージ・スキーマ　245

汎用コーパス　198

非言語的インフラ　140

非－言語的な伝達　252，253

比喩（メタファー）　16，251-253

　　——による見立て　72

　　——の認知能力　252

　　——の能力　251

比喩研究　200
比喩的所有　231
比喩的用法　69
表意　136
表計算ソフト　204
ビリヤードボール・モデル　27
フィラー　213
複合語　249
不定の this　123
普遍文法　13
フレーム　67,78,88
ブレンド　86
プロトタイプ　46,64,65
プロファイル　24,68
文型積み上げ型　223
分析性　249
文の意味　131
文法カテゴリ　153,160,162-164
並列構造　53
並列分散処理モデル　55
ベース　24,68
補完（completion）　88
母国語　208
母語話者コーパス　198
ボトムアップ　37
ポライトネス　102

ま　行

マルチモダリティ　19
右枝分かれの制約　53
ミニマルペア　44
無視（flout）　134
無声　47
メタ的表示能力　146
メタ認知　218
メタファー　→比喩
メトニミー（換喩）　16,255,256

メンタライジング　143
メンタル・スペース　78
メンタル・スペース理論　77
モーラ　51
目的語　29
文字コード　204
モデル会話　214
モニターコーパス　197
モニタリング　218
モノ（thing）　30
模倣学習　178
問題解決　218

や　行

役割交替模倣　178
有声　47
有声化　47,48
指さし　140,178,182
容器のイメージ　244
容器のイメージ・スキーマ　251
容器の図式　70
要求（requesting）　143
用法基盤モデル　201
与格交替　226,228,230,236

ら・わ　行

ライマンの法則　51
ランダムサンプリング　196
ランドマーク（lm=landmark）　27,244
理想認知モデル　65
理論は建物である　72
リンク・ノン-リンクのイメージ・スキーマ
　　245
隣接関係　255,256
隣接性の認知　255
類似性　202
類像性　154,162

類別詞　62

ルビンの盃　12, 27

歴史コーパス　197

レキシコン　21

歴史的現在　123

連続体　203

連濁　48

和語　51

話題　210

執筆者紹介（執筆順）

児 玉 一 宏（こだま・かずひろ）はじめに，第12章
編著者紹介参照

谷 口 一 美（たにぐち・かずみ）はじめに，第1章
編著者紹介参照

深 田　　智（ふかだ・ちえ）はじめに，序章，第9章
編著者紹介参照

尾 谷 昌 則（おだに・まさのり）第2章

1973年　生まれ
2001年　京都大学大学院人間・環境学研究科博士後期課程研究指導認定退学
2005年　博士（人間・環境学）（京都大学）
現　在　法政大学文学部日本文学科教授
主　著　『構文ネットワークと文法』（共著）研究社，2011年
　　　　「装定用法における形容詞並置構文に関する一考察――総合的認知と
　　　　離散的認知の観点から」『認知言語学論考』No. 10，ひつじ書房，2012年
　　　　『対話表現はなぜ必要なのか――最新の理論で考える』（共著）朝倉書店，2017年
読者へのメッセージ　　私は，中学生の頃から「文法を暗記するだけの勉強はつまらない」と
　　思っていましたが，大学で認知言語学に出会い，文法が大好きになりました。本書が皆さんに
　　とって良い出会いになることを願っています。
ホームページ　http://www.i.hosei.ac.jp/odani/
メールアドレス　odamasa@hosei.ac.jp

奥垣内　健（おくがきうち・けん）第3章
1982年　生まれ
2013年　京都大学大学院人間・環境学研究科博士後期課程研究指導認定退学
現　在　フリーランス
主　著　『認知音韻・形態論』（共著）くろしお出版，2013年
　　　　「言語音に関する一考察」『言語の創発と身体性』ひつじ書房，2013年
読者へのメッセージ　　ある先生が「本を読むのも面白い」と仰っていました。時折この言葉を
　　思い出すのですが，今も意味はよくわかりません。この先も多分わからないままでしょう。そ
　　んな問いをこの本から見つけられますように。
メールアドレス　ken.okugaki@gmail.com

仲本康一郎（なかもと・こういちろう）**第4章**

1968年　生まれ
2002年　京都大学大学院人間・環境学研究科博士後期課程研究指導認定退学
2005年　博士（人間・環境学）（京都大学）
現　在　山梨大学教養教育センター教授
主　著　『概念化と意味の世界——認知意味論のアプローチ』（共著）研究社出
　　　　版，2008年
　　　　「予期の構造と言語理解」『認知言語学論考』No. 8，ひつじ書房，2009年
　　　　『講座 言語研究の革新と継承4　認知言語学I』（共著）ひつじ書房，2020年
読者へのメッセージ　　最近の認知言語学は，ディスコースやナラティブといったマクロの言語
　現象へと裾野を拡げているようです。そのベクトルの先に言語と文学が再び邂逅する日が訪れ
　ることを期待しつつ……。
メールアドレス　knakamoto@yamanashi.ac.jp

安原和也（やすはら・かずや）**第5章**

1979年　生まれ
2007年　京都大学大学院人間・環境学研究科博士後期課程研究指導認定退学
2011年　博士（人間・環境学）（京都大学）
現　在　名城大学農学部准教授
主　著　R・W・ラネカー『認知文法論序説』（共訳）研究社，2011年
　　　　Conceptual Blending and Anaphoric Phenomena : A Cognitive Semantics Approach，開
　　　　拓社，2012年
　　　　『ことばの認知プロセス——教養としての認知言語学入門』三修社，2017年
読者へのメッセージ　　私たちの身の回りにあふれている言語現象の観察を大切にしながら，認
　知言語学の世界を，日々，冒険しています。

澤田　淳（さわだ・じゅん）**第6章**

1979年　生まれ
2010年　京都大学大学院人間・環境学研究科博士後期課程研究指導認定退学
2012年　博士（人間・環境学）（京都大学）
現　在　青山学院大学文学部日本文学科教授
主　著　「日本語の授与動詞構文の構文パターンの類型化——他言語との比較
　　　　対照と合わせて」『言語研究』第145号，日本言語学会，2014年
　　　　「日本語の直示移動動詞「行く／来る」の歴史——歴史語用論的・類型論的アプローチ」
　　　　『認知言語学論考』No. 13，ひつじ書房，2016年
　　　　『はじめての語用論——基礎から応用まで』（共編著）研究社，2020年
読者へのメッセージ　　人工知能（AI）にとって，語用論が扱う「意味」の理解は，困難な課題
　の1つと言われています。語用論が研究対象とする課題は，意味とは何か，さらには，人間の
　知能とは何かを探る根源的な課題でもあると言えます。
ホームページアドレス　https://sites.google.com/site/jsawada0807/home

小山 哲 春（こやま・てつはる）**第7章**

1969年　生まれ
1998年　京都大学大学院人間・環境学研究科後期博士課程研究指導認定退学
2003年　アリゾナ大学大学院コミュニケーション学科博士課程（単位取得）
現　在　京都ノートルダム女子大学国際言語文化学部英語英文学科教授
主　著　『言語の創発と身体性』（共編著）ひつじ書房，2013年
　　　　「メタ認知能力としてのコンピテンス涵養のためのコミュニケーショ
　　　　ン教育」『日本コミュニケーション研究』Vol. 44, No. 1, 日本コミュニケーション学会，
　　　　2015年
　　　　『認知語用論』（認知日本語学講座第5巻）（共著）くろしお出版，2016年
読者へのメッセージ　　ことばは，それが実際に使用される時，その記号的意味をはるかに超え
　た豊潤で色あざやかな意味を創造し，伝達します。この創造と伝達を可能にしているのがヒト
　の認知能力であることに気づいた時，言語コミュニケーションの見方もきっと変わると思いま
　す。
メールアドレス　tkoyama@notredame.ac.jp

中野研一郎（なかの・けんいちろう）**第8章**

1959年　生まれ
2011年　京都大学大学院人間・環境学研究科博士課程研究指導認定退学
2015年　博士（人間・環境学）（京都大学）
現　在　関西外国語大学短期大学部教授
主　著　R・W・ラネカー『認知文法論序説』（共訳）研究社，2011年
　　　　『認知言語類型論原理──「主体化」と「客体化」の認知メカニズム』
　　　　京都大学学術出版会，2017年
　　　　The Research Design of Cognitive Linguistic Typology : Synchronic and Piachronic
　　　　Analyses of the Emergence Degrees of Modalized and Objectified Construals in Japanese
　　　　and English, 2020
読者へのメッセージ　　「学び」とは，答えを見出すことではありません。問いそのものを見出す
　行為と考えています。本書によって，みなさんが目にされている世界そのものが変わる体験が，
　「学び」の中にあることを知っていただければと思います。
ホームページ　http://omni-creation.jp/index.html
メールアドレス　anri98keito95@gmail.com

李　在鎬（り・じぇほ）**第10章**

1973年　生まれ
2005年　京都大学大学院人間・環境学研究科博士課程研究指導認定退学
2008年　博士（人間・環境学）（京都大学）
現　在　早稲田大学大学院日本語教育研究科教授
主　著　『コーパスに基づく認知言語学的構文研究』ひつじ書房，2011年
　　　　『文章を科学する』（編著）ひつじ書房，2017年
　　　　『ICT×日本語教育——情報通信技術を利用した日本語教育の理論と実践』（編著）ひつ
　　　　じ書房，2019年
読者へのメッセージ　　近年は，コーパスを使った言語研究の環境も整備されてきました。コー
　　パス言語学の方法論だけでなく，理論的な位置づけなども理解した上で，自身の研究に活用し
　　ていく姿勢が大切かと思います。
ホームページ　https://researchmap.jp/jhlee/
メールアドレス　lee@waseda.jp

甲田直美（こうだ・なおみ）**第11章**

1969年　生まれ
1997年　京都大学大学院人間・環境学研究科博士後期課程研究指導認定退学
2000年　博士（人間・環境学）（京都大学）
現　在　東北大学大学院文学研究科教授
単　著　『談話・テクストの展開のメカニズム——接続表現と談話標識の認知的考察』風間書房，
　　　　2001年
　　　　『文章を理解するとは——認知の仕組みから読解教育の応用まで』スリーエーネットワー
　　　　ク，2009年
　　　　『認知語用論』（共著）くろしお出版，2016年
読者へのメッセージ　　私は学生時代，日本語教師になりたいと思っていました。結局，大学院
　　に進学して日本語の研究をすることになりましたが，今回，日本語教育についての章を担当す
　　ることになり，思えば遠くへきたものだなあと思います。
メールアドレス　naomikoda@gmail.com

山梨正明（やまなし・まさあき）**第13章**

1948年　生まれ
1975年　ミシガン大学大学院博士課程修了，Ph.D.（言語学）
現　在　関西外国語大学・国際文化研究所教授，京都大学名誉教授
主　著　『自然論理と日常言語』ひつじ書房，2016年
　　　　『新版 推論と照応—照応研究の新展開』くろしお出版，2017年
　　　　『日・英語の発想と論理—認知モードの対照分析』開拓社，2019年
読者へのメッセージ　　言葉の研究は，人間の心のメカニズムや社会・文化の諸相を明らかにし
　　ていくためにも重要な役割を担っています。日本語の分析や外国語の学習を通して，是非，言
　　語学と言葉に関わる関連分野の知の探求を楽しんで下さい。
ウィキペディアのアドレス　https://ja.wikipedia.org/wiki/
メールアドレス　yamanasi@hi.h.kyoto-u.ac.jp

《編著者紹介》

児玉一宏（こだま・かずひろ）

1964年　生まれ
2000年　京都大学大学院人間・環境学研究科人間・環境学専攻博士後期課程研究指導認定退学
2004年　博士（人間・環境学）（京都大学）
現　在　京都教育大学教育学部英文学科教授，京都教育大学附属桃山小学校校長
主　著　『言語習得と用法基盤モデル』（共著）研究社，2009年
　　　　『最新言語理論を英語教育に活用する』（共編著）開拓社，2012年
読者へのメッセージ　本書を通して，読者の皆様がことばの不思議さ，ことばについて思索することのおもしろさを実感してくだされば，これほど嬉しいことはありません。
メールアドレス　kkodama2@kyokyo-u.ac.jp

谷口一美（たにぐち・かずみ）

1969年　生まれ
1996年　大阪大学大学院文学研究科博士後期課程中退
2004年　博士（文学）（大阪大学）
現　在　京都大学大学院人間・環境学研究科教授
主　著　『認知意味論の新展開——メタファーとメトニミー』研究社，2003年
　　　　『事態概念の記号化に関する認知言語学的研究』ひつじ書房，2005年
読者へのメッセージ　私にとって認知言語学の最大の魅力は，私たちが何気なく日常生活で使っていることばについて，新たな気づきを与えてくれることです。ことばを知るということは，人間を知ること，そして自分を知ることだと考えています。

深田　智（ふかだ・ちえ）

1970年　生まれ
1998年　京都大学大学院人間・環境学研究科人間・環境学専攻博士後期課程研究指導認定退学
2002年　博士（人間・環境学）（京都大学）
現　在　京都工芸繊維大学基盤科学系教授
主　著　『認知意味論』（共著）大修館書店，2003年
　　　　『概念化と意味の世界』（共著）研究社，2008年
　　　　"The dynamic interplay between words and pictures in picture storybooks : How visual and verbal information interact and affect the readers' viewpoint and understanding" *Viewpoint and the Fabric of Meaning : Form and Use of Viewpoint Tools across Languages and Modalities*, Mouton de Gruyter, 2016
読者へのメッセージ　ことばの研究を進める中で，関連分野の研究者と共同研究も行っています。ことばだけでは100％思いを伝えることはできませんが，それでもことばを使う理由は何か，ということをあらためて考えています。
メールアドレス　chieft@kit.ac.jp

はじめて学ぶ認知言語学
――ことばの世界をイメージする14章――

2020年 9 月30日　初版第 1 刷発行	〈検印省略〉
2022年12月10日　初版第 2 刷発行	

定価はカバーに
表示しています

	児	玉	一	宏
編 著 者	谷	口	一	美
	深	田		智
発 行 者	杉	田	啓	三
印 刷 者	坂	本	喜	杏

発行所　株式会社　ミネルヴァ書房
607-8494　京都市山科区日ノ岡堤谷町 1
電話代表　(075)581-5191
振替口座　01020-0-8076

© 児玉一宏ほか, 2020　　冨山房インターナショナル・藤沢製本
JASRAC 出 2002387-001

ISBN 978-4-623-08870-6
Printed in Japan

はじめて学ぶ言語学
————————————————————大津由紀雄 編著
A5判美装カバー　352頁　本体2800円

●ことばの世界をさぐる17章
言語学の全体マップを知るのに最適な入門書。学ぶための工夫も充実。

はじめて学ぶ日本語学
————————————————————益岡隆志 編著
A5判美装カバー　280頁　本体2800円

●ことばの奥深さを知る15章
私たちにとって身近な日本語を，様々な角度から明快に解説した入門テキスト。

はじめて学ぶ社会言語学
————————————————————日比谷潤子 編著
A5判美装カバー　288頁　本体2800円

●ことばのバリエーションを考える14章
様々なフィールド，コーパスを題材に，ことばの多様性を読みとく面白さを解説。

はじめて学ぶ方言学
————————————————————井上史雄／木部暢子 編著
A5判美装カバー　312頁　本体2800円

●ことばの多様性をとらえる28章
私たちが生活のなかで使う「方言」を，発音から敬語まで第一人者が平易に解説。

よくわかる言語学
————————————————————窪薗晴夫 編著
B5判美装カバー　232頁　本体2600円

第一線の執筆陣が日本語や英語の具体的な例をあげながら言語学・言語研究の面白さ，
ことばの不思議さを伝える入門書。

よくわかる社会言語学
————————————————————田中春美／田中幸子 編著
B5判美装カバー　176頁　本体2400円

最新の研究成果を盛り込みながら，社会言語学の全体像が把握できる入門書。大学生
をはじめ一般の読者にとって有益な1冊。

——————————— ミネルヴァ書房 ———————————

https://www.minervashobo.co.jp/